西宁海关年鉴

2023

《西宁海关年鉴（2023）》编纂委员会 编

中国海关出版社有限公司
·北京·

图书在版编目（CIP）数据

西宁海关年鉴.2023/《西宁海关年鉴（2023）》编纂委员会编.— 北京：中国海关出版社有限公司，2024.5
（中国海关史料丛书）
ISBN 978－7－5175－0795－6

Ⅰ.①西… Ⅱ.①西… Ⅲ.①海关-西宁-2023-年鉴 Ⅳ.①F752.55-54

中国国家版本馆CIP数据核字（2024）第091725号

西宁海关年鉴（2023）
XINING HAIGUAN NIANJIAN（2023）

作　　者：《西宁海关年鉴（2023）》编纂委员会	
责任编辑：安颖侠　景小卫	
责任印制：王怡莎	
出版发行：中国海关出版社有限公司	
社　　址：北京市朝阳区东四环南路甲1号	邮政编码：100023
编 辑 部：01065194242-7527（电话）	
发 行 部：01065194221/4238/4246/5127（电话）	
社办书店：01065195616（电话）	
https://weidian.com/? userid＝319526934（网址）	
印　　刷：北京中科印刷有限公司	经　　销：新华书店
开　　本：889mm×1194mm　1/16	
印　　张：14	字　　数：335千字
版　　次：2024年5月第1版	
印　　次：2024年5月第1次印刷	
书　　号：ISBN 978－7－5175－0795－6	
地图审图号：GS京（2022）1441号	
定　　价：160.00元	

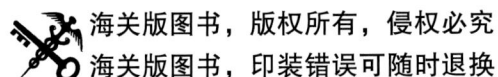

《西宁海关年鉴（2023）》编纂委员会

主任委员　尹卫锋

副主任委员　杨　民　徐　昴　朱　洪　李　鸣　肖　宇　高　卿

成　　员　　侯保宁　孟凡波　雷　霆　高　鸿　杨　宏　冯绍晨
　　　　　　　张乃愚　贾红卫　魏晓婷　刘谊宣　雷　艳　熊立群
　　　　　　　孙向东　朱玉红　王立志　柴国贤　栗广宁　魏玉海
　　　　　　　隋秀丽　黄红先　马雪峰　俞　浩

《西宁海关年鉴（2023）》
编辑部

总　　　编　　侯保宁

副　总　编　　李成琨　刘　磊　陈晓鸣

执 行 主 编　　张启明

编辑部成员　　苏小民　赵　青　冷措吉　王文胜　韦庆萍　唐志雄
　　　　　　　　张小蕾　李冠英　朱广贞　李世豪　童文苹　曲晨曦

编辑说明

一、《西宁海关年鉴》是在海关总署（以下简称"总署"）领导下，由西宁海关编纂出版的年度资料性文献，面向国内外公开发行，一年一卷。

二、《西宁海关年鉴（2023）》以马克思列宁主义、毛泽东思想、邓小平理论、"三个代表"重要思想、科学发展观、习近平新时代中国特色社会主义思想为指导，全面记述了2022年西宁海关党的建设、队伍建设、业务建设等方面的情况，系统反映了该年度西宁海关各项工作取得的成就，旨在为社会各界了解西宁海关提供基本的信息资料。

三、《西宁海关年鉴（2023）》设特载、专记、大事记、政治建设、业务建设、政务及后勤保障、隶属海关单位、直属事业单位、附录9个篇目。除个别地方外，全书总体结构基本按篇目、分目、条目3个层次编排，各层次所用标题、字号均有区别。

四、《西宁海关年鉴（2023）》所用稿件由西宁海关各单位、部门经审核后提供，由《西宁海关年鉴（2023）》编辑部统稿，呈《西宁海关年鉴（2023）》编纂委员会审核后印发。

五、《西宁海关年鉴（2023）》使用规范的现代白话文记述，行文力求严谨、朴实、简洁、流畅。本年鉴语言文字、标点符号、称谓、数字数据、时间表述、计量单位、图（照片）、表等的使用，均按国家相关规定、标准执行。

六、《西宁海关年鉴（2023）》所使用的国民经济和社会发展相关数据以国家统计部门公布数据为准，统计部门未统计的，采用业务主管部门的统计数据。

七、《西宁海关年鉴（2023）》资料收录时限为2022年1月1日至12月31日。

前言

西宁海关是全国直属海关中较为年轻的"一员"。1992年7月14日，经海关总署批准，兰州海关驻青海监管组成立；1995年8月14日，国务院批准设立西宁海关，副厅（局）级，直属于海关总署；经过三年的筹建，西宁海关于1998年10月8日开关，正式对外办理海关业务；2006年7月，国务院批准西宁海关升格为正厅（局）级。2018年4月，青海出入境检验检疫局管理职责和队伍划入西宁海关。

在海关总署党委的坚强领导和青海省委、省政府的关心支持下，西宁海关历届党委（党组）团结带领全体干部职工深化改革创新，服务外贸发展，业务建设逐年加强，执法水平逐年提高，内部管理逐年规范，队伍建设蓬勃向上，在维护国家政治、经济、生态安全和推动青海经济社会发展中做出了积极贡献。

西宁海关监管区域为青海省全境，总面积72万平方千米。这里是"三江之源"，是古丝绸之路、唐蕃古道的必经之地，"关市""互市监""茶马司"曾见证了驼铃马背为这片雄浑高远的大地引来的繁荣贸易。西宁海关全体干部职工以习近平新时代中国特色社会主义思想为指导，坚定捍卫"两个确立"、坚决做到"两个维护"，深入学习宣传贯彻党的二十大精神，始终为建设社会主义现代化强国而忠诚把关、高效服务。

一年来，我们聚焦学习宣传贯彻党的二十大精神，第一时间传达学习，研究制订方案，细化项目分布图，开展系列宣传活动，持续掀起学习宣传贯彻热潮。在海关总署党委的坚强领导下，按照"疫情要防住、经济要稳住、发展要安全"的重要要求，铸忠诚、担使命、守国门、促发展、齐奋斗，各项工作取得了新进展新成效。

一年来，我们努力在服务融入新发展格局上迈好第一步、展现新气象。毫不放松抓好疫情防控，提升全员打私整体效能，持续筑牢国门安全防线，支持开放平台发展，助力特色产品扩大出口，以海关"进地方政府、进企业、进农牧区"为载体汇聚"关、地、企"三方合力，主动服务民族地区经济发展。综合保税区跨境电商"1210"保税进口业务实现"零的突破"。

一年来，我们持之以恒加强西宁海关队伍建设，努力锻造一支忠诚干净担当的高原海关队伍。落实新时代好干部标准，坚持"一把尺""一张单""一盘棋"评价使用干部，推进"育苗计划""墩苗工程""护苗行动"，开展有针对性的警示教育，推动准军事化纪律部队建设，加大"昆仑清风"廉洁文化品牌建设。通过"全国文明单位"复核，连续获评"青海省文明单位标兵"，连续两年在青海省年度目标绩效考核中获优秀等次。

这部年鉴记录了西宁海关全体干部职工踔厉奋发、笃行不息的一年，让我们一起领略、感受属于西宁海关的2022年。

图 例

符号	说明	符号	说明	符号	说明
⊗	直属海关单位	⊙延布	外国首都	-------	地级市界
⊙	隶属海关	──	自治州行政中心 地区、盟行政公署驻地	········	县（区、市）界
·	派出机构	⊙东城区	县（区、市）政府	━━━━	铁路
○	海关特殊监管区域	○庞各庄镇	乡（镇）政府、街道办事处	─(S30)─	高速公路及编号
●	口岸	✈北京首都 国际机场	机场	────	国道
🚆	铁路口岸	▲青水尖 1528	山峰 高程	────	省道
⚓	水运口岸	━┿━┿━	国界	────	其他道路
✈	航空口岸	━┿━┿━	未定国界	〰〰	河流 湖泊
🚌	公路口岸	-------	地区界	══	沟渠
●	境外口岸	········	军事分界线	‖	桥梁 渡口
⊙北京市	首都	—·—·—	省界	⚓	港口 码头
⊙石家庄市	省政府	── ──	未定省界	⏜⏜⏜	长城
⊙廊坊市	地级市政府	-------	特别行政区界	⟨⟨	珊瑚礁

注：本书中的关境图，不包括香港、澳门、台湾、澎湖、金门、马祖单独关税区。

西宁海关

比例尺 1 : 4 000 000

口岸性质	序号	海关特殊监管区域
国际常年	1	西宁综合保税区

序号	隶属海关及派出机构
1	西宁曹家堡机场海关
2	西海海关
3	格尔木海关

海关专题图片 领导活动

△ 2022年1月26日,海关总署党委委员、副署长、政治部主任胡伟(左)向西宁海关党委书记、关长尹卫锋(右)颁发任命书

2022年2月17日至18日,海关总署党委委员、副署长王令浚(中)在西宁海关调研

2022年4月6日,西宁海关关长尹卫锋(左)、西宁海关党委纪检组组长朱洪(右)出席"昆仑清风"廉洁文化品牌揭牌仪式

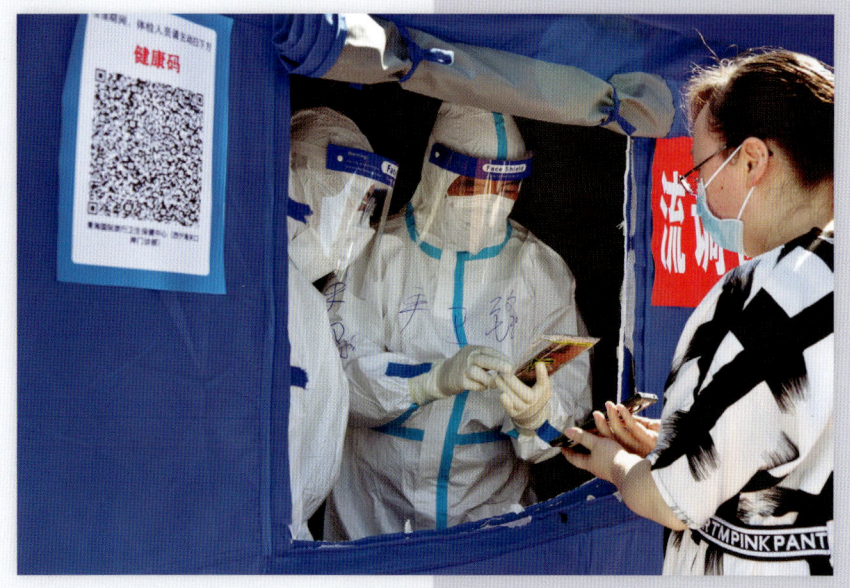

< 2022年6月1日，西宁海关关长尹卫锋（中）"走进管控区"体验疫情防控一线工作

> 2022年6月14日，西宁海关关长尹卫锋（左三）在金昆仑锂业有限公司调研

< 2022年8月19日，西宁海关关长尹卫锋（前排中）带队赴西宁综合保税区走访调研

△ 2022年3月3日，西宁海关副关长米登发（左二）带领西宁海关安全生产专家组和"挑毛病"专家组成员开展全国"两会"前安全生产及疫情防控工作大检查

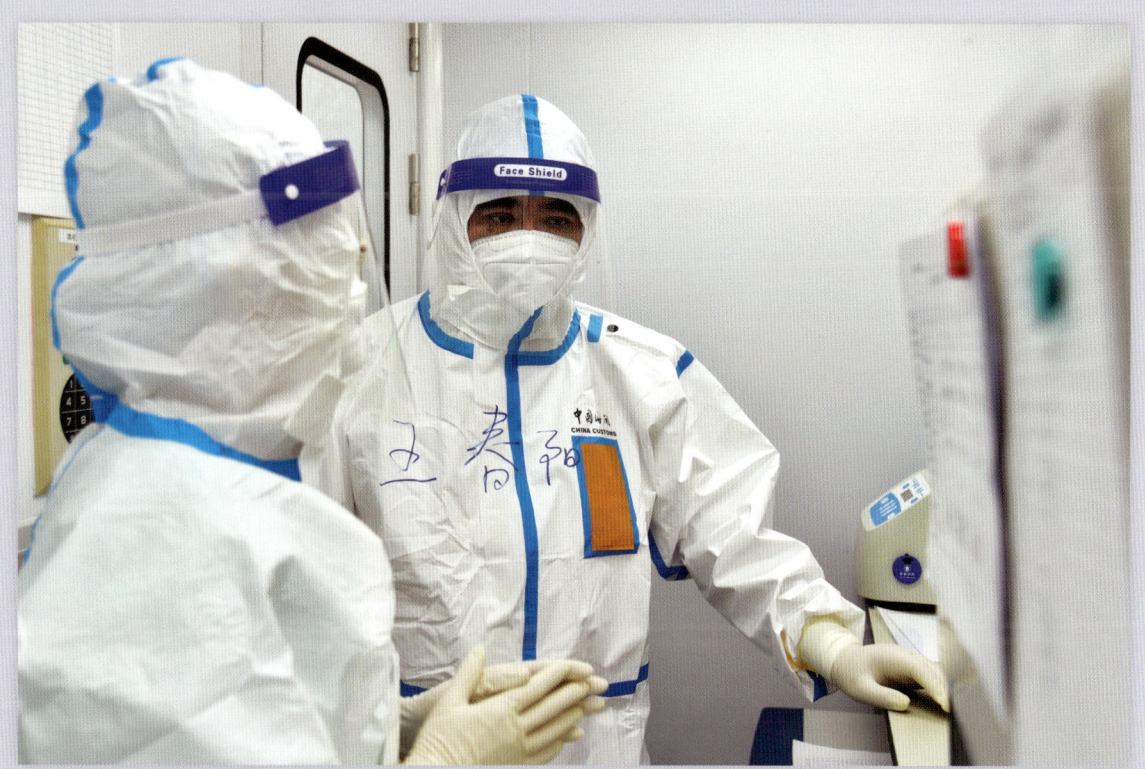

△ 2022年6月24日，西宁海关副关长王春阳（右）在移动P2+实验室体验一线穿脱防护服和实验室新冠病毒检测工作

铸忠诚

> 2022年1月10日，西宁海关缉私局召开中国人民警察节庆祝大会

> 2022年5月23日，西宁海关组织干部职工集中收看中国共产党青海省第十四次代表大会开幕会

△ 2022年6月30日，西宁海关组织开展"牢记入党誓词 坚定理想信念"宣誓活动

△ 2022年10月16日，西宁海关组织干部职工集中收看中国共产党第二十次全国代表大会开幕会

担使命

> 2022年1月16日,西宁综合保税区正式封关运行,首单货物顺利通关

> 2022年4月25日,西宁曹家堡机场海关关员开展首次进境粮食后续监管

︿ 2022年7月29日，西宁海关办公室党支部在循化西路军红军小学开展"坚定践行两个维护　坚持走好第一方阵"主题党日活动

︿ 2022年9月22日，西宁海关所属西海海关关员在青海红杞枸杞科技有限公司对申报出口的枸杞汁开展现场查验工作

守国门

\> 2022年5月30日,西宁海关组织党委全体委员参加个人防护服穿脱实操培训及考核

\< 2022年6月30日,西宁海关参加平安建设宣传月集中宣传日活动

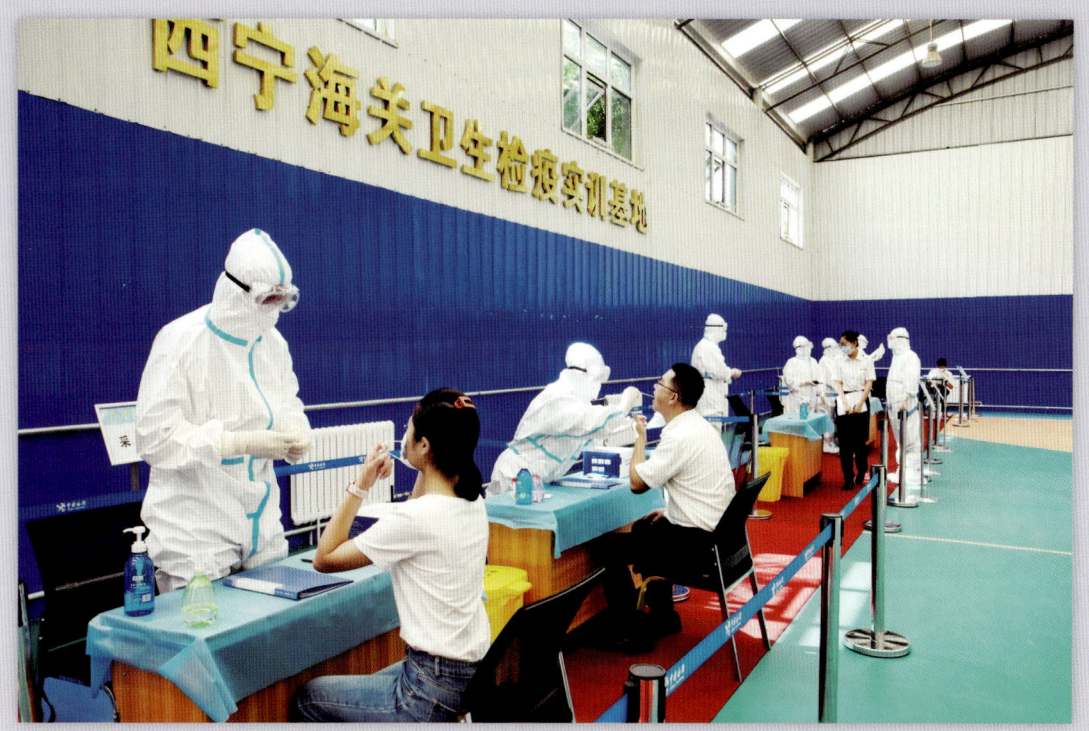

^ 2022年8月25日,三级梯队人员在西宁海关卫生检疫实训基地开展全流程培训

^ 2022年10月18日,西宁海关所属格尔木海关对辖区出口金属锂进行检验监管

促发展

∧ 2022年6月12日，西宁海关关长尹卫锋（左二）在格尔木亿林枸杞科技开发有限公司调研

∧ 2022年6月21日，西宁海关关长尹卫锋（左）与海西州委书记王定邦（右）会谈

∧ 2022年7月18日，西宁海关举行2022年第二次新闻发布会

∧ 2022年8月10日，西宁海关与青海省市场监督管理局签署《西宁海关 青海省市场监督管理局服务构建"双循环"新发展格局合作备忘录》

齐奋斗

< 2022年7月22日，西宁海关技术中心工作人员进行样品上机检测

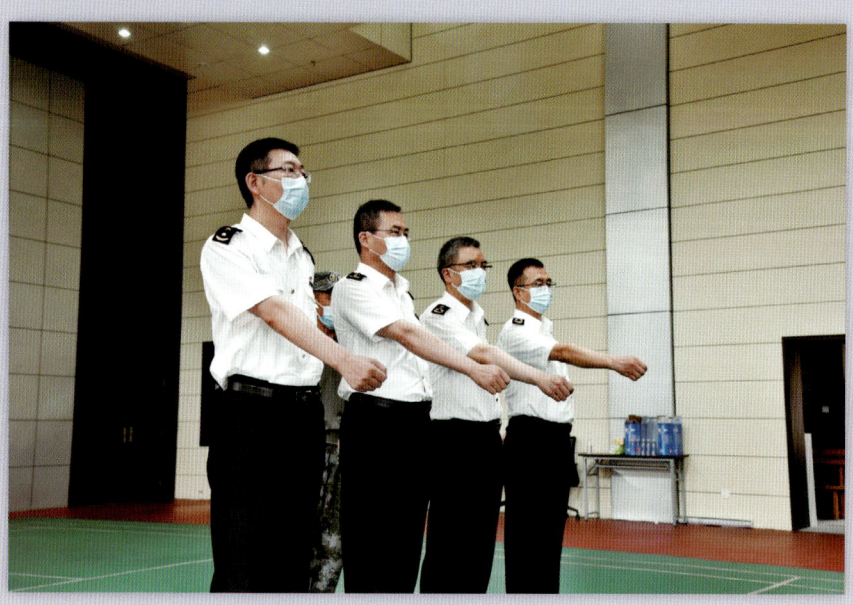

> 2022年8月3日，西宁海关开展队列训练，提高准军事化组训能力

∧ 2022年10月8日，西宁海关举行升国旗仪式

∧ 2022年11月16日，西宁海关党委书记、关长尹卫锋以"苦地方累地方正是磨砺意志的好地方"为主题同青年关员座谈交流

目 录

第一篇 特 载

在 2022 年西宁海关工作会议上的讲话 …… 3
在 2022 年西宁海关全面从严治党工作会议
　上的讲话 …………………………………… 12

第二篇 专 记

西宁海关促进外贸稳增长工作 ……………… 23
西宁海关优化口岸营商环境促进跨境贸易
　便利化 ……………………………………… 28
西宁海关打击走私重点专项工作 …………… 33
西宁海关开展国门生物安全与食品安全行动
　……………………………………………… 36
西宁海关定点帮扶及推动乡村振兴工作 …… 40
西宁海关促进青海外贸保稳提质的调研报告
　……………………………………………… 45

第三篇 大事记

2022 年西宁海关大事记 ……………………… 53

第四篇 政治建设

党建工作 ……………………………………… 75
　概况 ………………………………………… 75
　宣传思想文化 ……………………………… 75
　基层组织建设 ……………………………… 76
　党风廉政工作 ……………………………… 77
　群团工作 …………………………………… 78
　"关小青"志愿服务队 ……………………… 79
巡视巡察 ……………………………………… 80
　概况 ………………………………………… 80
　巡视工作 …………………………………… 80
　巡察工作 …………………………………… 82
纪检监察 ……………………………………… 84
　概况 ………………………………………… 84
　监督检查 …………………………………… 84
　执纪问责 …………………………………… 85
　调查研究 …………………………………… 85
　派驻监督 …………………………………… 85
　以案促改 …………………………………… 86
　"海关重点项目和财物管理以权谋私"
　　专项整治 ………………………………… 87
　"组地关"建设 ……………………………… 87
　廉洁文化品牌建设 ………………………… 87
队伍管理 ……………………………………… 88
　概况 ………………………………………… 88
　机构编制管理 ……………………………… 88
　干部人事管理 ……………………………… 89
　人才队伍建设 ……………………………… 90

| 教育培训 …………………………………… 90
| **离退休干部管理** ……………………………… 92
| 概况 ……………………………………… 92
| 党建工作 ………………………………… 92
| 老同志服务管理 ………………………… 92
| 老年文化教育 …………………………… 93

第五篇　业务建设

法治建设 ……………………………………… 97
 概况 ……………………………………… 97
 法规管理 ………………………………… 97
 行政执法 ………………………………… 97
 行政处罚 ………………………………… 97
 法制协调 ………………………………… 97
 法治宣传 ………………………………… 98
业务改革与发展 ……………………………… 99
 概况 ……………………………………… 99
 业务改革协调 …………………………… 99
 通关运行管理 …………………………… 99
 贸易管制与技术规范 …………………… 100
 知识产权海关保护 ……………………… 100
 "龙腾行动2022" ………………………… 100
特殊监管区域及保税监管场所管理 ………… 102
 概况 ……………………………………… 102
 综合保税区 ……………………………… 102
 青海曹家堡保税物流中心（B型）… 103
风险管理 ……………………………………… 104
 概况 ……………………………………… 104
 风险信息管理 …………………………… 104
 风险预警 ………………………………… 104
 风险分析处置 …………………………… 104
 大数据应用 ……………………………… 105

 口岸风险联合防控 ……………………… 105
关税征管 ……………………………………… 107
 概况 ……………………………………… 107
 税则税政 ………………………………… 107
 估价管理 ………………………………… 107
 税收征管 ………………………………… 107
 税收风险防控 …………………………… 107
 原产地管理 ……………………………… 108
卫生检疫 ……………………………………… 109
 概况 ……………………………………… 109
 检疫管理 ………………………………… 109
 生物安全 ………………………………… 109
 疾病监测 ………………………………… 110
 卫生监督 ………………………………… 110
动植物检疫 …………………………………… 112
 概况 ……………………………………… 112
 进出境动物检疫 ………………………… 112
 进出境植物检疫 ………………………… 113
 外来入侵物种口岸防控 ………………… 113
 "清风行动" ……………………………… 113
 国门生物安全监测 ……………………… 113
 "国门绿盾2022"专项行动 ……………… 114
 进出境动植物检疫能力提升工程建设
  …………………………………………… 114
 动植检岗位资质管理 …………………… 114
 "跨境电商寄递渠道'异宠'综合治理"
  专项行动 ………………………………… 114
 国门生物安全宣传教育 ………………… 114
 部门协作 ………………………………… 115
 动植检初筛实验室核定 ………………… 115
 服务地方经济发展 ……………………… 115
食品检验检疫 ………………………………… 117
 概况 ……………………………………… 117

进口检验检疫	117	统计监督与政策研究	128
出口检验检疫	117	统计发布和服务	128
监督抽检	118	地方对外贸易统计分析报告	128
风险监测	118		
食品安全宣传周活动	118		

企业管理和稽查 … 129

- 概况 … 129
- 企业管理 … 129
- 打造青海绿色有机农畜产品输出地 … 119
- 海关企业信用管理业务改革 … 129
- 进口食品"国门守护"行动 … 119
- 报关单位备案管理改革 … 129
- 食品安全监管人才队伍建设 … 120
- 海关 AEO 企业管理 … 130

商品检验 … 121

- 保税监管 … 130
- 概况 … 121
- 稽查业务改革 … 130
- 进出口商品概况 … 121
- 核查标准化建设 … 130
- 进出口商品检验 … 121
- 属地查检 … 130
- 进出口商品检验监管能力提升 … 122
- 涉检行政处罚案件 … 131
- 进出口商品高质量发展 … 122

查缉走私 … 132

口岸监管 … 124

- 概况 … 132
- 概况 … 124
- 打击涉税走私 … 132
- 常态化口岸疫情防控 … 124
- 打击非涉税走私 … 132
- 安全生产 … 124
- 智慧缉私 … 132
- 常态化口岸危险品综合治理 … 124
- 刑事法制建设 … 132
- 监管设备配备应用 … 124
- 行政处罚 … 132
- 跨境电商监管 … 124
- 综合治理 … 133

统计分析及政策研究 … 126

- 概况 … 126
- 外贸形势分析 … 126

第六篇 政务保障

- 统计调查 … 126
- 贸易统计 … 126
- 业务统计 … 127

政务管理 … 137

- 统计数据运用和管理 … 127
- 概况 … 137
- 统计新闻宣传和服务 … 127
- 应急值守 … 137
- 政策研究 … 127
- 政务信息 … 137
- 海关业务研究 … 128
- 精文简会 … 137
- 学习《中华人民共和国数据安全法》 … 128
- 公文处理 … 137
- 督查督办 … 138
- 保密管理 … 138

| 档案管理 …… 138
| 政务公开 …… 138
| 信访工作 …… 139
| 新闻宣传 …… 139

财务管理 …… 140
| 概况 …… 140
| 落实"过紧日子"要求 …… 140
| 节约型机关建设 …… 140
| 疫情防控保障 …… 140
| 预算管理 …… 141
| 国库集中支付管理 …… 141
| 决算管理 …… 141
| 政府采购管理 …… 141
| 税费财务管理 …… 142
| 涉案财物管理 …… 142
| 涉企收费管理和国企改革 …… 142
| 基建管理 …… 142
| 资产管理 …… 142
| 装备管理 …… 143

科技发展 …… 144
| 概况 …… 144
| 信息化建设 …… 144
| 信息系统安全管理 …… 144
| 信息化系统运维保障 …… 144
| 科技宣传 …… 145
| 实验室管理 …… 145
| 健全完善科技管理制度 …… 146
| 科研管理 …… 146

督察内审 …… 147
| 概况 …… 147
| 督察监督 …… 147
| 内部审计 …… 147
| 专项审计 …… 147
| 参与署级工作 …… 148
| 配合国家审计 …… 148
| 内控建设 …… 148
| 内控节点应用成效转化 …… 149
| 内控风险日常提示机制 …… 149
| 内控前置审核 …… 149
| HLS2017 内控平台应用 …… 149
| 内控培训指导 …… 149
| 执法评估 …… 150
| "云擎"平台应用 …… 150

第七篇 隶属海关

西宁曹家堡机场海关 …… 153
| 概况 …… 153
| 党的建设 …… 153
| 促外贸保稳提质 …… 154
| 青海保税物流中心（B型）建设 …… 154
| 卫生监督 …… 155
| 口岸业务能力建设 …… 155
| 强化内控工作 …… 156
| 疫情防控 …… 156
| 信息宣传 …… 157
| "海关重点项目和财物管理以权谋私"
| 专项整治 …… 157
| 准军事化纪律部队建设 …… 157
| 落实全面从严治党主体责任 …… 157

西海海关 …… 159
| 概况 …… 159
| 党的建设 …… 159
| 巡视巡察 …… 160
| 海关"三进"活动 …… 160
| "关味宣讲·关促发展"系列活动 … 161

税收征管	161	审计整改	174
强监管优服务实现"外贸回青"	161	专项整治	174
西宁综合保税区监管	161	植树造林活动	174
跨境电商业务	161	文明餐桌	174
检验检疫及风险管理	162	涉案财物仓储管理	175
强化内控工作	162	后勤保障	175
疫情防控	162	**西宁海关技术中心**	176
全面从严治党主体责任	163	概况	176
一体推进"三不腐"	163	党的建设	176
"海关重点项目和财物管理以权谋私"		全面从严治党	177
专项整治	164	业务工作	178
纪律作风建设	164	体系管理	178
格尔木海关	165	科技工作	179
概况	165	疫情防控	180
党的建设	165	法检保障能力提升	180
业务建设	166	"海关重点项目和财物管理以权谋私"	
综合保障	167	专项整治	181
队伍建设	167	**青海国际旅行卫生保健中心（西宁海关口岸**	
疫情防控	167	**门诊部）**	182
优化口岸营商环境	168	概况	182
教育培训	168	党的建设	182
格尔木陆港建设	168	法治建设	183
全面从严治党	168	人才队伍建设	183
准军事化纪律部队建设	169	健康体检业务	183
		口岸卫生检疫业务	184
第八篇 直属事业单位		国际旅行健康卫生宣教	184
		质量控制体系建设	184
西宁海关后勤管理中心	173	基础设施建设	184
概况	173	安全生产	184
党的建设	173	实验室能力体系建设	185
疫情防控	173	疫情防控	185
安全生产工作	173	**中国电子口岸数据中心西宁分中心**	186
车辆管理	174	概况	186

党的建设 …………………………… 186
党史学习教育 ……………………… 187
网络系统安全 ……………………… 187
网络安全攻防演习活动 …………… 187
科技服务保障 ……………………… 187
疫情防控 …………………………… 187
跨境电商 …………………………… 188
"关银一KEY通"业务 ……………… 188
国际贸易"单一窗口"业务应用及推广
　………………………………… 188
12360海关热线 …………………… 188

附　录

2022年西宁海关获评省部级及以上荣誉
　………………………………………… 191
2022年西宁海关科研工作情况 …………… 192

"中国海关史料丛书"编委会

"中国海关史料丛书"编委会 …………… 193

第一篇

特 载

在 2022 年西宁海关工作会议上的讲话

西宁海关关长、党委书记　尹卫锋

（2022 年 2 月 15 日）

这次会议的主要任务是：以习近平新时代中国特色社会主义思想为指导，深入学习贯彻党的十九大和十九届历次全会精神，持续践行习近平总书记重要指示批示精神，增强"四个意识"、坚定"四个自信"、做到"两个维护"，全面落实 2022 年全国海关工作会议、全面从严治党工作会议部署要求，总结工作、分析形势、理清思路，研究安排 2022 年关区工作。

一、2021 年工作回顾

过去一年，在海关总署党委的坚强领导下，我们坚持以习近平新时代中国特色社会主义思想为指导，全面深化政治建关、改革强关、依法把关、科技兴关、从严治关，强化监管优化服务，巩固拓展口岸疫情防控和促外贸稳增长成果，着力推动青藏高原生态保护和高质量发展，以实干实绩庆祝建党 100 周年，各项工作取得了新成绩。

——坚决做到"两个维护"。从制度层面坚持"第一议题"，完善相关机制，形成贯彻落实习近平总书记重要指示批示精神重点工作任务 125 项并扎实推进。深入开展党史学习教育，重点抓好习近平总书记"七一"重要讲话和党的十九届六中全会精神的学习贯彻，打造"八位一体"党史学习教育矩阵，教育引导广大关警员心有忠诚、行有方向。建立两级党委 54 项 142 条办实事清单，"海关进农牧区""破解金属锂出口难题"2 个典型案例入选海关总署"百佳项目"。

——切实做到履职尽责。一是毫不放松抓好疫情防控。全年召开 28 次会议安排部署疫情防控工作，建立关区"三级梯队"，成立"挑毛病"专家组，组织技术专家持续完善口岸检验检疫、联防联控等机制，完成口岸应对重大疫情卫生检疫基础设施建设项目验收，坚持不懈做好内部疫情防控。克服诸多困难，党员带头、尽锐出战，完成核酸检测 80271 人次，为青海省疫情防控做出了积极贡献。在抓好疫情防控的同时，严防埃博拉等重大烈性传染病传入。二是持续筑牢国门安全防线。加大外来物种入侵风险分析布控力度，加强非洲猪瘟等重大动植物疫情防控，截获一般性有害生物 35 种次。强化进出口商品检验监管，检出不合格进出口商品 9 批次，查处不合格入境旧机电设备 2 批次，入境旧机电不合格检出率达100%。落实海关总署稽查改革，实现核查补税"零的突破"，实现涉检领域问题查发"零的突破"，向缉私部门移交案件线索1起。办理侵犯知识产权案件实现"零的突破"。三是始终保持打私高压态势。紧紧围绕"国门利剑2021"开展打击走私专项行动，深入推进反走私综合治理，刑事立案2起，行政立案3起，办结刑事案件2起，办结行政案件2起。侦破了青海省首起走私香烟案，调查办理了首起涉检案件。四是全力做好安全保障。围绕建党100周年等重要节点，强化口岸监管环节反恐怖、"扫黄打非"等工作，组织安全生产专家组，开展安全隐患大排查，促进安全生产和管理，为系列重大活动的举办营造了良好氛围。

——全力服务外贸稳增长。一是助力开放平台建设。加强政策指导、协调，助力青藏高原首个综合保税区封关运行；保障公铁联运南亚班列、中越货运专列开行，积极服务构建新发展格局。二是帮扶特色农产品扩大出口。帮扶22家枸杞出口企业建立质量安全溯源体系，推动出口产品"源头达标"，冷冻虹鳟鱼出口同比增长6.2倍。实施"提前申报""合格保证"等五项便利措施，金属锂出口同比增长105.7倍，地毯类商品出口同比增长31.7%。三是优化口岸营商环境。"单一窗口"主要申报业务应用率、出口检验检疫申请应用覆盖率均达100%。规范开展减免税审批，审批减免税款833.2万元。全年入库税收4135.8万元。上报唐卡税政调整建议被海关总署采纳。完成整体通关时间较2017年压缩50%的任务。落实14项改革新政，取消审批1项、审批改备案2项、告知承诺1项、优化准入服务10项。完成核查领域"采信第三方出具报告制度"改革试点任务，核查时间缩短为半天。创新政研工作形式，8篇调研成果实现转化，获省、地、市政府领导的批示肯定。

——纵深推进全面从严治党。一是持续压实压紧责任。召开全面从严治党工作会议，明确管党治党重点任务67项，印发制度文件20余项，完善党建"议、评、述、考"机制。结合巡察查发问题，对履责不到位等七方面问题通报批评。二是推进基层党建强基提质。按月发布支部重点工作指引，创新推出月度"精品主题党日"，推进基层党建由"努力建好"向"全面过硬"转变，三个隶属海关均实现争创"高原青年文明号"的目标。三是强化对"关键少数"监督。出台"一把手"和领导班子监督的实施办法，修订印发党委工作规则，落实"三重一大"决策制度实施办法，严格落实民主集中制。四是坚持"三不腐"一体推进。召开党委会14次，印发制度文件9项，及时部署问题线索核查和案件办理，扎实开展"现场监管与外勤执法权力寻租"专项整治工作并取得实效。用好监督执纪"四种形态"，一年来运用"四种形态"处理15人次。坚持常态化巡视整改，巡视整改38项问题已整改并持续改进。年内对2个隶属海关、1个事业单位开展审计监督，对12个单位、部门开展政治巡察，关区巡察覆盖率提升至80%。五是不断加强队伍建设。坚持好干部标准，选拔处、科级领导干部13人次，对27名处科级领导干部进行岗位交流，驻村干部轮换4人次。深化"治慵治懒治散"专项整顿，加大"警示教育月"活动力度，强化精神文明创建，不断推动准军事化纪律部队建设。

此外，信息宣传、档案管理、机要保密、

政务运转等有序推进。法治建设积极开展,"七五"普法圆满收官。网络安全和科技保障实现"零差错"。建成动物检疫实验室,补齐动物检疫技术支撑短板。坚持"过紧日子"理念,严守财经纪律,强化预算管理和后勤保障,积极改善民生,全年预算执行率98.02%。

上述成绩的取得,最根本在于习近平新时代中国特色社会主义思想的科学指引,最主要在于不折不扣把习近平总书记关于海关和青海工作的重要指示批示精神落到实处,得益于海关总署党委的坚强领导和关心关爱,得益于省委省政府和相关部门的大力支持,得益于全体干部职工同心同德、奋力拼搏,离不开一大批老领导、老同志筚路蓝缕、接续奋斗,以及我们家人的默默支持,为今天关区各项事业发展奠定了坚实基础。在此,我谨代表关党委向长期支持我们工作的全体干部职工和家人,以及关心关爱关区工作的老领导、离退休老同志表示衷心的感谢并致以崇高敬意!

二、讲政治、担使命,奋进新征程,准确把握西宁海关发展面临的新形势新任务新要求

(一)讲政治、担使命,奋进新征程,坚定不移捍卫"两个确立",坚决做到"两个维护"

2022年召开党的二十大,需要保持平稳健康的经济环境、国泰民安的社会环境、风清气正的政治环境,做好2022年工作责任重大、意义深远。要心怀国之大者,更加自觉讲政治,海关是政治机关,是准军事化纪律部队,必须旗帜鲜明讲政治,着力形成从政治层面强化业务工作的自觉,善于从政治和大局高度审视海关工作,切实把讲政治从外部要求转化为内在主动,始终把习近平总书记的重要指示批示牢牢记在心上、落实在行动上、体现在成效上。要立足发展大局,更加自觉勇担当,立足海关事业发展大局,坚持稳中求进工作总基调,注重从全局看问题、想问题,注重从细节抓工作、促落实,做到思想认识上"致广大",担当任事上"尽精微",在建设社会主义现代化海关的具体实践中贡献西宁海关力量,做到既为一域争光,更为全局添彩。要坚定历史自信,更加自觉开新局,把学习贯彻习近平新时代中国特色社会主义思想作为首要政治任务,巩固拓展党史学习教育成果,弘扬伟大建党精神,强化历史担当,新一届党委班子在历届关党委打下的坚实基础上,带领和团结全关干部职工,脚踏实地干工作、守正创新开新局,不断推动关区事业更好向前发展。

(二)讲政治、担使命,奋进新征程,坚定不移强化监管、优化服务

习近平总书记指出,推动高质量发展,要坚持统筹发展和安全,在发展中更多考虑安全因素,努力实现发展和安全的动态平衡。坚持人民海关为人民的理念,牢记宗旨意识,执法为民、执法利民,巩固深化"我为群众办实事"长效机制,切实解决服务群众最直接的问题、业务办理最根本的问题、改革攻坚最前沿的问题,增强人民群众的获得感、幸福感、安全感。坚持改革创新,坚持系统思维,围绕海关总署工作要求,把握推动改革的时度效,既要全面落实全国海关改革的规定动作,又要在海关总署的要求下做好改革的自选动作,不断增强发展动力、提升发展质效。坚持守住监管底线,落实总体国家安全观,始终牢记监管是海关最基本、最重要的职责,更好发挥海关职能职责

优势，立足青海"三个最大"省情定位和"三个更加重要"安全地位，有效应对和化解各种风险挑战，加强监管体系和能力建设，有力维护高原国门安全。坚持稳外贸促发展，坚持稳字当头、稳中求进，落实"六稳""六保"部署，主动作为，精准施策，提升出口质量，支持扩大进口，努力打造高水平开放平台，推动外贸实现质的稳步提升和量的合理增长，服务共建"一带一路"，助力青海"四地"建设。

（三）讲政治、担使命，奋进新征程，坚定不移深入推进全面从严治党

持续加强班子自身建设，认真贯彻民主集中制，时刻以党的事业为重，承担起关键责任，发挥好关键作用，努力打造政治坚强、精诚团结、务实担当、清正廉洁的领导班子，走好新时代的赶考路。持续改进队伍作风建设，我们要以永远在路上的清醒改进作风，真正动起来、干起来、比起来、热起来，坚决破除"等、靠、要"的思想，坚决树立"闯、创、干"的精神，营造浓厚的干事创业氛围。持续激发年轻干部活力，正如习近平总书记指出的，年轻干部生逢伟大时代，是党和国家事业发展的生力军，必须练好内功、提升修养、增强本领，努力成为可堪大用、能担重任的栋梁之才。要充分发挥关区年轻干部主力军作用，关区年轻干部要发扬"不用扬鞭自奋蹄"的精神，让越来越多的潜力变成实力，让越来越多的不能变成可能。持续坚持严的主基调，始终发扬斗争精神，严格纪律执行，防止滋生已经严到位、严到底的情绪，深入推进从严治关，继续深化"强基提质工程"，以过硬纪律作风锻造准军事化纪律部队，凝聚起攻坚克难、砥砺前行的强大力量。

面对新形势新任务，2022年工作的总体要求是：以习近平新时代中国特色社会主义思想为指导，深入贯彻党的十九大和十九届历次全会精神，坚持党对海关工作的全面领导，弘扬伟大建党精神，深入学习领会"两个确立"的决定性意义，增强"四个意识"、坚定"四个自信"、做到"两个维护"；坚持稳中求进工作总基调，立足新发展阶段，完整、准确、全面贯彻新发展理念，加快构建新发展格局，推动高质量发展；坚持马上就办、真抓实干，落实"六稳""六保"部署，强化监管优化服务，统筹发展和安全，统筹口岸疫情防控和促进外贸稳增长，锲而不舍、一以贯之推进政治建关、改革强关、依法把关、科技兴关、从严治关，提升海关制度创新和治理能力建设水平，推动社会主义现代化海关建设迈出新步伐，服务打造高水平、制度型对外开放格局，以优异成绩迎接党的二十大胜利召开。

三、踔厉奋发、笃行不怠，全力以赴做好2022年工作

（一）旗帜鲜明讲政治，持续强化政治机关建设

深入学习贯彻习近平新时代中国特色社会主义思想，不折不扣落实习近平总书记重要指示批示精神，按照海关总署党委部署，扎实开展捍卫"两个确立"、做到"两个维护"、强化政治机关建设专项教育活动，推动关区各级党组织和广大党员干部树牢政治机关意识，把党对海关工作的绝对领导贯彻落实到各方面、全过程。推进党史学习教育常态化长效化，开展学习党的十九届六中全会精神处级领导干部轮训和党员干部系统培训，做好迎接党的二十大宣传引导和二十大精神学习贯彻。全面加强党

的领导，落实意识形态等领域工作责任制，严格执行"三重一大"事项集体决策制度，加强重大部署、重要任务、重点工作组织领导，充分发挥党委把方向、管大局、保落实的作用。

(二) 全面履职尽责，坚决维护国门安全

不断提升风险防控效能。推进关区业务风险一体化防控，完善内部统筹协作机制，优化重大查发现场快速响应机制，开展联合分析研判。提升风险防控的精准性，稳步提高布控查获率。加大二级风险布控力度和精准度，提高动植物疫情检出率。加强风险情报体系建设，强化大数据模型应用，加强产业链供应链风险整体评估、研判和处置，深化口岸风险联防联控。

科学精准做好口岸疫情防控。加强监测预警机制建设，强化"人、物、环境"同防，强化监督考核，及时补短板、强弱项、强基础，确保规定动作100%落实到位。按照海关总署最新部署和青海省属地要求，因时因势、动态调整口岸疫情防控工作方案和应急处置预案。严格实施进口冷链食品、农产品、高风险非冷链集装箱货物监测检测和预防性消毒工作，稳妥做好后续处置。持续加强内部防控，常态化开展专题培训和实战演练，提升应急处置能力。同步做好其他重大传染病口岸防控。积极参与联防联控，大力推进口岸公共卫生核心能力建设，加强抗疫人员、抗疫物资财务保障，提升实验室检测能力，有效应对处置重大疫情和突发公共卫生事件。

持续做好国门生物安全防范。学习贯彻近平总书记关于国家生物安全的重要指示批示精神，确保海关工作任务落实。强化动植物疫情疫病风险监测和预警，推进智慧动植检建设。用足用好进出境动植物检疫能力提升项目资金，加大科技投入，加快推进口岸初筛鉴定室建设，实现口岸初筛检查鉴定覆盖率和远程鉴定系统覆盖率达到70%，强化一线检疫人员的业务能力，提高动植物疫情疫病检出率。开展"国门绿盾2022"行动，强化外来入侵物种口岸防控，建立截获数据库，严厉打击非法引进等行为。做好入境口岸外来入侵物种普查，扎实开展人员专业培训和岗位资质管理。在西宁海关国门生物安全展示馆成功获评"青海省党建共享阵地"的基础上，积极争取成为青海省、西宁市科普教育基地。

落实食品安全"四个最严"要求。实施出口食品农产品安全监督抽检和风险监测计划，提高问题发现率。提升出口食品农产品企业质量安全管理水平，扩大食品农产品出口。加强进口食品源头管控，稳步推进境外食品企业全面注册工作，实施进口食品国门守护行动。严格落实进出口食品企业主体责任，严厉处罚违规行为。

严把进出口商品质量安全关。增强海关进出口商品质量安全风险管理能力，切实坚决守住进出口商品质量安全底线。聚焦"安全卫生健康环保"要求，加强进出口重点敏感商品质量安全检验监管。推进西宁海关第三方检验结果采信工作。构建风险信息采集渠道，提升青海地区进出口商品风险评估能力。

提升税收征管质效。坚持依法科学征管，持续深化综合治税工作，做好"加法"，涵养好税源，做好"减法"，落实税收优惠政策，为企业降本增效。积极推广关税保证保险等便利措施。认真落实税收政策，聚焦国家战略、地方发展需求开展税政调研，积极提出税政建议。

加强原产地管理，认真做好《区域全面经济伙伴关系协定》（RCEP）政策的宣介和实施工作。

切实加强口岸监管。进一步优化、升级关区二级监控指挥中心工作模式，推进旅客行李物品监管风险防控体系建设，加强智能化监管设备在旅检设备的配置应用，因地制宜地推进"无感通关"监管模式。依托新一代查验管理系统，实现对非高风险、风险可控检疫进口货物目的地检验检疫的无缝衔接。加强口岸环节监管查缉，强化反恐应急演练，做好维护意识形态安全和"扫黄打非"等工作。落实贸易领域限制管控措施，提升出口管制能力和水平。巩固提升安全生产专项整治三年行动成效。加强监管作业场所运行管理。大力加强知识产权海关保护工作。

强化企业管理和后续监管。深化落实海关企业信用管理制度改革，将信用管理嵌入海关监管全过程，构建以信用为基础的新型海关监管机制。深入实施以信用为基础的企业分级分类监管，继续开展AEO海关高级认证企业培育。建立同地方部门常态化联系工作机制，扩大"多证合一"覆盖面和应用率，进一步降低企业制度交易成本。深化以"查发为导向"的稽核查工作理念，加大拓宽涉检、涉税领域稽查覆盖面，开展跨关区稽查行动，加强贸易调查，提高查发率和办案水平。强化属地查检，规范执法作业。统筹推进"多查合一"。

持续保持反走私高压态势。认真贯彻落实全国海关缉私工作暨打私主任会议工作部署，严格履行海关打私职责，扎实开展"国门利剑2022"联合行动，进一步提升全员打私整体效能。强化缉私执法规范化建设，持续推进"智慧缉私"，大力提高办案质效，着力加强缉私专业能力建设。深化青海省打击走私综合治理工作，完善考核机制，推进打私综合治理提质增效。

（三）服务构建新发展格局，主动服务高水平对外开放

促进对外开放平台高质量发展。认真贯彻落实《国务院关于促进综合保税区高水平开放高质量发展若干意见》，推进自贸试验区海关监管制度复制推广。立足实际，加强政策指导，强化监管、优化服务，助力西宁综合保税区高质量发展。提高保税物流中心海关管理效能，深入推进曹家堡保税物流中心业务拓展，推动跨境电商零售进出口业务发展，支持利用通关一体化模式拓展粮食、肉类、木材等保税仓储业务，开展进口商品保税展示；助推与机场口岸业务的联动发展。全力支持西宁双寨铁路货运中心进境粮食指定监管场地申建、格尔木国际陆港建设、中欧班列、南亚班列常态化开行、西部陆海贸易新通道建设等重点项目。积极发挥海关职能优势，加强政策研究，精准提出意见建议，助推青海开放型经济发展。

促进青海特色产业高质量发展。充分发挥统计分析和政研组的作用，积极做好特色产品出口监测预警，为特色产业发展建言献策。找准海关工作切入点，在"四地"建设中精准发力，全方位、多角度扶持特色产业高质量发展。讲好"净土青海、天然农牧"品牌故事，"一企一策"指导更多的绿色有机农畜产品按照绿色有机标准种植、养殖，帮助更多的农畜产品生产企业在国外注册。指导企业建立健全可追溯质量安全管理体系，推动青海枸杞、沙棘、蜂蜜、冷水鱼、牛羊肉等特色农畜产品提高质量；充分发挥枸杞、藏毯技术性贸易措施研究评议

基地作用，强化知识产权海关保护力度，助力特色农产品扩大出口，支持藏毯、唐卡、青绣等民族传统文化产业发展，切实为更多"青"字号产品走向世界保驾护航。帮助企业完善信用保障体系，使更多的企业获得AEO互认，享受更多便利通关措施。

促进产业转型升级高质量发展。对接青海盐湖产业、清洁能源产业、特色农畜业等重大项目建设，助力先进技术装备、种质资源等进口，靠前指导帮扶，提前介入，为重大装备引进在通关进口、检验检疫、减免税审核确认及下游产品出口提供全程政策指导和通关便利服务。帮助盐湖化工产品生产企业按照国际标准规范生产，提升产品标准和质量，推动国际质量、环境等管理体系认证，引导企业获取通往国际市场的"通行证"。以金属锂等为突破口，利用海关职能优势助力新材料、新能源及重大项目引进规划建设。服务青海会展经济，扩大青海对外开放。

持续优化口岸营商环境。深化"放管服"改革，深化"单一窗口"应用，落实精简行政许可事项，全面推广"多证合一""双随机、一公开"等海关各项便利化改革，创新监管模式，努力做到监管效能最大化、监管成本最优化、对市场主体干扰最小化。对标国际国内先进水平，不断加强报关单整体通关时间监控，巩固压缩整体通关时间成效，积极配合做好省口岸营商环境评估工作。充分发挥海关国内国际双循环相互促进重要交汇节点作用，推进更大范围、更宽领域、更深层次对外开放，促进国内国际双循环顺畅联通。依法精简进出口环节审批事项和进出口环节单证及证明材料，简化企业注册备案流程。优化通关流程，推动进出口环节监管证件和通关物流类单据单证电子化无纸化。积极推动口岸检疫处理工作合规化。

（四）不断激发内生动力，全面深化改革创新

加强法治体系建设。发挥法治引领和规范化作用，做好疫情防控和促进外贸稳增长法治保障，编制权责清单。持续推进行政执法"三项制度"的落实，健全关区"三项制度"工作机制。充分发挥隶属海关法治工作作用，在关区范围形成上下联动、紧密协作的法治共建格局。常态化开展制度"立改废"，持续推动制度体系建设，为改革创新筑牢制度基础。做好行政复议应诉工作，更好发挥公职律师作用。加强法治宣传教育和法治文化建设。

持续深入推进海关业务改革。全力推动全国通关一体化向海关全业务领域一体化拓展，大力提升检查异常处置效率，持续深化通关便利化改革。优化完善"业务改革问题收集反馈"工作机制，依托"问题清零"和"关企联络员"机制，进一步畅通关企沟通渠道，切实提升海关业务改革实效。加快推进属地查验与口岸监管、稽核查工作执法联动，高质量完成出口前监管改革。用好西部陆海新通道区域海关合作机制，推动重点业务领域跨关区协同管理。强化业务运行监控，推动实现全链条实时监控和有效预警，统筹风险整体防控和业务运行管控。

持续强化科技支撑。充分发挥关区科技委员会作用，建立西宁海关科研项目库，实现关级科研项目零的突破，积极申报署级科研项目，积极参与海关总署和地方科技计划项目，鼓励支持开展各种形式的科技合作，做好科技人才培养，推进科研能力提升。推进基础设施云建设，加快国产软硬件推广应用，提升自主知识产权软硬件应用能力。推广海关数字化身份安全、数据安全、应用安全、终端安全等项目应用，构建"零信任"网络安全技术体系。发挥实验室技术支撑作用，加强动植检实验室检测能力建设，加快推进保健中心实验室升级改造，提高实验室信息化管理水平。

（五）主动作为、多措并举，不断提升综合保障效能

提高办文办会办事水平。狠抓机关效能建设，落实精文简会要求，提升工作质效。加强调查研究，提升信息报送质效。聚焦重点工作、重大改革，拓展新闻宣传的深度和广度，力争新闻宣传取得新成绩。认真做好人大建议政协提案办理、值班应急、机要保密、档案管理、政务公开和信访等工作。妥善做好舆情应对处置，全面推进平安青海建设。

提高财务保障水平。把握好"过紧日子"和"过好紧日子"关系，压紧压实各单位主体责任，充分挖掘资源，盘活关区存量资金，拓宽资金收入渠道，完善预算保障机制，提升财务保障和管理质效。加大政府采购流程监督，持续规范关区政府采购行为。加强涉案财物处置，提升关区涉案财物管理水平。整合优化闲置资产，有效发挥国有资产效益。持续打造完备的关区疫情防控物资保障体系。做好后勤保障工作，提升服务水平。

加大事业单位改革力度。找准事业单位发展定位，建立健全与关区事业发展相适应的机制，按照海关总署要求稳妥推进事业单位所属企业脱钩产权处置，探索解决事业单位财务保障问题，增强市场开拓能力，加强自身经营管理，更好地服务保障关区中心工作。

提高督察审计水平。积极配合国家审计工作，加大推进审计整改落实力度，压紧压实审计整改主体责任，提升整改实效。聚焦重大决策部署开展跟踪督察，创新工作模式，提高内部审计工作质效。推进海关内控体系化建设，创建推广内控科室"样板间"，加强内部控制与监督平台应用，推动各级内控主体主动落实风险防控责任，防范化解三大风险。持续开展领导干部经济责任审计。完善海关执法评估工作模式，积极运用"数据+指标+分析+调研"执法评估工作模式，加快推进执法评估指标体系建设，强化执法评估结果转化应用。

（六）勇于自我革命，深入推进全面从严治党

持续推动党建业务深度融合发展。深化拓展"强基提质工程"和党建品牌创建，深化"月度主题精品党日"活动，建立推进党建工作高质量发展长效机制，制定强化支部政治功能的意见措施，运用"智慧党建"系统强化日常评价和跟踪问效。加强海关文化建设，推进职工书屋建设，拓展关史馆教育引导、宣传展示的功能。积极发挥工青妇等群团组织作用，大力开展精神文明创建工作，确保"省级文明单位标兵"申报成功，加大与兄弟海关文化共建力度。加强队伍规范化管理，深入落实准军要求，抓好作风养成和经常性、实战性岗位练兵，不断锤炼队伍过硬纪律作风和能力本领。坚守人民情怀，持续推进乡村振兴。

加强干部队伍的选育管用。深化干部工作"五大体系"建设，认真落实"好干部"标准，探索制定《西宁海关领导班子和领导干部政治素质考察办法》，建立政治表现纪实档案，全面提升干部政治"三力"。严格干部管理监督，特别是对各级"一把手"和领导班子的监督。深

入细致做好干部工作调研,优化队伍结构和人力资源配置,激发队伍活力。加强执法一线科长队伍建设。改进方式方法,坚持"开展好每一次选任""组织好每一次培训""管理好每一本档案""测发准每一笔劳资""执行好每一次监督"的"五个一"工作法,持续做好干部工作。积极争取援青干部机制落地,统筹海关总署和青海省绩效考核,强化考核引领和推动作用。用心用情做好防疫一线人员的关爱激励,用心用力做好老干部工作。

扎实推进党风廉政建设和反腐败斗争。坚持从严治党引领,严肃开展党内政治生活,坚持党委基层调研和联系点制度,严格落实"一把手"和领导班子监督责任,压紧压实各层级"两个责任"。坚持监督执纪问责,深化"四种形态"运用,用好"第一种形态",一体推进"三不腐"同向发力,保持政治监督的具体化、常态化。锲而不舍纠"四风"树新风,深化整治形式主义、官僚主义顽瘴痼疾。持续拓展"制度+科技"运用,健全工作机制、深化源头防腐。强化警示教育震慑,建立典型案件通报分析制度,将警示教育同干部思想动态调研结合起来,深入到党内生活、日常工作的方方面面,及时解决倾向性、苗头性问题。保持正风肃纪反腐政治定力,推进打私反腐"一案双查",依规依纪依法严肃查处各类违纪违法行为,做实做细以案促改,推进精准规范问责,营造风清气正政治生态。实现巡察全覆盖,继续巩固巡视整改、专项整治成果,及时将经验做法运用到关区执法领域和非执法领域的各方面。

同志们,大道至简,实干为要。新的一年,让我们更加紧密团结在以习近平同志为核心的党中央周围,高举习近平新时代中国特色社会主义思想伟大旗帜,增强"四个意识"、坚定"四个自信"、做到"两个维护",深入推进"五关"建设,全力谋实策、出实招、求实效,以更加昂扬的姿态,奋进新征程,建功新时代,以优异成绩迎接党的二十大胜利召开。

在 2022 年西宁海关全面从严治党工作会议上的讲话

西宁海关党委书记、关长　尹卫锋

（2022 年 2 月 15 日）

这次会议的主要任务是，深入学习贯彻习近平总书记重要讲话精神，认真贯彻落实十九届中央纪委六次全会部署，全面落实全国海关全面从严治党工作会议精神，总结西宁海关 2021 年全面从严治党、党风廉政建设和反腐败工作，安排部署 2022 年工作任务。下面，我代表关党委，讲三点意见。

一、认真学习领会全国海关全面从严治党工作会议精神

1 月 18 日，中国共产党第十九届中央纪律检查委员会第六次全体会议在北京召开，习近平总书记发表重要讲话。习近平总书记的重要讲话，深刻总结新时代党的自我革命的成功实践，深刻阐述全面从严治党取得的历史性开创性成就、产生的全方位深层次影响，对把全面从严治党向纵深推进、迎接党的二十大胜利召开做出战略部署。讲话立意高远、思想深邃、内涵丰富，具有很强的政治性、指导性、针对性，是推进新时代党的建设新的伟大工程的基本遵循，是做好海关全面从严治党、党风廉政建设和反腐败工作的行动指南。全关要认真学习领会，深入贯彻落实。

1 月 24 日，全国海关全面从严治党工作会议在北京召开。海关总署党委书记、署长倪岳峰作了讲话。

倪岳峰署长从落实"两个维护"坚定坚决、对"关键少数"监督更加聚焦、纪律作风持续向好、权力运行监督制约机制更加完善、惩治防一体推进五个方面回顾了 2021 年海关全面从严治党、党风廉政建设和反腐败工作取得的新进展新成效。

倪岳峰署长在充分肯定成绩的同时，也明确地指出问题和不足。个别部门单位政治机关意识不强；落实"两个责任"不到位不到底；"四风"顽疾仍存在抬头隐患；在惩治腐败高压态势下，极少数领导干部不收敛不收手；基层执法领域违纪违法问题依然突出等等，海关廉政形势依然严峻复杂。

倪岳峰署长指出，全国海关通过一年来的实践，有"四个始终坚持"的深刻体会，始终坚持党的全面领导、维护党中央权威，充分发挥三级党委领导作用，持续强化政治建关，以实际行动践行对党绝对忠诚；始终坚持人民至上，深入践行人民海关为人民理念，公正执法、廉洁用权，着力解决群众身边腐败和不正之风，

让群众在每一项海关业务中都感受到公平正义；始终坚持严的主基调，保持全面从严治党永远在路上的政治自觉，勇于自我革命，从严治关，一体推进不敢腐、不能腐、不想腐，以过硬纪律作风锻造准军事化纪律部队；始终坚持强化权力运行制约监督，运用"制度+科技"从源头防控执法和廉政风险，以加强"一把手"和领导班子监督为重点，推动各类监督贯通协同。

倪岳峰署长全面提出2022年海关全面从严治党工作总体要求，重点从以下六个方面做好工作。

一是深入学习贯彻党的十九届六中全会精神，坚定捍卫"两个确立"、坚决做到"两个维护"。要旗帜鲜明讲政治。要坚持用党的创新理论武装头脑。要严守政治纪律和政治规矩，做到"五个必须"，防止"七个有之"。

二是压紧压实管党治党政治责任，充分发挥"一把手"和领导班子"头雁效应"。要强化责任担当。要加强履责监督。要精准规范问责。

三是保持反对和惩治腐败的强大力量常在，坚定不移把海关反腐败斗争推向纵深。要保持惩治腐败高压态势。要推进以案促改制度化规范化。要做深做实警示教育。

四是坚持党风党纪一起抓，坚决把纪律挺在前面。要持续加固中央八项规定堤坝。要持续整治形式主义、官僚主义。要严格纪律执行，防止滋生已经严到位、严到底的情绪。

五是推动巡视巡察工作高质量发展，充分发挥利剑作用。要坚守巡视工作政治定位。要持续完善巡视巡察上下联动格局。要深化巡视整改和成果运用。

六是持续深化"制度+科技"运用，加强对权力运行制约和监督。要巩固拓展"制度+科技"理念。要扎紧织密制度笼子。要积极稳妥推进科技控权。

关区各级党组织和全体干部职工要认真学习贯彻倪岳峰署长讲话精神，把讲政治贯穿始终，树牢垂直管理理念，切实把讲话精神领会好、贯彻好、落实好。

二、2021年工作回顾

2021年，西宁海关党委坚持以习近平新时代中国特色社会主义思想为指导，深入贯彻党的十九大和十九届历次全会精神，认真落实全国海关工作会议、全国海关全面从严治党工作会议部署，坚持严的主基调不动摇，深入推进全面从严治党，扎实开展党风廉政建设和反腐败工作，深化清廉海关建设，为西宁海关各项工作提供坚强保证。

（一）坚决做到"两个维护"

深化"党委班子及时学、党委中心组深入学、基层党支部普遍学"的"三学"机制，重点抓好习近平总书记"七一"重要讲话和党的十九届六中全会精神的学习贯彻。把党史学习教育作为重大政治任务，持续在学懂弄通做实习近平新时代中国特色社会主义思想上下功夫，坚持打造"红色体验、情景再现、经典分享、知识竞赛、专题研讨、精品党日、联学联建、新媒传送"八位一体的"党史学习教育矩阵"，教育引导广大干部职工心有忠诚、行有方向。"海关进农牧区""助力金属锂出口"入选第三批、第四批海关总署"百佳项目"。从制度层面坚持"第一议题"，完善相关机制，形成"贯彻落实习近平总书记重要指示批示精神重点工作任务125项"并扎实推进。召开关区政治工作会议，将政治建设与业务工作同部署、同发力、同考核。紧盯党中央重大决策部署开展政治监督、审计监督和工作督查，坚决避免缺位、错位、出位，坚决纠正温差、落差、偏差。

（二）强化对"关键少数"监督

出台《中共西宁海关委员会关于加强对"一把手"和领导班子监督的实施办法》，细化6方面24项措施，加强对"一把手"和领导班子监督。修订印发党委工作规则、落实"三重一大"决策制度实施办法，严格落实民主集中制。召开全面从严治党工作会议、党风廉政建设推进会，明确管党治党重点任务67项，印发制度文件20余项，完善全面从严治党"议、评、述、考"机制，压实第一责任人职责。组织开展"基层书记、派驻纪检组组长谈责任"专题活动，结合巡察查发问题，对履责不到位等七方面问题通报批评。

（三）纪律作风持续向好

"治庸治懒治散"专项教育整顿，与"党建专题培训"和"警示教育月"同步开展，组织岗位练兵和"内务规范强化月"活动，推动作风转变、纪律养成、效能提升。认真落实深入治理违反中央八项规定精神突出问题、进一步推进清廉海关建设的17条措施要求，毫不妥协纠治形式主义、官僚主义，持续用力精文简会；落实党委员联系基层制度，积极为基层减负赋能。深化"强基提质工程"，命名5个"四强"党支部，采取提醒、约谈等方式加强"流动党员"管理，创新推出"月度精品主题党日"。严格落实"过紧日子"要求，开展节约型机关创建活动。坚持好干部标准，选拔处、科级领导干部13人次，对27名处科级领导干部进行岗位交流，为各项工作发展注入新活力。

（四）惩治防协同推进

建立巡视巡察上下联动工作机制，坚持常态化巡视整改，巡视整改38项问题已整改并持续改进。年内对2个隶属海关、1个事业单位开展审计监督，对12个单位、部门开展政治巡察，关区巡察覆盖率提升至80%，查发问题130余项，建立巡察整改检查机制，确保共性问题"一体解决"，个性问题"定点突破"，整改率达93%。深化"现场监管与外勤执法权力寻租"专项整治并取得实效。有效发挥法治保障作用，不断夯实内控机制，加大内部监督力度。配强机关纪委班子、规范支部纪检工作，形成党委—机关纪委—纪检委员上下贯通监督格局，用好监督执纪"四种形态"，一年来运用"四种形态"处理15人次。

在肯定成绩的同时，我们也要清醒地认识到，部分领导干部政治机关意识不强、政治敏感性不高，不善于从政治上观察和处理问题，政治判断力、政治领悟力、政治执行力依然需要强化。有的党组织落实管党治党政治责任还没有完全压紧压实，"两个责任"落实依然不到位。关区执法领域、非执法领域风险问题依然不容忽视，纪律作风建设突出问题没有得到根本解决，"慵懒散"现象还不同程度存在。这些问题需要引起高度重视，认真加以解决。

一是从贯通运用党的百年奋斗历史经验的维度充分认识全面从严治党的极端重要性。习近平总书记在十九届中央纪委六次全会上强调，党的十八大以来，我们继承和发展马克思主义建党学说，总结运用党的百年奋斗历史经验，对建设什么样的长期执政的马克思主义政党、怎样建设长期执政的马克思主义政党的规律性认识达到新的高度。这就是坚持党中央集中统一领导，坚持党要管党、全面从严治党。党的百年奋斗历史经验启示我们，推进全面从严治党、党风廉政建设和反腐败工作，是关区事业沿着正确政治方向继续前进，保证队伍不断发展壮大的根本保证，要持续强化政治建关，坚持全面从严治党，深入推进从严治关，以实际行动坚定捍卫"两个确立"，坚决做到"两个维护"。

二是从推进党的自我革命的高度充分认识全面从严治党的极端重要性。习近平总书记在十九届中央纪委六次全会上指出，全面从严治党是新时代党的自我革命的伟大实践，开辟了百年大党自我革命的新境界；必须坚持以党的政治建设为统领，坚守自我革命根本政治方向。近年来，海关一些党员干部出问题，无不与政治信仰不坚定、自身缺乏免疫力、拒腐防变能力弱有关。海关是政治机关，始终把旗帜鲜明讲政治作为海关的生命线，自觉保持全面从严治党永远在路上的政治自觉，发扬斗争精神，勇于自我革命，一体推进不敢腐、不能腐、不想腐，以过硬纪律作风锻造准军事化纪律部队。

三是从始终坚持人民至上的执政理念出发充分认识全面从严治党的极端重要性。习近平总书记多次强调人民至上，在十九届中央纪委六次全会上指出，要从领导干部特别是主要领导干部抓起，树立正确政绩观，尊重客观实际和群众需求，强化系统思维和科学谋划，多做为民造福的实事好事。深入践行人民海关为人民的理念，公正执法、廉洁用权，让群众在每一项海关业务中都感受到公平正义，就要坚持严的主基调不动摇，坚持纠正一切损害群众利益的腐败和不正之风，多为群众办实事办好事。当前，关区强化监管、优化服务的任务越重，越要坚持全面从严治党，深入推进从严治关，挑战越大，越要坚持全面从严治党，深入推进从严治关。

四是从关区面临的形势来看充分认识全面从严治党的极端重要性。习近平总书记在十九届中央纪委六次全会上指出，要从严从实加强教育管理监督，引导年轻干部对党忠诚老实，坚定理想信念，牢记初心使命，正确对待权力，时刻自重自省，严守纪法规矩，扣好廉洁从政的"第一粒扣子"。当前，关区全面从严治党还存在薄弱环节，从近年来审计、巡视、巡察、线索查处等情况来看，我关党风廉政建设和反腐败工作依然有风险、有问题、有隐忧。关区条件艰苦并不意味着可以放松自我要求，业务队伍规模较小并不意味着就不出大问题，要警惕"小糊涂"变成"大祸端"，要警惕"执法者"变成"犯法者"，要警惕"讲正气"变成"讲邪气"，关区党风廉政建设和反腐败斗争依然任重道远。

三、2022年主要任务

2022年西宁海关全面从严治党工作总体要求是：以习近平新时代中国特色社会主义思想为指导，全面贯彻党的十九大和十九届历次全会精神，认真落实十九届中央纪委六次全会部署，全面加强党的领导，增强"四个意识"、坚定"四个自信"、做到"两个维护"，坚持稳中求进工作总基调，立足新发展阶段，完整、准确、全面贯彻新发展理念，加快构建新发展格局，推动高质量发展，自觉运用党的百年奋斗历史经验，弘扬伟大建党精神，永葆自我革命精神，坚持全面从严治党战略方针，坚定不移将党风廉政建设和反腐败斗争进行到底，不敢腐、不能腐、不想腐一体推进，惩治震慑、制度约束、提高觉悟一体发力，持续深化清廉海关建设，深入推进政治建关、改革强关、依法把关、科技兴关、从严治关，为建设社会主义现代化海关提供坚强保证，以优异成绩迎接党的二十大胜利召开。

重点做好以下四个方面工作。

（一）保持政治上的清醒坚定，坚定捍卫"两个确立"、坚决做到"两个维护"

习近平总书记强调，党的政治建设是党的根本性建设。海关是政治机关，我们必须旗帜鲜明讲政治，坚决捍卫"两个确立"，切实增强"四个意识"、坚定"四个自信"、做到"两个维护"。

一是要对党绝对忠诚。大力加强对党忠诚教育、党性教育，坚决把对党忠诚作为共产党人首要的政治品格，教育引导广大党员干部严守政治纪律和政治规矩，做到"五个必须"、防止"七个有之"，严格落实重大事项请示报告制度，争做对党绝对忠诚的高原国门卫士。扎实开展捍卫"两个确立"、做到"两个维护"、强化政治机关建设专项教育活动，牢记"国之大者"，不断提高政治判断力、政治领悟力、政治执行力，把学习研讨、查摆问题、整改落实、巩固提升贯通起来，着力解决政治意识不强、政治敏感性不高，不善于从政治上观察和处理问题的现象，切实把讲政治从外部要求转化为内在主动，体现到忠诚履职、把好国门的具体实践中。严格执行新形势下党内政治生活若干准则，持续提高民主生活会和组织生活会质量，营造清朗政治生态。

二是筑牢坚定捍卫"两个确立"、坚决做到"两个维护"的思想基础。坚持把学懂弄通做实习近平新时代中国特色社会主义思想作为首要政治任务，不断完善"三学"机制，充分利用主题党日、博雅讲堂、青年干部政治理论学习小组等特色学习平台，引导党员干部自觉主动学、及时跟进学、联系实际学、笃信笃行学，坚决做到学思用贯通、知信行合一。抓好宣传贯彻党的十九届六中全会精神处级以上领导干部全员轮训，党员干部系统培训。按照党中央部署要求，扎实做好党的二十大精神的学习宣传贯彻。推动形成党史学习教育常态化长效化制度机制，融入日常、抓在经常，不断厚植历史自信，树立正确党史观，在感悟精神伟力中强志气、壮骨气、厚底气。深化"海关进农牧区"长效机制，不断提升人民群众的获得感、幸福感和安全感。

三是坚决做到闻令而动、遵令而行。把习近平总书记重要指示批示作为行动号令，坚决落实党中央重大决策部署，坚持好"第一议题"制度，将"第一议题"与关区"三学"机制贯通起来，切实把习近平总书记重要指示批示精神有效转化为关区的积极实践、实际行动和现实图景，用行动诠释忠诚和担当。围绕习近平总书记提出的"推进青藏高原生态保护和高质量发展"，坚持疫情常态化防控，保持打击象牙等濒危动植物及其制品、"洋垃圾"走私，巩固拓展脱贫攻坚成果与乡村振兴有效衔接等重点工作，有效发挥党组织、党员干部在助力青海"加快建设世界级盐湖产业基地，打造国家清洁能源产业高地、国际生态旅游目的地、绿色有机农畜产品输出地"的具体实践中的战斗堡垒作用和先锋模范作用。纪检监察机构要加大对习近平总书记重要指示批示精神和党中央重大决策部署落实情况的政治监督，确保落实落细落到位。

（二）保持使命上的清醒坚定，压紧压实管党治党政治责任

习近平总书记指出，推动各级党委认真履

行全面从严治党主体责任,做到真管真严、敢管敢严、长管长严,使全面从严治党成为常态。

一是压紧压实主体责任。关区两级党委要时刻牢记自己承担的全面从严治党主体责任,突出加强对领导干部这个"关键少数"的监督,切实落实好对"一把手"和领导班子监督的各项具体要求。党委书记作为第一责任人,是"关键少数"中的关键,既要挂帅,又要出征,履行好"四个亲自"的要求,及时了解基层出现的新情况、新问题,督促班子成员履行管党治党责任,督促下级党组织书记知责尽责。严格执行民主集中制,严格落实"三重一大"等决策制度,自觉主动接受监督。综合运用信访举报、案件查办、政治巡察等,定期开展政治生态分析研判,认真查找领导班子自身存在的突出问题。

二是做到层层传导压力。领导班子成员要认真落实"一岗双责",领导、检查和督促分管领域全面从严治党工作,坚持党委委员参加基层组织生活、联系基层党支部、基层工作调研等制度,把全面从严治党向纵深推进。健全党委、党委书记与党委纪检组会商机制,强化纪检监察机构监督责任和协助职责。不断加强纪检干部队伍建设,提升规范化、法治化、正规化水平,锻造高原海关纪检铁军。机关党委、机关纪委要强化指导督促,以更严要求、更实举措、更硬作风,切实把"责任田"种好。各级基层党组织要以提升组织力为重点,履行好教育管理监督党员的直接责任,上下联动贯通,织密责任网格。

三是形成责任落实闭环。长效坚持"季度分析研判+半年召开推进会+年度述责述廉述党建+年底考核检查"的闭环考核体系,依托新版"智慧党建系统",强化考核结果运用,倒逼责任落实。严格落实问责条例,对不抓不管、失职失责的党组织和党员领导干部严肃问责。坚持"三个区分开来",真容错敢纠错,旗帜鲜明为坚持原则、敢抓敢管、不谋私利的干部撑腰鼓劲。

(三)保持思想上的清醒坚定,不断加强纪律作风建设

习近平总书记强调,形成优良作风不可能一劳永逸,克服不良作风也不可能一蹴而就,作风建设永远在路上,必须坚持抓常、抓细、抓长。

一是筑牢中央八项规定的堤坝。保持恒心毅力,严格落实海关总署制定的17条措施,党员领导干部要做到"五个一律不准",执法一线科长和关员要做到"四个一律不准"。纪检监察机构要紧盯"关键少数",紧盯重要时间节点,紧盯违规接受企业宴请、违规收受礼品礼金、酒驾醉驾等突出问题,露头就打、反复敲打,发现一起严肃查处一起。

二是从讲政治的高度整治形式主义、官僚主义。盯住文山会海、督查检查考核过多和过度留痕等困扰基层问题,深入开展排查整治。开展窗口作风提升行动,推进海关政务服务"好差评"全事项、全渠道覆盖。发挥好特约监督员、12360海关热线作用,坚决纠治不担当不作为、简单化乱作为、推诿扯皮等问题。坚持"过紧日子",提高预算执行效率和资金使用效益,厉行勤俭节约,严肃制止餐饮浪费行为。

三是推动基层党组织全面进步、全面过硬。继续深化"强基提质工程",增强党支部政治功能和组织力凝聚力,推动"四强"党支部创建,扩大海关总署党建示范、培育品牌数量,组织

党建现场观摩会，有效破解党建工作难题。坚持"支部月度重点工作指引"机制，强化"智慧党建"系统运用和监督检查，深化"月度主题精品党日"活动，实施党务干部能力提升工程，推动基层党建高质量发展。

四是深化准军事化纪律部队建设。持续开展"内务规范强化月"活动、视频检查等，整肃关容风纪，建立领导干部牵头的纪律作风检查督导机制，强化日常养成。完善企事业单位管理监督机制，落实协管员队伍管理制度。进一步规范领导干部配偶、子女及其配偶从业行为，加强离职管理。严格落实禁止饮酒规定，坚决防范酒驾醉驾。

五是持续关心关爱好干部职工。坚持新时代好干部标准，突出实绩选人用人政治标准，认真落实海关总署党委加强海关人才队伍建设的意见，选优配强各级领导干部。加强执法一线科长队伍建设，激励执法一线科长勇担当、善作为、抓落实、促工作。有效发挥工青妇群团组织作用，大力开展精神文明创建活动，确保再次成功创建"省级文明单位标兵"，加大与兄弟海关的文化共建力度。深入挖掘选树宣传身边榜样，开展"讲好身边事、激励身边人"的系列宣传活动，提振队伍精气神。深入落实"艰苦边关22条措施"，设身处地积极解决干部职工面临的实际困难，提升财务和后勤保障水平，在政治上、思想上、工作上、生活上体现组织关怀，做到严管有力度、厚爱有温度。

（四）保持自我革命上的清醒坚定，持续推进清廉海关建设

反腐败永无止境，必须始终保持反腐败政治定力，坚持无禁区、全覆盖、零容忍，坚持重遏制、强高压、长震慑，努力取得更多制度性成果和更大治理成效。

一是做深做实警示教育。常态化学习党章党规党纪和法律法规，持续开展警示教育月活动，用身边案件教育身边人，打造线上线下廉洁文化品牌，深入推进家教家风建设，讲好新时代清廉海关故事。推进以案促改制度化规范化，深入剖析案件暴露出的监管漏洞、制度短板，以案促治，推动惩处、监督、教育贯通融合。

二是一体推进不敢腐、不能腐、不想腐。深化运用监督执纪"四种形态"，特别是在用好"第一种形态"上下功夫，做到抓早抓小抓苗头。从严从实加强年轻干部教育管理监督，强化"八小时以外"监督，净化干部职工社交圈、生活圈。紧盯一线执法领域和重点岗位，紧盯"关键少数"特别是"一把手"和领导班子，持续加大监督力度。继续落实好"一案双查"工作机制，提升线索处置和案件查办质效。巩固"现场监管与外勤执法权力寻租"专项整治成果，向工程建设、信息化建设、实验室建设、装备购建、疫情防控保障项目等领域延伸拓展，深入开展"海关重点项目和财物管理以权谋私"专项整治。持续深化"制度+科技"运用，加强对权力运行制约和监督，一体提升执法效能和风险防控能力。

三是推动巡视整改、巡察工作高质量开展。扎实做好巡视整改"后半篇文章"，强化政工、组织、纪检监察对巡视整改日常监督和专责监督，深化巡视整改和成果运用，对屡查屡犯问题进行系统梳理，从政治上逐条分析原因、从政治上逐条进行整改，从根本上解决屡查屡犯问题，确保"不贰过"。坚持问题导向，紧扣"两个维护"根本任务，聚焦"四个落实"，做好本轮巡察收官工作，不断提高全覆盖质量。坚持巡视巡察上下联动，加强与纪律监督、干部监督、派驻监督、审计监督、统计监督等各类监督统筹衔接，形成监督合力，增强监督治理效能。

同志们，"为者常成、行者常至"。让我们更加紧密地团结在以习近平同志为核心的党中央周围，在海关总署党委的坚强领导下，不忘初心、牢记使命，踔厉奋发、笃行不怠，坚定不移推动全面从严治党、党风廉政建设和反腐败斗争向纵深发展，以优异成绩迎接党的二十大胜利召开！

第二篇 专记

西宁海关促进外贸稳增长工作

2022年，西宁海关全面学习、全面把握、全面落实党的二十大精神，完整、准确、全面贯彻新发展理念，坚决贯彻落实"疫情要防住、经济要稳住、发展要安全"重大要求，铸忠诚、担使命、守国门、促发展、齐奋斗，高效统筹口岸疫情防控和促进外贸稳增长，充分发挥海关在安全、贸易、税收等方面的职能作用，以坚决维护国家安全和主动作为促进高水平开放高质量发展为着力点，全面落实海关总署关于促进外贸保稳提质十条措施，积极推进省政府《关于贯彻落实国务院扎实稳住经济一揽子政策措施的实施方案》及接续措施，及时出台《西宁海关促进外贸保稳提质十一条措施》，助力西宁综合保税区等开放平台建设，千方百计助企纾困共克时艰，保障物流通畅，全力促进青海外贸保稳提质，积极推动青海融入新发展格局。在统筹疫情防控和外贸稳增长实践中，西宁海关认真践行"海关为民"宗旨，持续推进海关"三进"活动。一是走进地方政府，聚焦外贸发展规划，重点了解对青海外贸发展的计划设想、推进状况和解决思路；二是走进企业，聚焦关区进出口企业生产经营情况和在通关过程中遇到的难点堵点问题，掌握企业政策需求和主要诉求；三是走进农牧区，聚焦外贸保稳提质政策措施落地情况。根据生态文明高地和产业"四地"建设要求，明晰全省外贸现状和扶持重点，成为我关主动服务地方经济发展的重要载体。

一、服务开放平台建设有突破

重视对外开放平台发展，加大对西宁综合保税区高质量发展的政策支持，把更好发挥西宁综合保税区的制度优势置于全省视野来谋划。认真贯彻落实《国务院关于促进综合保税区高水平开放高质量发展若干意见》，深入推进自贸试验区改革试点经验和海关监管创新制度复制推广，积极推进21项支持措施落地。出台《西宁海关支持西宁综合保税区发展七项措施》，助推青藏高原首个综合保税区西宁综合保税区于2022年1月16日正式封关运营。加强政策指导，组织开展业务培训2期，开展走访调研6次，全面掌握综合保税区入区项目、厂房建设、企业复工复产情况，全力协助做好业务拓展、招商引资、企业服务等工作，推动入区企业与产业"四地"建设、外贸新业态有机融合，助力企业开拓"两个市场"，2022年，西宁综合保税区实现进出口值2.2亿元。成立工作专班，从政策研究、业务流程、海关备案、账册审核、监管出区、技术保障等环节，指导企业做好"1210"跨境电商货物进口实单测试，西宁综合保税区首单跨境电商"1210"保税进口业务顺利完成。支持西宁、海东跨境电商综试区开展跨境电商零售进口业务，推动跨境电商企业对企业（B2B）出口监管试点工作。2022年，青海省跨境电商累计进出口3.6亿元，同比增长2.2倍，且均为出口。其中，以跨境直购（9610）方式出口3.6亿元，同比增长5倍。以B2B直出（9710）方式出口2.6亿元，同比增长3.7倍。积极支持举办青洽会和国际生态博览会。认真推进《海关服务黄河流域生态保护和高质量发展区域关际合作重点推进项目（2022年度）》，推进兰州—西宁城市群发展工作任务。

二、推动特色产业发展有亮点

重视挖掘本地优势产品出口潜力，对盐湖化工、清洁能源、有机农畜等领域重点商品加大扶持力度，支持企业内外贸一体化发展。推动盐湖资源向精细化、高附加值方向发展，全省盐湖化工产品出口规模不断扩大，碳酸钠出口2.2亿元，同比增长50倍；金属锂出口1.7亿元，同比增长5.4倍。助力光伏和锂电产业发展，全力保障比亚迪等新能源龙头企业进口先进技术设备，支持青海举办"一带一路"清洁能源发展论坛，太阳能电池出口7937万元，同比增长40.2倍。对锂电池出口监管采取"提前预约+快检快放"服务举措，根据锂电池产品出口实际需求优化检验监管流程，针对同一企业同一产品多批次的情况实施集中检验、集中出证，有效提高监管效率。设立一线科室专项问题处置点，通过线上、线下多渠道与重点企业高频沟通，向企业及时推送监管政策和技贸措施40余次，引导企业做好质量管控、合规应对，开拓东盟、欧盟等多地区市场。通过"海关+企业+工业园区"三方联动，积极响应企业诉求，有效解决突发疫情期间出具货物运输包装鉴定等问题，加班加点保障比亚迪进口446.4吨碳酸锂通关工作。服务打造绿色有机农畜产品输出地，建成3个出口枸杞标准化示范基地，1个枸杞出口政策网上服务系统，帮助18家企业成功申请"柴达木枸杞"地理专用标志的使用权，牵头制定发布《食品安全地方标准 枸杞》一项青海省地方标准。大幅压缩审批时间，确保虹鳟鱼卵按时入境。支持小麦、燕麦、亚麻籽等粮食类产品进口，提升进口粮食加工能力。开展技术性贸易措施影响统计调查工作，积极参与共建黄河流域农食产品技术性贸易措施工作协作机制相关工作，组织辖区企业参加视频交流会，推进枸杞、藏毯2个技术性贸易措施评议基地建设。强化知识产权海关保护力度，组织一线关员针对口岸侵权货物辨识、查发、办案技巧开展专题培训，全面推广新一代查验管理系统移动端商标智能识别应用。组织开展"4·26"知识产权宣传周活动，为企业自主创新开拓市场保驾护航，综合业务一处获评2020—2021年度青海省知识产权保护工作成绩突出集体，"西宁曹家堡机场海关处理青海某公司侵犯商标权案"入选青海省2020—2021年度知识产权刑事司法和行政执法典型案例。强化信用培育，赴伊纳维康、康普、华晟、新力绒纺、盐湖工贸5家企业开展海关高级认证企业培育。发挥海关统计分析研究优势，积极做好特色产品出口监测预警，外贸分析成果被国务院办公厅相关刊物采用，获国务院领导批示。多措并举助企纾困，引导青海弗迪、西宁阿特斯等优质企业由"南飞雁"变"回巢凤"。

三、参与贸易通道建设有力度

支持青海深化与"一带一路"共建国家和地区合作，对"一带一路"共建国家和地区合计进出口27.6亿元，同比增长18.2%，占全省进出口总值68.1%。其中，出口15.4亿元，同比增长41.6%，对新加坡、马来西亚、越南、土耳其、巴基斯坦、泰国等国家进出口值均超过亿元大关。深入落实海关总署关于支持中欧班列发展各项举措，深化区域海关协作机制，进一步完善区域海关通关协调机制，密切与口岸海关之间的联系配合，借助西部陆海新通道区域海关合作机制协调解决出口转关货物结关、进口货物一体化通关查验异常处置等问题，对接相关产业龙头企业深挖产品出口潜力，推动扩大纯碱、聚氯乙烯等西部陆海新通道铁海联运班列主要商品的出口规模，推动西部陆海新通道充分发挥在区域协调发展格局中的重要战略作用和中欧班列的战略通道作用。积极配合地方政府推进中尼贸易陆路通道建设，推动中欧、东南亚等国际班列常态化开行，2022年开行国际货运班列111列。强化关际层面合作，积极参与配合推进中尼贸易陆路通道建设，完成"中尼贸易陆路通道是西北地区提升对外开放水平的重要支撑"等关级研究课题，提出思路建议。立足党的二十大报告"全方位夯实粮食安全根基""确保粮食、能源资源、重要产业链供应链安全"等重大要求，成立工作专班对海关总署2022年第69号公告允许符合相关要求的尼泊尔青贮饲料进口相关事宜开展研究和推动，向省政府提出建立国家中西部粮食能源储运基地、建立我国重要牧区进口饲草料集散中心的工作建议，支持格尔木依托交通枢纽优势建设国际陆港，打造国家重要的区域交通物流活动组织中心。

四、优化口岸营商环境有成绩

深入盐湖股份等35家企业，宣传促进外贸保稳提质政策，聚焦企业需求和困难，更优服务企业。落实"问题清零"机制，收集问题34个，解决率100%。深化"放管服"改革，全面推广"多证合一""双随机、一公开"等海关各项便利化改革，"多证合一"备案占比达到62.5%。推进"互联网+稽核查"改革，办结9起核查事项，"互联网+核查"占比33%。实施"一企一策"帮扶，对申请办理检疫许可审批的进境鱼卵，运用"互联网+"方式开展申报资料核查工作，压缩审批时间，确保鱼卵按时入境。深化与市场监管部门信息采集共享，实现备案信息一次采集、备案回执自助打印、备案结果信用公示一体化作业，出口食品生产企业备案办理时限由5个工作日压缩至1个工作日，推行网上办、当场办、限时办。在关区各业务现场设立进出口鲜活易腐农食产品属地查检绿色通道，对符合条件的农食产品实施进出口绿色通道"7×24小时"预约通关模式，设立并公开属地查检预约电话6条，确保电话节假日畅通，减少企业等待时间。针对锂电储能产业、绿色有机农畜产品、新材料产业开展多维度帮扶，对动力锂电池出口监管采取"提前预约+快检快放"服务举措。结合省内进出口企业特点，针对性走访调研，及时跟进企业复工复产重点、难点、堵点问题。复制推广营商环境创新试点改革举措，2022年，"提前申报"应用率49.33%，同比增长16.92个百分点；"两步申报"应用率31.30%，同比增长12.97个百分点。持续巩固进出口整体通关时间压缩成效。据国家口岸管理办公室通报，青海省2022年进口整体通关时间26.28小时、出口整体通关时间0.32小时，进出口整体通关时间均优于全国平均水平（全国进口40.18小时、出口1.26小时）。引导企业用好用足原产地规则和关税减让政策，2022年，审核确认《征免税确认通知书》164份，同比增长87.6%，减免税款1785万元，同比增长1.1倍。持续加大RCEP宣传力度，围绕重点行业和龙头企业分门类分区域"靶向"宣发，发挥与青海省市场监管局、青海省农村农业厅合作备忘录机制作用，介绍RCEP政策，开辟RCEP原产地证书签发专窗，2022年青海省对RCEP成员方合计进出口15.8亿元，增长1.4倍，占全省进出口总值的39%。新型监管体系等领域开展广泛合作。

五、促进外贸保稳提质有成效

重视培育本地外贸主体，推动形成大型龙头、专精特新、中小微等规模不同、各有优势的外贸企业齐头并进的发展格局。持续开展"海关三进"活动，聚焦企业难点堵点问题，落实"问题清零"机制，更优服务企业。围绕重点行业和龙头企业，分门类、分区域为属地企业"量身定制"享惠指导，精准服务"青货出海"由内销转出口的"借船出海"向从本地直接出口的"造船出海"转变。强化政策研究，加强统计分析，为企业开拓市场提供支持，支持特色产业发展。《海关总署关于印发促进外贸保稳提质十条措施的通知》（署综发〔2022〕45号）下发后，西宁海关党委高度重视，党委书记、关长尹卫锋同志多次主持召开会议，结合青海实际逐条细化落实举措，于2022年5月15日在党委会研究通过后印发《西宁海关促进外贸保稳提质的十一条措施》，所属三个隶属海关也立即建立工作台账或分工方案。青海省政府在《关于贯彻落实国务院扎实稳住经济一揽子政策措施的实施方案》中采用西宁海关7条措施。在推进过程中，西宁海关持续通过党委会议、统筹口岸疫情防控和促进外贸稳增长工作指挥部会议、办公督查等方式和手段对措施落实情况开展评估督导。运用电话、微信群、走访、座谈等方式了解企业获得感和诉求建议，掌握政策推进成效。研究制订《西宁海关2022年促进外贸保稳提质调研工作方案》，开展"海关三进"专题调研，调研期间共召开17次座谈会，开展28次线上线下问卷调查，收集意见建议52个，解决问题21个，上报《西宁海关促进青海外贸保稳提质调研报告》，提出4个方面的对策建议，获得省委、省政府主要领导批示。"加强风险识别 堵塞非法检出口危险货物包装使用鉴定监管漏洞"课题纳入海关总署综合业务司"健全'三应'运行机制，深化海关业务改革融合""3+N"研究工作范围。做好企业急需货物通关服务，切实做好省内23家重点产业链供应链"白名单"企业进出口货物的通关保障，确保产业链供应链安全稳定畅通。保障进出口食品农产品有效供给，完成260吨亚麻籽进境后续监管、1560吨进境燕麦通关便利保障。压缩出口食品生产企业注册备案办理时限，时限均压缩在24个小时内。对外贸进出口情况开展多角度实时监测和动态预警，向地方政府报送统计分析29篇、专报1篇、综合信息1篇、国办约稿3篇。其中，2022年7月报送的国办约稿《青海反映外贸企业对当前外贸订单和上半年进出口形势的分析研判、期盼和建议》获得国务院领导批示,1篇获省领导批示,多篇统计分析被青海卫视、《青海日报》、《西海都市报》等采用。结合青海外贸实际精选研究方向,印发《2022年西宁海关政策研究关级课题(第一批)》,明确牵头部门和时间节点,深入开展调查研究并将督促做好成果转化。2022年,青海省进出口总值40.5亿元人民币,同比增长27.4%,增速排名全国第六位。其中,出口24亿元,增长40.8%;进口16.5亿元,增长11.9%。贸易顺差7.5亿元。共7个市州有进出口业务。新增备案的外贸企业数量同比增长39.6%。实际入库税收5120.5万元,同比增长23.8%。受全球新冠疫情、气候变化和贸易壁垒等影响,企业用工成本上升,国外订单需求减少、产量下降,青海部分绿色有机农畜产品对外输出下滑明显。

撰稿人

褚维辉

西宁海关优化口岸营商环境促进跨境贸易便利化

2022年,西宁海关以习近平新时代中国特色社会主义思想为指导,全面贯彻党的二十大精神,按照立足新发展阶段、贯彻新发展理念、构建新发展格局、推动高质量发展的要求,认真学习领会全国深化"放管服"改革持续优化营商环境电视电话会议精神,深入落实海关总署、青海省委省政府优化营商环境促进跨境贸易便利化各项工作要求,持续深化"放管服"改革,认真开展知识产权海关保护,深度学习借鉴先进、发达地区优化营商环境工作经验,结合省情、关情、企业,以巩固压缩进出口整体通关时间为抓手,持续优化青海省口岸营商环境,努力打造市场化、法制化、国际化营商环境,着力培育壮大市场主体,促进青海外贸稳定增长。

一、持续深化"放管服"改革

(一)进一步做好"多证合一"改革

自2022年1月1日起,海关报关单位备案(进出口货物收发货人备案、报关企业备案)全面纳入"多证合一"改革。申请人办理工商注册登记时,需要同步办理报关单位备案的,勾选报关单位备案并补充填写相关备案信息。市场监管部门按照"多证合一"流程完成登记,并在市场监管总局层面完成与海关总署的数据共享,企业无须再向海关提交备案申请。据海关总署通报,西宁海关2022年通过"多证合一"进行备案的企业到达95家,占同期备案企业62.5%,位居全国各直属海关第六位。

(二)进一步做好"证照分离"改革

印发《西宁海关深化"证照分离改革"实施方案》,明确在2022年年底前建立简约高效、公正透明、宽进严管的准营规则,大幅提高关区范围内市场主体办事的便利度和可预期性,进一步优化口岸营商环境,激发市场主体发展活力。在直接取消审批方面,取消"进出口商品检验鉴定业务的检验许可"。在审批改为备案方面,对"报关企业注册登记""出口食品生产企业备案核准"实施备案管理。在实行告知承诺方面,在口岸区域对"口岸卫生许可证(涉及公共场所)核发"实行告知承诺改革。在优化审批服务方面,对"口岸卫生许可证(涉及食品、饮用水)核发""免税商店设立审批""保税物流中心(A型)设立审批""保税物流中心(B型)设立审批""从事进出境检疫处理业务的单位认定""出口监管仓库设立审批""保税仓库设立审批""海关监管货物仓储审批""出境动植物及其产品、其他检疫物的生产、加工、存放单位注册登记""进口可用作原料的固体废物国内收货人注册登记"实施优化审批服务改革。

（三）深入推进"双随机、一公开"监管改革

印发《西宁海关行政执法检查事项"双随机、一公开"监管实施办法》，对纳入《海关行政执法检查随机抽查事项清单》事项，除特殊情形外，海关行政执法检查均通过双随机抽查的方式进行。要求各职能部门按照相关规则建立检查对象库，明确相关事项抽查比例、抽查频次。同时按照相关规则建立检查人员库。对纳入《青海省市场监管领域省级各部门（单位）联合抽查事项清单》的行政执法检查事项，由相关职能部门按照《青海省市场监管领域全面推行部门联合"双随机、一公开"监管实施办法》执行。在西宁海关官方网站"政府信息公开"栏下设立"双随机、一公开"专栏，依据"谁检查、谁录入、谁公开"原则，各部门和单位按职责分工对所承担的应公开事项按规定的公开方式、公开内容和公开频次进行公开。2022年，公示监管作业场所检查12批56次；公示进出口企业、检疫处理单位监督检查5批42次，发现异常16次，均已监督整改；公示从事进出口商品检验鉴定业务的检验机构检查1次；公示口岸卫生监督检查结果1批4次。

二、深入推进知识产权海关保护

（一）精心部署关区知识产权海关保护工作

根据《2022年全国海关知识产权保护专项行动方案》要求，成立西宁海关2022年知识产权保护专项行动领导小组，印发《西宁海关2022年知识产权保护专项行动方案》，部署知识产权保护专项行动（"龙腾行动2022"），细化关区知识产权工作的目标、任务和举措，制定工作任务清单，确保不折不扣完成全年既定工作目标。在货运渠道加深对输往北美洲、欧洲、南美洲、非洲、RCEP成员方侵权货物的重视程度，加大监管力度，重点打击通过中欧班列输往"一带一路"共建国家和地区的侵权贸易，结合口岸特征、商品结构、境内货源地等要素，对服装鞋帽、洗护用品、皮具箱包等侵权高风险商品进行针对性鉴别培训，通过智能化系统对重点商品进行监控。

（二）加强技能培训提升执法水平

组织一线关员参加西安、银川、乌鲁木齐、西宁海关知识产权联合培训，针对口岸侵权货物辨识、查发、办案技巧开展专题培训；在所属西宁曹家堡机场海关、西海海关、格尔木海关开展知识产权海关保护及海关备案专题培训；依托西宁关区首起侵权案件，开展知识产权执法系统操作培训，指导一线关员熟练掌握系统运用及案件办理流程；分管关领导参加青海省领导干部知识产权保护专题培训。针对知识产权海关保护与地方保护衔接等关地合作内容与青海省市场监督管理局、青海省知识产权局开展业务座谈5次。

（三）加强综合治理提升保护水平

积极开展知识产权优势企业培塑，组织隶属海关对辖区内企业宣介海关知识产权保护的范围、申请保护备案流程及"龙腾行动2022"情况，采取"一对一"指导，为企业解决知识产权保护方面遇到的困难和问题，保护企业创新意识，提升维权能力，为企业"走出去"保驾护航。开展"4·26"知识产权宣传周活动，以多种形式宣传知识产权海关保护的政策、程序和方法，在关区开展"知识产权海关保护"有奖竞答活动。组织《2021年中国海关知识产权保护状况》《2021年中国海关知识产权保护典

型案例》专题学习，讨论分析，汲取经验，提升一线关员对保护工作的荣誉感和成就感。"4·26"知识产权宣传周期间，西宁海关持续推进进出口环节知识产权保护，在"夏都金钥匙"公众号编发《带你了解海关知识产权保护》微信文章，在门户网站刊发《西宁海关持续推进进出口环节知识产权保护》宣传稿件，开展"知识产权海关保护"有奖竞答，被《青海日报》《青海法制报》《青海新闻联播》等多家媒体进行报道。

（四）工作成效受表彰

西宁海关综合业务一处获评2020—2021年度青海省知识产权保护工作成绩突出集体。"西宁曹家堡机场海关处理青海某公司侵犯商标权案"入选青海省2020—2021年度知识产权刑事司法和行政执法典型案例。2022年西宁海关所属格尔木海关业务科获评青海省知识产权保护成绩突出集体，西宁曹家堡机场海关综合科黄玉伟获评青海省知识产权保护成绩突出个人。

三、复制推广优化营商环境改革经验

（一）复制推广自贸试验区改革试点经验

梳理六批自贸试验区复制推广改革试点经验，其中由西宁海关牵头34项，2022年已推广落实21项，包括检验检疫通关无纸化、企业设立实行"单一窗口"、依托电子口岸公共平台建设国际贸易"单一窗口"，推进"单一窗口"免费申报机制、国际海关经认证的经营者（AEO）互认制度、出境加工监管、企业协调员制度、引入中介机构开展保税核查、核销和企业稽查、海关企业进出口信用信息公示制度、原产地签证管理改革创新、对外贸易经营者备案和原产地企业备案"两证合一"、跨部门一次性联合检查、海关企业注册及电子口岸入网全程无纸化、"先放行，后改单"作业模式、铁路运输方式舱单归并新模式、低风险生物医药特殊物品行政许可审批改革、入境大宗工业品联动检验检疫新模式、进境保税金属矿产品检验监管制度、"先出区，后报关"作业模式、海关业务预约平台、进出口商品智慧申报导航服务、货物贸易"一保多用"管理模式。西宁海关自行复制推广改革试点经验共计12项，2022年已推广落实11项，包括"先进区，后报关"、区内企业货物流转自行运输、加工贸易工单式核销、简化通关作业随附单证、集中汇总纳税、简化统一进出境备案清单、"批次进出，集中申报"、仓储企业联网监管、保税展示交易、智能化卡口验放、租赁企业一般贸易项下进口飞机并租给国内航空公司使用的，享受与国内航空公司进口同等税收优惠政策。

（二）复制推广营商环境创新试点改革举措

将进出口货物"提前申报""两步申报"改革、铁路信息系统与海关信息系统的数据交换共享改革纳入《青海省复制推广营商环境创新试点改革举措工作方案》。结合西宁关区业务和进出口贸易特点，除危险货物外，有针对性地分类推进"提前申报"改革。认真落实《海关总署关于进一步明确"主动披露"制度和容错机制有关工作的通知》有关要求，对按照规定可不予记录报关差错或确属主动披露可从轻、减轻处罚或依法免予处罚的，应积极予以协助办理，提升企业获得感。结合国际国内贸易形势，大力推进实施"两步申报"改革，优化通关流程、简化申报手续，推动各项改革措施落地见效，进一步优化营商环境、提高进出口通关效率。2022年，"提前申报"应用率49.33%，同比增长 16.92 个百分点；"两步申报"应用率 31.30%，同比增长 12.97 个百分点。加强铁路信息系统与海关信息系统的数据交换共享。按照海关总署工作要求，西宁海关已推广实施铁路快速通关模式，通过海关和铁路部门之间的信息交互，依托电子信息"多跑路"，实现进出口企业"少跑腿"。

（三）复制推广借鉴2022年国口办促进跨境贸易便利化专项行动改革举措

推进跨境电商 B2B 出口监管试点，围绕"跨境电商+海外仓"模式，支持有需求的传统外贸企业转型跨境电商，支持跨境电商海外仓建设和发展。青海开投公司藏毯 B2B 直接出口（9710）业务首单跨境贸易实现顺利通关。完善跨境电商出口退货政策措施。优化跨境电商零售进口商品退货监管流程，减少退货环节。支持出口商品与退货复出口商品"合包"运输到境外，确保出口跨境电商"出得去、退得回、通得快"。规范和降低进出口环节合规成本，严格落实涉企收费取消、停收、减收政策，规范无变通、自立收费项目或政策不明确的有偿经营服务收费等情况。2022年海关系统已无行政性涉企收费项目。在门户网站公开口岸收费目录清单。大力推进财关库银横向联网系统，及时办理税款类保证金清退，优化纳税服务，减轻企业负担。

四、积极参与青海省优化营商环境工作

（一）参加青海省优化营商环境领导小组

西宁海关主要负责人为青海省优化营商环境领导小组成员，分管关领导为投资环境专项组成员，西宁海关承担推进"跨境贸易"指标的优化提升，负责"优化口岸通关流程，推动进出口贸易转型升级，全力打造稳定高效、富有活力的投资环境"。

（二）为青海省优化营商环境提供海关举措

将"持续优化通关服务，深化'提前申报''两步申报''两段准入'等改革，完善通关异常处置跨关区协调机制；加快'智慧口岸''智慧海关'建设，推进进出口环节行政审批线上办理和窗口递交纸本、后台流转作实体验核的'一体通办'；推广新一代税费电子支付系统，实现税费秒级缴纳。税单流转全程无纸化。精简进出口环节监管证件和随附单证，持续压缩整体通关时间"纳入"提升跨境贸易便利度"工作，并由西宁海关牵头负责落实。将"高质量运营西宁综合保税区，加快培育外贸发展新动能，努力将西宁综合保税区培育成对外贸易重要增长极和外向型经济发展的聚集区""稳健推动国际货物海关监管作业场所建设"纳入"打造对外开放战略平台"工作，西宁海关作为协办单位。将"依法精简进出口环节审批事项和进出口环节单证及证明材料，简化企业注册备案流程；优化通关流程，推动进出口环节监管证件和通关物流类单据单证电子化无纸化；不断加强报关单整体通关时间监控，巩固压缩整体通关时间成效，积极配合做好省口岸营商环境评估工作；积极推动口岸检疫处理工作合规化"纳入《青海省2022年深化"放管服"改革电视电话会议重点任务分工方案》，抓好落实，并按期报送工作总结和成效。

（三）工作成效突出，典型案例受通报

从"持续深化'放管服'改革""深化信用制度改革强化对'放管服'改革支撑作用""深化通关业务改革优化口岸营商环境""深入落实《青海省优化营商环境条例》和考核指标

要求""全力支持多层次开放平台建设"五个方面对2021年西宁海关优化营商环境工作进行客观总结。报送的"西宁海关扎实开展'海关进农牧区'活动为青海外贸固本培基"被青海省政府推进政府职能转变和"放管服"改革协调小组评为"争先创优"典型案例之一在全省通报。从"优化口岸营商环境""深化海关业务改革""促进外贸保稳提质"三个方面和"服务更优""通关提速""外贸稳增""发展协同"四个方面分别对2022年优化营商环境进行总结，并向省政府推进政府职能转变和"放管服"改革协调小组办公室报送总结报告。

五、不断巩固压缩通关时效

（一）召开关长办公会主题研究压缩整体通关时间工作

从"抓宣传""抓管理""抓沟通""抓监控""抓考核""抓服务""抓保障"七个方面强化压缩整体通关时间。印发《西宁海关2022年压缩通关时间任务指标评分办法》，明确对隶属海关进、出口整体通关时间压缩情况进行评分考核，综合业务一处每月在通关交流群中通报压缩通关时间成效。

（二）西宁关区2022年各季度末通关时间情况

3月份，西宁关区进口整体通关时间为48.92小时，出口整体通关时间为0.27小时，均优于当期全国平均水平。6月份，进口整体通关时间为17.14小时，出口整体通关时间小于0.01小时，均优于当期全国平均水平。9月份，进口整体通关时间为21.86小时，优于当期全国平均水平；出口整体通关时间为2.21小时，略低于当期全国平均水平。12月份，进口整体通关时间为25.41小时，出口整体通关时间为0.08小时，均优于当期全国平均水平。2022年1—12月，进口整体通关时间为26.28小时，出口整体通关时间为0.32小时，均优于当期全国平均水平。

撰稿人

郭庆斌

西宁海关打击走私重点专项工作

2022年，西宁海关始终坚持以习近平新时代中国特色社会主义思想为指导，深入学习贯彻党的十九大、十九届历次全会、二十大精神，进一步提高政治站位，切实将习近平总书记关于打击走私、疫情防控重要指示批示精神作为行动号令，弘扬伟大建党精神，深入学习领会"两个确立"的决定性意义，增强"四个意识"、坚定"四个自信"、做到"两个维护"，以坚定的态度、迅速的行动、有力的措施全面落实党中央、国务院重大决策部署，闻令而动、听令而行，深化对新时代打私工作的认识，坚决落实海关总署党委重要工作部署，立足关区实际、突出打击重点、强化联合作战、积极主动作为，持续优化打私策略和手段，严格规范公正文明执法，全力做好常态化疫情防控形势下打击走私工作，一体推进"国门利剑"联合行动、"国门勇士"行动、"国门绿盾"行动、"蓝天"行动、"护卫"行动、"夏季治安打击整治百日行动"、"以打促税"百日攻坚行动、打击文物犯罪、打击治理洗钱违法犯罪等行动落实，锲而不舍、一以贯之保持高压严打态势，切实做到守土有责、守土负责、守土尽责。

年初召开关区2022年打私工作会议，对深入开展"国门利剑2022"联合行动、提升全员打私整体效能、持续推动打击走私综合治理等进行了全面安排。成立了以关区主要负责人为组长，分管业务、缉私工作的关领导为副组长，相关职能部门、隶属海关等15个单位为成员的"国门利剑2022"联合行动领导小组，形成紧密配合、共同推进的工作机制。制订了《西宁海关开展打击走私"国门利剑2022"联合行动实施方案》和《西宁海关落实全国、关区缉私工作会议和开展打击走私"国门利剑2022"联合行动任务细化分解表》，围绕四大类工作重点、细化25项具体工作任务，明确主协办责任部门、任务内容、工作时限，坚定信心、凝聚力量，夯实基础、规范管理，补齐短板、强化弱项，奋发进取、担当作为，推动行动任务、打击重点、行动要求落地落实。

一年来，西宁海关心怀"国之大者"，坚持底线思维，发扬斗争精神，坚持以人民为中心思想，坚持总体国家安全观，坚持统筹发展和安全，坚持稳中求进工作总基调，深入贯彻海关总署党委关于进一步加强打私工作的意见，聚焦"国门利剑"任务，以"打造进出口源头管控、口岸监管、后续稽核查核和打击走私的链条防线"为目标，严格落实关长打击走私第一责任人责任，强化监管防控，保持高压严打，持续深化全员打私，有力推进反走私综合治理，毫不动摇做好常态化疫情防控各项工作，不断完善关区防控、监管、打击为一体的反走私工作体系和考核机制建设，守牢安全底线、监管红线，进一步提升全员打私整体效能，切实筑牢国门安全屏障，为推动高水平开放、高质量发展，维护政治安全和经济社会稳定做出积极贡献。

强化情报主导作用，提升对走私态势的掌控能力。持续关注关区、口岸及监管区域、场所等危害国家政治、国土、经济、文化、生态、资源等安全的重大走私风险点，积极拓展情报来源的广度、增强情报合作的深度、提升情报研判的准度，年内筛查分析、经营核查线索22条。

优化提升办案质效，提升精准打击能力。立足打私"主阵地"，聚焦北京冬奥会及冬残奥会、党的二十大安保维稳主线，落实好防风险、保安全、护稳定、促发展各项措施和要求，统筹疫情防控，切实发挥缉私专业打击、全员打私、联合打击的作用，锲而不舍、一以贯之地打击各类走私违法犯罪活动，注重优化案件经营和精准打击。年内，刑事立案走私毒品案件2起，抓获犯罪嫌疑人2名，查获新型毒品40余克；行政立案走私及违规案件5起，截获禁止进境印刷品2册、动物制品6件、植物种子约2000粒，查证偷逃税款进境雪茄烟1900余支、烟丝9.3万余克。

落实联动协同机制，提升合成作战能力。积极践行"没有脱离政治的业务，也没有脱离业务的政治"要求，建立西宁海关业务风险跨部门联合研判机制和西宁海关风控部门与业务现场联动工作机制，关区职能部门、隶属海关和缉私部门着力提升打私合力，共同研判"洋垃圾"、濒危物种、国门生物安全、重点涉税商品走私风险，开展业务交流、信息通报、联合研判，研究分析关区2021年旧机电进口总体情况，开展了"口岸危险品综合治理"百日专项行动；落实海关监管打私协同机制，隶属海关适用行政案件快速办理程序办理行政案件1起，实现关区快速办理案件"零的突破"。积极构建风险协同防控工作机制，制定《西宁海关 青海省国家安全厅关于口岸国家安全风险联合防控合作的实施办法》。缉私部门积极推动与地方刑侦、经侦、治安、禁毒、网安、森林等多警种联合作战，落实快速侦办、快速鉴定、快速结案、快速反馈协作机制，积极与地方公安多警种联合作战，与地方禁毒部门联合印发打击毒品犯罪实施方案等；开展"国门勇士2022"行动，核实线索并向地方公安移交，查缴枪支1支；与地方公安开展禁毒联合工作2次；与地方烟草部门开展联合检查5次；与青海省公安厅禁毒总队、中国人民银行西宁中心支行、青海省烟草专卖局多次开展专项工作交流。

优化管理机制，提升综合保障水平。制发了《西宁海关打私反腐"一案双查"工作实施细则》《西宁海关缉私业务信息化应用项目联系配合办法（试行）》《西宁海关全员打私绩效评估办法（试行）》《西宁海关缉私局退休干部服务管理工作实施办法（试行）》《西宁海关关于进一步做好海关缉私部门财务保障工作的通知》等制度，为确保海关总署党委"1+6"文件落地提供了制度机制保障。修订《西宁海关全员打私绩效评估实施办法（试行）》附件，进一步明确了全员、相关职能部门、隶属海关打私绩效评估指标，更好适应海关全员打私工作新形势。西宁海关党委纪检组与缉私局党组就"国门利剑"联合行动和"一案双查"工作开展专题交流2次，进一步增强打私反腐工作合力。落实疫情期间办案防控措施，海关防疫专家对一线办案民警进行了疫情防护现场培训和演练，定期对执法办案场所和车辆进行消杀，确保执法防疫安全。

撰稿人

张龙兴

西宁海关开展国门生物安全与食品安全行动

2022年，在关党委的坚强领导下，西宁海关坚持以习近平新时代中国特色社会主义思想为指导，坚持总体国家安全观，坚决贯彻习近平总书记"筑牢口岸检疫防线"重要指示精神，以"四个最严"要求为根本遵循，防控新冠疫情通过进口冷链食品输入风险，严防重大动植物疫情跨境传播和外来物种入侵，筑牢国门生物安全防线，坚定不移推进"五关"建设，强化监管、优化服务，服务国家战略和外交外贸大局。

一、强化政治机关建设，践行"两个维护"有力有效

把"两个维护"体现到坚决贯彻习近平总书记重要指示批示精神和党中央重大决策部署的行动上，围绕进一步加强外来入侵物种和非洲猪瘟、高致病性禽流感、沙漠蝗、番茄褐色皱果病毒等重大动植物疫情口岸防控，有序开展入境口岸监测调查和沙漠蝗、检疫性实蝇、外来有害杂草、梨火疫病、马铃薯斑纹病菌、红火蚁等高风险外来有害生物监测工作；深化跨部门联防联控机制建设，与青海省农业农村厅签订了《推进青海农牧业高质量发展合作备忘录》；对1家进境水生动物隔离场企业私自处理隔离期间非正常死亡的虹鳟鱼发眼卵事件移交缉私部门，实施立案审查并已办结，切实筑牢口岸检疫防线。对新增2家出境非食用动物产品生产、加工和存放单位开展现场考核；对2家进口粮食储备企业，采取"线上+线下"的方式进行审核备案，备案时间由20个工作日压缩至3个工作日；完成进口虹鳟鱼发眼卵隔离场使用证的考核、验收、批准和证书发放等工作，完成1批次200万粒虹鳟鱼发眼卵隔离检疫监管等工作。支持小麦、燕麦、亚麻籽等粮食类产品进口。全年完成390吨亚麻籽进境后续监管、1560吨进境燕麦通关便利保障、5732吨进境粮食（小麦）后续调运监管。积极应对国外植物检疫措施，对外方关注的植物检疫性有害生物名录进行动态调整。

二、突出工作重点，严格落实"四个最严"要求

西宁海关严格进口金银箔粉食品安全监管，对各辖区进口食品商、口岸食品生产经营企业等进行监督排查，均未发现企业进口或使用金银箔粉食品、采购销售或制作售卖含金银箔粉的食品等情况；立足青海实际，报送4项食品安全地方标准，其中，《青稞面粉》《枸杞籽油（超临界二氧化碳萃取）》《沙棘籽油（超临界二氧化碳萃取）》3项食品安全地方标准自2022年7月27日起正式实施；帮助企业纾难解

困，为企业提供国外最新 TBT/SPS 信息渠道，每周汇总发布进出口食品安全信息，已发布 19 期 192 条；严格出口企业监管，对 5 家出口食品备案养殖场（基地）和 18 家加工企业实施核查，针对发现的问题督促企业按要求整改落实，进一步强化出口食品农产品企业监管，确保出口食品农产品质量安全；印发《西宁海关 2022 年度出口食品农产品安全风险监测计划及监督抽检补充计划实施方案》，对青海 5 个养蜂基地、1 个虹鳟鱼养殖基地以及枸杞、羊肉、蜂蜜、蜂王浆、冷冻虹鳟鱼、马铃薯、马铃薯淀粉 7 种出口食品农产品实施风险监测，抽取 78 个样品，检测微生物、农药残留、兽药残留、污染物、生物毒素、食品添加剂等食品安全项目 418 项次，合格率 100%；加强进口食品境外生产企业注册评审工作，派员参加海关总署对阿根廷、越南、印度等国家的进口肉类、水产品等境外生产企业视频检查 15 人次；保障进口食品"源头"安全，加强进境蜂产品检验检疫工作，参与草拟输华蜂产品检验检疫和卫生要求议定书 2 份；加强进口商备案核查工作，对 3 家有实际进口肉类业务的备案企业开展核查工作，发现问题 1 项，已跟踪整改完毕；制订《西宁海关 2022 年食品安全宣传周活动方案》，组织开展"进口食品安全进社区""进口食品安全进学校""进出口食品安全进企业""食品安全口岸行"等系列宣传活动。与西宁市 4 个社区及街道办事处协作，组织进出口食品安全监管人员 20 人次进入社区走访，在社区公益电子屏滚动播放宣传微视频 2 万余次，向社区居民发放宣传材料 1200 余份；与西宁市湟源一中、西宁市七一路小学协作，邀请 100 多名师生参加线上"云游西宁海关技术中心活动"，并在全省范围内征集到初高中学生主题征文 123 篇，小学生主题手抄报 102 份；深入辖区 8 家出口食品农产品企业和 2 家跨境电商企业开展"送法进企业活动"，深入宣传两部规章；对机场口岸 55 家餐饮、食品生产销售等单位的食品安全监督员进行现场考测，强化口岸食品生产经营者主体责任意识。通过 12360 海关热线、青海观察客户端等多家新媒体平台发布《如何购买进口食品之海关小贴士》的宣传微视频；邀请青海电视台等新闻媒体对食品安全宣传周系列活动进行专题报道，提升宣传效果，引导公众了解进出口食品安全及口岸食品安全监管工作，营造人人参与、共治共享的良好氛围。

三、加强进口冷链食品疫情防控，严而又严做好"外防输入"

做好常态化疫情防控工作，坚定不移坚持"外防输入、内防反弹"总策略，坚定不移贯彻"动态清零"总方针。持续每日向海关总署工作专班报送各项进口商品风险监测工作信息表及进口冷链食品口岸环节预防性消毒工作情况零报告共 1320 份；及时印发《西宁海关关于从严落实进口冷链食品口岸疫情防控和人员防护工作的通知》和《西宁海关严防新型冠状病毒污染商品输入应急处置预案（暂行）》，修订《西宁海关进口商品风险监测有关工作流程（第三版）》，进一步梳理操作流程和规范；以视频录播方式，组织开展西宁海关进口商品新冠疫情防控应急处置演练；组织开展关区进口冷链食品及相关从业人员风险排查和整改专项行动，对关区 23 家肉类进口商（或收货人）备案企业进行全面摸底排查，其中 5 家进口肉类备案企业有实际进口业务，均从上海、天津口岸入境；

开展进口冷链食品口岸疫情防控和人员防护岗位培训考核，关区各隶属海关、相关业务人员和西宁海关疫情防控"三级梯队"实验室检测岗和安全防护监督员等共计73人参加；积极配合开展"百名科长百日督查"和"派驻实地督查"工作，均未发现关区进口冷链食品疫情防控和预防性消毒方面问题。

四、扎实开展国门生物安全监测

制订《西宁海关2022年度外来有害生物监测方案》，严格按照监测计划开展入境口岸监测调查、检疫性实蝇、外来有害杂草、入境口岸监测调查、梨火疫病、马铃薯斑纹病菌监测、沙漠蝗和红火蚁等高风险外来有害生物监测调查工作。

（一）检疫性实蝇监测

在青海省境内设置实蝇监测点50个，其中地中海实蝇监测点20个，橘小实蝇监测点10个，瓜实蝇监测点10个，蛋白诱饵监测点10个。监测点主要设置在西宁机场口岸、进境水果集散地、出口基地及其相关场所等实蝇传入、发生风险较大的区域内，监测时间为2022年5月15日—9月15日，未发现实蝇及检疫性昆虫。

（二）外来杂草监测

2022年，根据《西宁海关2022年度外来有害生物监测方案》要求，在青海省西宁粮食储备库、青海省大通粮食储备库厂区内部、卸货区域、铁路沿线及周边区域；青海省西宁陶家寨粮食储备库厂区内部、卸货区域及周边区域；青海大宋丰通粮食有限公司厂区内部、卸货区域、铁路沿线及周边区域；青海新丁香粮油有限责任公司、青海青麦食品有限公司卸货及周边区域进行监测，共出动10人次，沿铁路沿线踏查2千米，共监测到25科81种杂草，未发现检疫性杂草。

（三）入境口岸监测调查

对西宁曹家堡国际机场口岸开展外来有害生物的监测普查工作，利用陷阱法、黑光灯法两种常规有害生物采集方法开展有害生物监测。监测时间为2022年4月—11月，每季度监测1次，共诱捕到120头有害生物，未监测到检疫性外来有害生物。

（四）梨火疫病监测

根据监测指南要求，2022年对青海省主要水果产区的苹果、梨、樱桃等蔷薇科植物进行了梨火疫病调查监测，通过果园调查、试纸条检测、分离培养、实验室PCR凝胶电泳检测、实时荧光PCR检测等实验，对各地采集的152份样品进行了检测。根据田间调查和实验室检测结果判定，西宁关区未发现梨火疫病。

（五）马铃薯斑纹病菌监测

根据监测指南要求，2022年对青海主要茄科作物产区的马铃薯、番茄和辣椒等茄科植物进行了马铃薯斑纹病菌调查监测，通过种植地调查、实验室PCR凝胶电泳检测、实时荧光PCR检测、测序比对分析等实验，对各地采集到的106份样品进行了检测。根据田间调查和实验室检测结果判定，西宁关区未发现马铃薯斑纹病菌。

（六）红火蚁监测

根据监测方案，在进境种苗、粮食及水果等高风险货物进境查验场站、进境粮食加工厂以及集装箱、高风险货物堆场等地区共计布点312个，共捕获214头蚁类，均无入侵物种红火蚁、小火蚁及其类似种。

（七）沙漠蝗监测

根据《农业农村部 海关总署 国家林草局关于印发〈沙漠蝗及国内蝗虫监测防控预案〉的通知》（农农发〔2020〕2号）和《动植司关于加强沙漠蝗检疫和疫情监测工作的通知》（动植函〔2020〕9号）要求，2022年4—11月在西宁曹家堡机场口岸和曹家堡保税物流园区（B型）采用网捕法开展沙漠蝗疫情监测工作，频次为每周监测一次。共捕获蝗虫46头，经鉴定未发现沙漠蝗。

（八）动物疫病监测

2022年，受新冠疫情影响，西宁海关仅监测进境虹鳟鱼发眼卵1批，监测项目4项，检测疫病均未检出。

五、扎实开展"国门绿盾2022"专项行动

西宁海关印发关区行动方案，明确工作内容和实施计划并建立工作机制。2022年在寄递渠道查获2批次非法邮寄种子行为，关区内未发生动植物种质资源引进和科研用途动植物检疫特许审批业务。同时，加强评估处置，广泛收集和编译整理澳大利亚和南亚7国的动植物疫情和外来物种入侵等信息，提出评估意见，并及时报送海关总署。截至年末，西宁海关共收集报送境外动植物疫情信息9篇。组织3个隶属海关开展"国门绿盾2022"专项行动实操培训，从事动植物检疫工作的人员24人参加培训。

六、扎实开展非洲猪瘟重大动植物疫情防控

西宁海关对西宁曹家堡机场口岸非洲猪瘟防控情况进行督查，4次赴西宁曹家堡机场海关对西宁机场职工食堂、空港酒店和T2航站楼内的西北名优小吃城3家餐饮单位（场所）的非洲猪瘟防控工作进行检查，主要对其进货单位的相关合格供方评价信息、购进猪肉及其制品的检疫合格证明及非洲猪瘟核酸检测报告、验收环节的货证是否相符、日常预防性消毒记录等进行检查，未发现问题。与青海省农业农村厅等相关部门密切配合，共同构建立体防控网络，发布世界各国（地区）非洲猪瘟疫情信息60篇，督促西宁曹家堡机场海关做好相关防控工作。

七、开展"跨境电商寄递渠道'异宠'综合治理"专项行动

根据海关总署统一部署要求，自2022年10月1日起在关区开展"跨境电商寄递渠道'异宠'综合治理"专项行动。一是印发关区行动方案，明确工作内容和实施计划。二是联合青海省相关执法部门深入开展宣传活动，某观赏鱼店主动上交"异宠"鳄雀鳝共计111条，被集中饲养在西宁新华联童梦乐园海洋馆，用于科普宣传。三是对关区内跨境电商、跨境电商运营平台等19家企业进行线上"异宠"知识科普，督促企业履行主体责任，四是在"金钥匙"微信公众平台发布《饲养异宠，危险重重》的科普宣传，扩大宣传范围，切实履行维护国门生物安全和生态安全职责。年内已向海关总署报送工作简报2篇，向《青海法治报》报送1篇。

撰稿人

梁 莉

西宁海关定点帮扶及推动乡村振兴工作

2022年，西宁海关根据青海省委、省政府关于实现巩固拓展脱贫攻坚成果同乡村振兴有效衔接的安排部署，立足新发展阶段、贯彻新发展理念、构建新发展格局，坚持以人民为中心，坚持稳中求进工作总基调，大力弘扬脱贫攻坚伟大精神，接续做好巩固拓展脱贫攻坚成果同乡村振兴有效衔接各项工作。西宁海关党委派出2个由处级领导干部担任驻村书记的工作队，于2021年7月到海西蒙古族藏族自治州（以下简称"海西州"）乌兰县茶卡镇所属的2个农业村——茶卡村、巴音村开展定点帮扶。4名帮扶工作人员克服海拔高、气候恶劣、生活不便等不利因素，密切与驻在党支部、村委会、监委会的联系，巩固落实好已有的工作机制，加大乡村振兴的帮扶工作力度，体现了应有的担当和作为。

一、驻在村的基本情况

（一）茶卡镇简介

"茶卡"为藏语，意为"盐海之滨"。位于乌兰县城以东75千米，是柴达木盆地和海西州的"东大门"，素有"盆地第一镇""青藏高原第一驿站"之称，镇区海拔3100米。辖2个农业村（巴音村、茶卡村）、6个牧业村（扎布寺村、巴里河滩村、乌兰哈达村、夏艾里沟村、塔拉村、那仁村）、1个社区（茶卡社区），面积1900平方千米，户籍人口1920户、4623人。现有党支部13个，党员368名。耕地面积14270亩，可利用草场面积122.21万亩，各类牲畜存栏17.25万头（只）。境内茶卡盐湖，是全国绿色食用盐生产基地。2015年6月"天空之镜"景区经改造升级后重新开放，是当时全国盐湖类唯一4A级景区。2019年7月茶卡"天空壹号"景区正式开放运营，2020年1月该景区被评定为国家4A级景区。2019年10月乌兰县茶卡盐湖景区保护利用管理委员会揭牌成立。2021年被青海省乡村振兴局确认为"乡村振兴示范乡镇"。

近年来，茶卡镇立足区位优势，依托茶卡盐湖景区发展带动，以打造"国家级高原特色旅游名镇"和"青藏高原第一驿站"为载体，构建全域旅游新格局，促进三产融合发展，不断培育第三产业新的经济增长点，先后摘取了"国家特色小镇""中国最具文化价值特色小镇""国家卫生镇"及第四批"全国美丽宜居小镇"四项国家级桂冠。借力旅游业发展优势，鼓励和引导农牧民群众紧抓旅游发展机遇，开办家庭宾馆、农家乐，挖掘牦牛酸奶、茶卡羊肉等特色饮食文化，开发盐雕艺术品、盐灸保健品等特色旅游产品，不断拓宽农牧民增收致富渠道，进一步巩固了脱贫攻坚成果。2020年全镇农牧民人均可支配收入2.06万元，较2019年增加1352元，增长了7.04%。

（二）茶卡村和巴音村简介

1. 茶卡村。由西宁曹家堡机场海关副关长强锐、机关党委张佳宁驻村。该村是以汉族为主，回族、藏族聚居的纯农业村。全村共有5个社，户籍人口为209户、709人，其中建档立卡脱贫户4户11人。茶卡村党支部现有党员34人。全村总耕地面积3959亩，主要种植小麦、青稞、油菜等。村民主要收入来源为开办民宿、劳务输出、自主经营、农作物种植等，2021年人均可支配收入达1.9万元。近年来，茶卡村依托茶卡盐湖旅游资源，实现了从"一产"到"三产"的转型发展。2022年，茶卡村共有民宿207家，3850余张床位，农家乐5家，从事出租车行业18户。2020年村集体经济达10万元，主要采取入股光伏产业年终分红方式。2021年7月，根据青海省政府出台的"812"乡村示范标准，海西州按照"先规划后实施"原则，将茶卡村确定为"乡村振兴示范村"和"乡村旅游示范村"，按照2年期建设，把示范村打造成乡村振兴样板村。

2. 巴音村。由卫检处副处长徐礼权、办公室蒲利民驻村。该村位于海西州乌兰县茶卡镇巴音大街与幸福路交界处以北。是一个汉族为主，藏族、蒙古族聚居的农业村。1969年建村，1971年从原巴音乡搬迁到位于茶卡镇以东20千米的小水桥地区，部分村民开荒农耕，部分继续放牧生活。2013年，巴音村实施统筹城乡一体化建设项目，全村整体由小水桥地区搬迁到镇区现址居住。2022年全村户籍人口35户，114人。现有党员21名。全村有建档立卡贫困户4户6人，2017年年底巴音村整体脱贫，2018年7月通过国家第三方评估验收。

二、驻村工作队开展工作情况

（一）茶卡村工作队

2022年，驻茶卡村工作队以习近平新时代中国特色社会主义思想为指导，按照乡村振兴战略总要求和"五大振兴"目标，紧扣全县"十四五"规划，以党建为引领，提出了"一二三四"的发展思路，突出一条主线（村民增收）、实行二力促动（借助外力、激活内力促发展）、夯实三大基础（夯实基础产业、基础设施、基础工作）、提升四种能力（提升推动发展能力、为民办事能力、化解矛盾纠纷能力和乡村治理能力），全力实施乡村振兴战略，努力推动"一产抓重点，三产大发展"，促进全村经济发展良好态势。2022年1月，在乌兰县委组织部开展的驻村干部"大练兵大比武"活动中，经过预赛和决赛，茶卡村驻村工作队的发展思路被评为"年度最佳金点子"。

坚持党建引领。一是持续深化政治理论学习，不断增强政治意识。通过"三会一课""主题党日"等载体，带领党员不断强化政治理论学习。2022年10月16日，组织全体党员收看了党的二十大开幕会直播盛况，认真聆听了习近平总书记代表第十九届中央委员会向大会作的报告。二是丰富宣讲形式，不断宣传党政国策，改善村庄精神面貌。依托会议、电视、网络、微信等平台，深入学习党的二十大精神，大力宣传中央关于乡村振兴的相关政策，把中央部署关于农村的改革政策、惠农富农强农政策向群众讲清讲透，教导群众用好党的政策，常感党的恩情，抓好产业增收、改善村居环境等工作。三是宜改则改、优中选优，建立健全村级党组织。驻村工作队通过前期的入户摸排和大量的准备工作，顺利完成了茶卡村党支部委员和书记补选工作。2022年共发展预备党员3名，为组织注入了新鲜血液，奠定了"人才振兴"基础。四是创建联盟党支部，带领群众增收致富。9月份，茶卡村党支部联合巴音村党支部成立了"民宿联盟"，由茶卡村第一书记强锐任负责人，组织两村党员开展集中学习，共同探讨下一步的特色民宿产业发展。五是成立先锋服务微格，提升乡村综合治理能力。2022年，通过组织召开支委会、党员大会和村民大会，重新修订了《村规民约》，同时，成立了5个先锋服务微格，驻村第一书记和队员分别担任第1、2微格负责人，建立了较为完善的约束管理机制和保障服务机制。六是做好茶卡村民族团结进步工作。制作了8块展板和完善了台账资料，通过评选，对20家民宿进行了"石榴籽民宿"挂牌。

严格落实疫情防控措施。为积极应对当前疫情多变的严峻形势，驻村工作队充分发挥村级党组织的战斗堡垒作用，全力做好疫情防控各项工作。一是迅速组织召开专题会议，及时传达上级关于疫情防控工作的部署要求，安排部署茶卡村日常疫情防控工作，严格落实疫情期间值班制度。制订了茶卡村疫情防控应急方案，成立茶卡村民宿疫情防控督导检查组，通过党员分包入户的方式，入户发放茶卡村疫情防控应急流程图，确保辖区内疫情防控工作全覆盖。二是丰富宣传方式，根据茶卡村实际，及时在微信群转发省州两级有关疫情防控动态信息，通过村委会不间断广播疫情防控工作要求，引导广大群众科学应对、有效防范。三是积极开展重点人员排查工作，对所有返村人员，要根据疫情防控级别分类，备注清楚，及时上报，做到情况清，底数明，排查到位，不留死角，形成全覆盖。四是对重点区域开展消杀防疫，驻茶卡村工作队协同茶卡村两委成员，集中对茶卡新村各主要街道口、茶卡老村主干道、老村仓库等重点区域开展消杀防疫。五是积极落实茶卡村全员核酸检测工作，第一书记作为茶卡村核酸采样点负责人，组织成立了"党员突击队"和"志愿者服务队"，负责维持每次核酸检测秩序，通过微信群、村广播通知检测事宜，为老年人打印纸质版采集码，核酸检测1.9万余人次。

持续开展结对帮扶工作。严格落实"四个不摘"的要求，西宁海关各党支部认真开展帮扶工作。一是西宁海关党委书记、关长尹卫锋，党委委员、纪检组组长朱洪先后率队深入茶卡村开展调研和慰问，听取驻村工作队专题汇报，现场指导乡村振兴工作。二是西宁海关综合业务二处、科技处等党支部通过"线上"方式与结对帮扶脱贫户开展"远程帮扶、隔空送爱"活动，宣讲党的二十大精神，了解脱贫户生产生活中遇到的困难，委托工作队捐赠慰问金和慰问品。三是驻村工作队协同村两委班子为有劳动能力的脱贫户安排村上的环保公益性岗位。

扎实推进为民办实事活动。一是紧盯产业振兴，集中力量办大事，镇党委、政府整合茶卡村各级帮扶资金1822万元投入茶卡镇村集体特色民宿项目。项目投入运营后，将实现茶卡村集体经济从"输血"式帮扶转变到"造血"式发展，同时带动家庭宾馆民宿提高档次和服务质量，为村集体经济持续发展壮大和乡村振兴提供有利发展条件。二是茶卡村近年来家家兴办民宿，导致污水管网无法满足排放要求，驻村工作队协助开展了前期调研，在镇党委、政府的高度重视下，划拨了500万元用于茶卡村污水管网提档升级工程项目，解决了茶卡村群众的生活污水排放问题，改善了村人居环境。三是协同镇政府和职能部门向县人民政府申请909万元用于茶卡村道路提升工程项目，茶卡村基础设施建设进一步得到提升。四是对茶卡村"电代煤"清洁能源逐户入户统计核实，切实解决群众冬季采暖问题。五是组织党员和村民开展汛后险情排查工作，对受灾田地和农作物进行减灾自救，登记受灾受损情况，申请相应保险赔偿和补偿。六是全面开展茶卡村返贫风险排查工作，持续开展走访摸排工作，针对边缘易致贫户、脱贫不稳定户、因病因灾因意外事故特殊原因导致的基本生活严重困难户"三类人员"进行重点动态监测，跟踪其收入变化和"两不愁三保障"巩固情况。七是不断加强农村人居环境综合整治，结合茶卡村大力发展旅游业的需求，大力开展卫生整治活动，严格落实农户"门前三包"政策，并对全村的家庭宾馆指示牌进行了更换。

（二）巴音村工作队

2022年，在关党委坚强领导和关怀下，驻巴音村工作队以习近平新时代中国特色社会主义思想和党的二十大精神为指引，按照"五大振兴"工作目标，紧密结合乌兰县委县政府关于巴音村乡村振兴整体部署，锐意进取，迎难而上，主动作为，扎实工作，从为民办实事、组织振兴、产业振兴、乡村治理及人才振兴等几个方面入手积极开展帮扶工作。

梳理巩固成果 为群众办实事。一是深入农户、屋舍院落开展摸底走访，详细了解家庭人口、收入、生活等情况，排查"三类人员"，收集村民的困难问题，积极给予回复解决。2022年来，为民办实事5项。二是积极协助落实"一联双帮"工作机制，以实际行动在村民中树立了工作队的形象，形成村民有事就找工作队的良好局面。

建强基层党组织，让党旗飘在第一线。一是从加强学习、规范制度、壮大队伍等方面着手，建强基层组织。规范"三会一课"制度，组织开展主题党日活动、"第一书记上党课"等活动10次。二是严格落实"四议两公开"原则，规范处理涉及群众利益的"三重一大"事项，不断规范村务管理。三是教育引导党员凝聚共识合力，以更加务实的作风，推动基层党建工作，让党旗在帮扶一线高高飘扬。四是党的二十大胜利召开以后，工作队努力当好宣传员，通过召开"板凳会"，以浅显易懂的言语和鲜活深刻的实例，将十年来在党的领导下取得的辉煌成就、乡村振兴工作取得的巨大成果以及共同富裕、社会保障等与人民群众息息相关的内容讲给村民听，引起了大家的强烈共鸣。五是积极记录党员干部学习党的二十大报告激动心情和感悟体会，制作短视频，发布于茶卡镇"天空之境党旗红"公众号，引发群众热烈回应和强烈反响。六是开展第一书记讲党课活动，深入宣传党的二十大新观点、新论断、新思想，营造良好的思想舆论氛围，着力用党的二十大精神统一思想、凝聚力量。2022年以来，巴音村确定入党积极分子1名，发展对象1名，接收预备党员1名，转正党员1名，推选了村两委后备干部10名。

出谋划策，规划群众"振兴路"。一是在日常工作中积极引导村民转变思维，学会利用互联网销售自己的家庭宾馆和茶卡特色产品。二是在茶卡镇党委政府的支持下，探索村集体经济发展道路。积极参与茶卡镇党委政府对巴音村产业振兴的整体部署，协助村两委整合中央财政扶持村集体经济资金、乡村振兴试点村资金等1590万元入股茶卡镇村集体经济特色民宿项目。三是结合巴音村实际积极出谋划策。2022年先后向乌兰县乡村振兴项目库申报了"茶卡羊"特色火锅店、农田灌溉小型水库、村内路灯等项目，为村集体经济健康发展打下良好基础。

举措创新，提升乡村治理水平。一是带领村两委将疫情防控措施坚决落实到位，切实保护村民生命财产安全。为进一步提升旅游旺季时村民掌握疫情防控应急措施的能力，提高应急处置能力，工作队与镇政府、派出所和卫生院，组织居民代表、民宿和农家乐负责人，开展旅游旺季疫情防控应对演练。二是积极参与值班值守，走访排查返村人员，核查行程码、健康码，向村民宣传疫情防控知识，不断更新排摸台账，确保摸排不漏一户、不漏一人，尽可能织密战"疫"网，保障村民生命财产安全。2022年工作队共开展疫情防控排查30余次，组织核酸检测采样34次，共计21032余人次。三是扎实落实中央统筹利用撂荒地促进农业生产发展的政策要求，动员村民参与村集体撂荒地整治工作，完成了近100余亩撂荒地春播秋收，在疫情防控毫不松懈的情况下实现颗粒归仓，种粮收益3万余元，为村民创造务工收入共计1.5万元，惠及全村30余人。四是建立了新时代文明实践积分管理机制，激励引导村民转变思想观念，树立文明新风，鼓励村民参与环境卫生整治、环青海湖自行车赛志愿者等公益活动，形成"人人关注、人人参与"村级事务的良好氛围。五是带领巴音村团支部创建了"乡村振兴青年讲堂"团建工作品牌，把"民宿经营沙龙"定期活动举办得有声有色，带动创业青年参与到巴音村特色旅游民宿发展中来，推动民宿转型。六是实施党建引领乡村治理"微格联户"，按照"入网进格包片联户"的方式，打造党支部乡村治理"最小服务单元"，把党组织的"神经末梢"延伸到户，引导村民自我教育、自我管理、自我服务，共建产业兴旺、生态宜居、乡风文明、治理有效、生活富裕的新农村。

在工作队和村两委的努力下，2022年巴音村10户村民被评为星级文明户，巴音村团支部被共青团乌兰县委评为"全县五四红旗团支部"。

撰稿人

汤文然

西宁海关促进青海外贸保稳提质的调研报告

(2022年8月26日，获青海省委书记信长星批示)

为深入贯彻习近平总书记"疫情要防住、经济要稳住、发展要安全"的重大要求，落实党中央、国务院关于推动外贸保稳提质的决策部署，落实2022年全国海关年中工作会议精神，落实海关总署促进外贸保稳提质十条措施，西宁海关开展了"海关三进"专题调研，了解当前青海外贸总体情况和政府企业诉求，进行了分析思考，进一步明确了工作思路。

一、调研情况

调研以"海关三进"为主要载体：一是走进地方政府，聚焦外贸发展规划，重点了解对青海外贸发展的计划设想、推进状况和解决思路；二是走进企业，聚焦西宁关区进出口企业生产经营情况和在通关过程中遇到的难点堵点问题，掌握企业经营状况、政策需求和主要诉求；三是走进农牧区，聚焦外贸保稳提质政策措施落地情况，根据生态文明高地和产业"四地"建设要求，调研全省外贸现状和扶持重点。

西宁海关党委高度重视，拟订调研方案，全过程全方位加强领导。2022年6月至8月，全体党委委员分别带队深入盐湖股份等35家企业，走访西宁、海东2市和海北藏族自治州、海南藏族自治州、海西蒙古族藏族自治州3州，前往西宁综合保税区，面对面了解情况、宣传政策，现场解决企业问题。调研期间，共召开17次座谈会，开展28次线上线下问卷调查，收集意见建议52个，解决问题21个。

二、进展和成效

（一）海关总署促进外贸保稳提质十项措施宣传和执行到位

调研显示，对海关总署出台的十条措施和西宁海关细化的十一条措施，企业获得感强，地方政府认可度高。"问题清零"机制作用充分发挥，企业关注的重点问题如通关、检验检疫、RCEP政策运用、减免税等迅速得到解决。比亚迪表示，在海关"心贴心"支持下，关键技术设备进口通关顺畅、优惠政策应享尽享。金昆仑锂业表示，该公司外贸业务从无到有、从小到大，海关"手把手"进行了指导，对企业发展起到了关键作用。森澳商贸表示，在该公司筹备跨境电商业务过程中，海关提供了"一对一"服务，解决了不少政策困惑。青海青麦表示，在口岸通关受阻时西宁海关主动协调，顺利解决通关难题，提高了通关效率，"实打实"

为企业办实事。2022年前8个月，青海省进出口总值28.8亿元，比去年同期增长56.8%，高于全国增速46.7个百分点，增速排名全国第2位。

（二）积极服务构建"双循环"新发展格局，外贸高质量发展理念有新体现

坚定不移贯彻新发展理念，推进更高水平改革开放。西宁市委希望加快推进高水平开放、外贸高质量发展，充分发挥省会城市的示范带头作用。海东市委希望给予海东更多关注，充分发挥海关自身优势，促进海东开放型经济又好又快发展。海西州委希望加大支持力度，助力格尔木国际陆港、海关监管场所建设，打通南向通道，让海西州开放型经济发展有质的飞跃。弗迪电池希望进一步加强关企协作，实现快速发展。

（三）产业"四地"主引擎加速发力，特色产业保持外贸优势

调研显示，青海盐湖产业、清洁能源产业、生态旅游产业、特色农畜业发展态势良好，重点项目积极推进。盐湖股份在复杂国际环境下业绩逆势上扬，表示未来将继续扩大外贸业务，寻找新增长点。青海汇信全力推进盐湖资源综合开发利用，积极开拓国外市场。时代新能源、中复神鹰等企业围绕清洁能源、新材料产业化目标，积极引进先进设备。伊纳维康生物、亿林枸杞在特色农畜产品出口方面继续保持行业领先地位，除稳定传统市场外正积极开拓新兴国际市场。

（四）在国际国内总体形势严峻情况下，仍保持一定外贸活跃度

调研显示，助企纾困政策见到实效，在政策红利得到释放背景下，大部分企业对做好下阶段外贸有信心。据统计，2022年前8个月西宁关区新增备案企业118家，截至8月底实有备案企业1435家，有进出口实绩企业138家，外贸活跃度9.6%。青海宜化、五彩碱业、青海创安等企业面对全球需求减弱对外贸构成压力的预期，积极采取措施，进出口继续平稳向好。华晟铁合金、青海聚之源、圣源地毯等企业积极发挥传统优势，保持产品核心竞争力，在稳固国内市场的同时努力拓展海外市场，出口保持平稳。

（五）对外开放平台和通道建设有新进展，带动效应和外贸发展潜力较大

1—8月，西宁综合保税区实现进出口总值1.3亿元，占同期青海省进出口总值比重4.5%。7月15日，曹家堡保税物流中心（B型）网购保税进口模式（1210）跨境电商出区货物全流程实单测试成功。西宁市列入商贸服务型国家物流枢纽承载城市，格尔木市列入国家陆港型物流枢纽承载城市。青陕宁甘藏五省区共建"中尼贸易陆路通道"倡议稳步推进，格尔木国际陆港建设进展顺利，格库铁路建成通车，中欧、南亚、中越班列相继成功开行，为青藏高原腹地贸易便利化和开放型经济发展注入新动能。

（六）对口援青、东西部协作和会展平台比较活跃，对外贸的促进作用明显

调研显示，各援青单位实施了一批生态畜牧业、文化旅游业、特色种植业、商贸服务业等产业支援项目，有力助推改善产业结构、优化产业布局。东西部协作机制所涉及东部省份在产业链延伸、产业转移、市场衔接、产能合作、人员培训等方面采取有力措施，正向带动作用逐步显现。中国·青海绿色发展投资贸易

洽谈会、国际生态博览会和"一带一路"清洁能源论坛取得明显成效。海西州开展"百家浙商进海西"活动，为浙商寻找发展新空间、拓展发展新领域提供了平台。格尔木市在温州对口支援下开发设立"青藏优品"助农公益平台和线下示范门店18家。高景、丽豪、阿特斯、天合光能等知名新能源企业项目先后落地。

三、存在的问题

（一）外贸体量较小，对经济发展的贡献度不够高

2019年青海进出口总值37.6亿元，占青海GDP比重1.27%；2020年23亿元，占青海GDP比重0.77%；2021年31.7亿元，占青海GDP比重0.95%。连续3年均居全国末尾。从进出口企业看，青海没有形成大中小规模结构合理的贸易生态圈，2022年前8个月进出口值超过5000万元的企业有14家，仅占关区有进出口实绩企业的10%，贸易额合计20.3亿元，占同期青海外贸总额的70%。

（二）"一带一路"建设参与度不高，影响外贸竞争优势

青海省现有75家企业与47个"一带一路"共建国家和地区开展贸易，2022年1—8月进出口10.3亿元。调研反映，青海省存在互联互通设施建设不足、外向型产业规模较小、对外投资发展缓慢、政策支撑不完善等问题，集拼难、货量小，中欧班列、南亚班列未实现常态化开行。

（三）特色产业产品出口下滑，对外贸发展影响较大

受全球新冠疫情、气候变化和贸易壁垒等影响，出口企业用工成本上升，国外订单需求减少、产量下降，青海部分绿色有机农畜产品对外输出下滑明显。龙羊峡三文鱼企业反映，疫情等对其冷水虹鳟鱼出口影响较大，全年预计出口额下降65%。云朵枸杞企业反映，受气候变化影响，蜂蜜和枸杞减产严重，海外销售利润下降。

（四）物流成本高，对企业进出口制约较大

调研反映，受国际形势和国内外疫情影响，国内段公路运距长，社会物流成本出现阶段性上升，铁运长距离运输的高效便利优势未得到充分发挥。盐湖股份反映，出口纯碱经公路运输至青岛港，不再具备价格优势，2020年即停止纯碱业务出口。金昆仑锂业反映，铁路运输因商品量少而无法集拼，发货时间不灵活，企业转向选择费用较高的公路运输。青海创安反映，因铁路运输成本问题，产品出口由茫崖改自甘肃敦煌进行。

（五）特殊监管区作用发挥不明显，外贸高水平开放平台建设亟待推进

调研反映，对外开放平台实际运营距离实现高水平开放高质量发展仍有较大差距。综合保税区和保税区B型管委会反映，区内进出口货物以保税仓储业务为主，综合保税区的加工制造、研发设计、检测维修和保税区B型的货物暂存、转口、中转等功能作用尚未发挥。西宁市和海东市虽获批全国跨境电商综合试验区，但跨境电商相关业务进展不及预期。

四、下一步工作举措

（一）聚焦"经济要稳住"，着力促进青海外贸保稳提质

一是保市场主体。持续深入开展"海关三进"活动，加大海关总署促进外贸保稳提质十

条措施、助企纾困降成本若干措施的政策解读和落实，引导企业用好用足原产地规则和关税减让政策，切实为企业办实事、解难题。持续开展对高原特色农产品及特色产业的进出口分析，为企业开拓市场提供数据支持。二是保跨境物流畅通。扎实做好2022年促进跨境贸易便利化专项行动，加快企业急需货物通关，巩固压缩整体通关时间。推动与口岸海关建立紧急协调处置工作机制，及时有效解决通关时间超长问题。支持青海在中欧班列、南亚班列常态化开行中发挥节点作用。三是保产业链供应链稳定。切实做好省内重点产业链供应链"白名单"企业进出口货物通关保障。推进国家外贸转型升级基地建设，促进贸易与产业深度融合，推动清洁能源、新材料、装备制造、盐湖化工等产业加快融入全球产业链、供应链。

（二）瞄准双循环格局下国家之所需、海关之所能，努力提升青海外贸高质量发展水平

一是全力扶持盐湖和清洁能源产业。充分利用综合保税区优惠政策，引导盐湖和清洁能源产业保税研发中心入驻，加速产业由资源开发型向科技驱动型转型，推进降碳工作，为绿色、低碳、循环发展做出贡献。二是推动绿色有机农畜产业发展。优化食品农产品出口前监管模式，加强农畜产品标准化、绿色化生产，加大出口食品农产品质量安全示范区建设，大力推广有机产品认证，有效提升虫草、枸杞、冷水鱼、蜂产品、牛羊肉等产品出口比例，做大做强有机特色产业。三是大力服务会展经济。支持青海举办国际生态博览会、"一带一路"清洁能源发展论坛、国际公路自行车环湖赛等各类国际大型展会，引导进出口企业积极参加中国国际进口博览会等有影响力的活动。

（三）推动"青货出海"从"借船出海"向"造船出海"转变，逐步扩大青海外贸规模和优势

一是加大"海关助力、企业唱戏"的支持力度。围绕重大政策热点加大研究解读、统计分析以及预警监测的力度，提供决策参考。为政府和企业提供政策咨询服务和业务便捷服务，通过"商务+电子"等线上线下联动方式，主动积极拓展国际市场。二是打造特色产品"金名片"。培育一批自主品牌，加强特色品牌宣传，鼓励民族产品转变为特色产品，特色产业转变为优势产业，支持"青货出海"的劳动密集型产品提升为更高附加值产品，改变特色产业初级性特点，实现产能提升、产业升级、整合优化，加大知识产权海关保护力度，服务RCEP原产地规则落地，推动"走出去"战略，让企业走得出、走得远。三是推进"海外仓"贸易。化解因技贸措施、物流配送等不确定因素造成的风险，降低企业成本，促进跨境电商贸易新业态发展。开展跨境电商企业对企业（B2B）出口监管试点政策培训和业务指导，助力企业利用"跨境电子商务出口海外仓"模式开拓国际市场。四是引导"青字号"外贸优势企业"回归"。积极培育青海企业自主开展对外贸易，改善目前"青货出海"以"内贸转出口"的"借船出海"方式占较大比例现状，提升从本地直接出口的"造船出海"能力。

（四）畅通道、优平台，促进青海对外开放再升级

一是支持对外贸易通道建设。支持青海深度参与西部陆海新通道、中尼陆路贸易通道等重点项目建设，深化与"一带一路"共建国家和地区合作，扩大中欧班列开行班次，释放进出口货物的集拼集聚效应。二是探索西宁综合保税区试点"一区多点"。以西宁综合保税区为"中心区"，以海关高级认证企业、"四地"产业建设核心企业为"多点"，在确保"管得住、风险低、效率优"的前提下，在"多点"实施"四自一简""先出区、后报关"等便利化措施。探索"一区多点、统一品牌、统筹运作"发展新模式，推动入区企业与产业"四地"建设、外贸新业态的有机融合，壮大"园区经济"，在国际上打造"地球第三极"高水平对外开放平台。三是支持格尔木国际陆港建设。针对地方政府发展外贸的迫切需求，细化落实"一州一策"，主动融入地方开放型经济发展，协助推进格尔木国际陆港建设，发挥格尔木面向南亚的商贸枢纽作用。四是支持新业态发展。把握国务院出台稳住经济接续政策机遇，支持青海根据实际情况申请增设跨境电商综试区和市场采购贸易试点。

（五）打造"青海品牌"，营造更加公平稳定透明的口岸营商环境

一是强化信用培育。扶持更多企业成为海关高级认证企业，让企业在国际上获得通行的"VIP卡"。二是持续推进问题清零。通过"中国海关信用管理"微信平台、关企协调员、12360海关热线、海关统计专项调查调研系统，广泛收集企业需求和困难，及时为企业纾困解难。三是巩固通关成效。加强报关单监控，加大与进出口企业联系，及时了解出入境货物情况。深化预约通关服务，采取灵活查验模式减少企业等待时间。持续建设高效规范、公平竞争、充分开放的口岸营商环境。四是强化关地合作。推进曹家堡机场口岸平安、效能、智慧、法治、绿色"五型"口岸建设。发挥与青海省市场监督管理局、省农村农业厅签订合作备忘录的机制作用，在构建新型监管体系、农产品质量安全体系、知识产权保护等领域开展广泛合作。

第三篇

大事记

2022年西宁海关大事记

1月

6日 党委书记、关长扎顿主持召开西宁海关党委会。传达学习习近平总书记在中央政治局专题民主生活会发表的重要讲话精神、党史学习教育总结会议精神，学习全国海关党史学习教育总结会议精神。审议通过《西宁海关党委党史学习教育专题民主生活会工作方案》。

7日 印发《西宁海关党委党史学习教育专题民主生活会工作方案》。

10日 关长扎顿出席西宁海关所属西海海关"初心如磐 奋楫笃行"建关三周年主题茶话会。

11日 关长扎顿、副关长米登发出席西宁海关2022年迎新春离退休干部座谈会暨工作通报会。

12日 政治部主任柳陲出席所属西宁曹家堡机场海关"凯歌起高原、宏图再向前"建关三周年庆祝活动。

西宁海关所属西海海关首次检出出口危险气体不合格情事。

13日 青海省副省长杨逢春对《青海省打私办关于落实2021年打击走私综合治理工作情况的专报》做出批示。

16日 西宁综合保税区举行封关运行暨首批企业入区仪式。关长扎顿和西宁市副市长、西宁综合保税区管委会主任肖向东出席并分别致辞，副关长米登发宣读验收合格复函，省、市领导为入区企业颁发了"金钥匙"。

17日 副关长米登发赴青海省政府参加全省新冠疫情防控处置工作（视频）会议。

18日 西宁海关党委召开党史学习教育专题民主生活会。党委书记、关长扎顿代表党委班子作对照检查，党委委员依次发言，严肃认真开展批评和自我批评。

副关长米登发参加青海省政府第97次常务会议。

19日 西宁海关召开2022年第一季度新闻发布会。副关长米登发发布了青海省2021年外贸运行整体情况，综合业务二处处长侯保宁发布了西宁海关全力支持西宁综合保税区建设发展相关工作情况。

24日 所属西海海关签发关区首份RCEP原产地证书。

26日 西宁海关组织召开党委班子见面会，海关总署党委委员、副署长、政治部主任胡伟出席会议。随后，西宁海关举办关长任职仪式，胡伟副署长宣读海关总署任免职文件并向尹卫锋同志颁发任命书。

印发《"十四五"西宁海关发展主要指标》

《西宁海关贯彻落实〈"十四五"海关发展规划〉重点任务分工方案》。

27日 西宁海关党委书记、关长尹卫锋主持召开党委会。学习贯彻2022年全国海关工作会议、全面从严治党工作会议精神，学习贯彻2022年全国海关纪检监察工作会议精神，传达学习倪岳峰署长、胡伟副署长、孙玉宁副署长指示要求，传达海关总署党委党史学习教育专题民主生活会有关情况的通报。

西宁综合保税区首票进口货物报关单顺利通关。

28日 关长尹卫锋前往青海省政府拜会青海省副省长杨逢春。

30日 关长尹卫锋在胜利宾馆参加省委省政府春节团拜会。

印发《西宁海关开展捍卫"两个确立"、做到"两个维护"、强化政治机关建设专项教育实施方案》。

2月

7日 关长尹卫锋带领党委班子成员前往八一路办公区各部门、单位办公室，向广大干部职工致以新春问候，要求大家继续保持饱满的精神状态，在新的一年创造更好的业绩。

8日 党委书记、关长尹卫锋主持召开党委会议。研究2022年西宁海关工作会议、全面从严治党工作会议工作方案，研究西宁海关2022年度经济责任审计计划。

9日 副关长米登发在青海省政府参加研究《关于进一步加强生物多样性保护的实施意见（征求意见稿）》专题会议。

11日 副关长徐昰参加海关总署综合业务司加强知识产权海关保护工作视频会议。

14日 党委书记、关长尹卫锋主持召开党委会议。审议2022年西宁海关工作会议、全面从严治党工作会议材料。研究干部交流事项。

15日 青海省省长信长星对《西宁海关关于报送2021年工作总结的报告》做出批示。

西宁海关以视频形式召开2022年工作会议。关长、党委书记尹卫锋作主题讲话，西宁海关党委委员全体出席会议。

同日，西宁海关以视频形式召开2022年全面从严治党工作会议。

16日 党委书记、关长尹卫锋主持召开党委会，传达学习《中共海关总署委员会、中央纪委国家监委驻海关总署纪检监察组关于印发〈关于开展"海关重点项目和财物管理以权谋私"专项整治工作方案〉》和动员部署会议精神，并做出安排部署。

二级巡视员郝汉林在青海省省委参加第五次全国市域社会治理现代化试点工作视频交流会。

印发《西宁海关2022年知识产权保护专项行动方案》。

17日 海关总署党委委员、副署长王令浚在西宁海关调研。详细了解西宁海关维护国门安全、促进外贸稳增长、实验室建设等工作开展情况，并看望慰问一线关警员。

21日 西宁海关所属西宁曹家堡机场海关首次签发原产地证书。

22日 西宁海关召开党委理论学习中心组学习会，专题学习习近平总书记关于总结党的历史经验加强党的政治建设的重要论述。关长、党委书记、指挥部总指挥尹卫锋主持召开西宁海关2022年2月份形势分析及工作督查例会暨统筹口岸疫情防控和促进外贸稳增长工作指挥部会议。

23日 关长尹卫锋在西宁海关与中国银行青海省分行胡卫华行长一行开展工作交流座谈。

二级巡视员郝汉林在会议中心参加省直机关党的工作暨纪检工作会议。

印发《西宁海关关于海关总署审计决定的整改实施方案》《西宁海关学习贯彻习近平总书记重要讲话精神加强海关人才队伍建设暨人才发展"十四五"规划任务分工及贯彻落实意见》《西宁海关关于〈"十四五"海关干部教育培训规划〉任务分工及贯彻落实意见》。

24日 关长尹卫锋主持召开2022年缉私工作会议,对关区缉私工作进行部署、提出要求,缉私局局长杨民回顾了2021年工作、分析2022年打私形势并对推进缉私工作高质量发展提出要求。

25日 关长尹卫锋在青海省委党校参加全省领导干部学习贯彻党的十九届六中全会精神专题研讨班。

副关长徐岊在西宁大厦参加中国国际贸易促进委员会青海委员会第三届委员会议暨青海省国际商会第六届理事会第二次会议。

28日 关长尹卫锋、党委纪检组组长朱洪拜会青海省委常委、纪委书记汪洋。

西宁海关所属西宁曹家堡机场海关签发首单智能审核原产地证书。

3月

1日 关长尹卫锋在西宁海关会见青海华实科技投资管理有限公司副总裁卢艳一行。

2日 党委书记、关长尹卫锋主持召开党委会,审议《西宁海关"海关重点项目和财物管理以权谋私"专项整治工作方案》及动员部署会议材料。

3日 所属西海海关完成西宁综合保税区首单一线保税货物入区监管工作。

4日 关长尹卫锋赴青海省商务厅与厅长朱龙翔开展交流座谈。

副关长米登发在青海省卫生健康委参加全国新冠疫情防控工作视频会商会议。

印发《西宁海关关于开展"海关重点项目和财物管理以权谋私"专项整治工作实施方案》。

8日 关长尹卫锋、副关长王春阳赴财政部青海监管局,与负责人赵英洪开展交流座谈。

关长尹卫锋赴青海省市场监督管理局,与局长马骥开展交流座谈。

9日 关长尹卫锋会见西宁市政府副市长肖向东一行4人。

缉私局局长杨民、党委纪检组组长朱洪出席"国门利剑"联合行动和"一案双查"工作会商交流会。

10日 关长尹卫锋、副关长米登发赴青海省农业农村厅与一级巡视员巩爱岐开展交流座谈。

关长尹卫锋赴省直机关工委与常务副书记赵小鹏开展交流座谈。

副关长米登发在青海省卫生健康委参加全省新冠疫情防控处置工作指挥部第三十四次(视频)会议。

党委纪检组组长朱洪赴技术中心开展调研。

11日 副关长王春阳对财务处"海关重点项目和财物管理以权谋私"专项整治工作进行检查、部署。

12日 关长尹卫锋在青海省委参加全国新冠疫情防控工作电视电话会议。

14日 党委书记、关长尹卫锋主持召开西宁海关党委理论学习中心组（扩大）学习会，专题学习捍卫"两个确立"、做到"两个维护"、强化政治机关建设专项教育活动和"海关重点项目和财物管理以权谋私"专项整治相关文件。

副关长王春阳在青海省人大参加省人大财经委员会2022年度对口部门联系会议。

15日 党委书记、关长尹卫锋主持召开党委会，听取关区疫情防控工作情况汇报，对关区疫情防控工作进行安排部署。

副关长米登发参加西宁海关植物检疫技术组成立仪式。

缉私局局长杨民在青海省公安厅参加公安部视频会议。

党委纪检组组长朱洪主持召开西宁海关专项整治工作专班专题学习研讨会。

16日 副关长徐昱调研督导所属西宁曹家堡机场海关捍卫"两个确立"、做到"两个维护"、强化政治机关建设专项教育活动以及"海关重点项目和财物管理以权谋私"专项整治工作。

党委纪检组组长朱洪赴卫生检疫处开展调研并与部门负责人开展廉政工作谈话。

党委纪检组组长朱洪、二级巡视员郝汉林出席政治监督第二项目组研讨会。

印发《2022年西宁海关工作会议重点任务分工》。

17日 副关长徐昱出席西宁海关学会第五届常任理事会第五次全体会议。

18日 副关长米登发督导保健中心专项整治工作。

政治部主任柳陲、党委纪检组组长朱洪出席西宁海关专项整治工作专班临时党支部成立大会。

党委委员、副关长徐昱出席西宁海关技术中心、保健中心联合党支部2021年度组织生活会。

19日 党委书记、关长尹卫锋在青海省委参加全国新冠疫情防控工作电视电话会议。

21日 党委委员、党委纪检组组长朱洪出席后勤管理中心、数据分中心联合党支部2021年度组织生活会。

党委纪检组组长朱洪赴科技处开展调研，听取科技处党风廉政建设和"海关重点项目和财物管理以权谋私"专项整治工作情况汇报，并与部门主要负责人开展廉政工作谈话。

缉私局与中国人民银行西宁中心支行反洗钱处开展交流座谈。

22日 关长尹卫锋在青海省政府参加省政府第100次常务会议。

副关长米登发在青海省卫生健康委参加全省来青返青人员"落地检"工作视频会议。

党委纪检组组长朱洪赴综合业务二处调研督导党风廉政建设工作和专项整治工作开展情况。

党委纪检组组长朱洪赴保健中心开展调研。

西宁海关国门生物安全展示馆获批青海省级"党支部组织生活共享阵地"。

印发《西宁海关党委纪检组2022年政治监督项目清单》。

24日 关长尹卫锋、副关长米登发参加全国海关持续推进审计整改专题视频会议。

党委委员、缉私局局长杨民出席所属西宁曹家堡机场海关综合科党支部组织生活会。

党委委员、政治部主任柳陲出席人事教育处党支部组织生活会。

副关长徐昰参加 2022 年全国海关企业管理和稽查工作视频会议。

25 日 党委书记、关长尹卫锋主持召开党委会，原则上审议通过《西宁海关 2022 年法治建设工作要点》《西宁海关 2022 年基层党建工作要点》《西宁海关 2022 年政治部工作要点》《西宁海关捍卫"两个确立"、做到"两个维护"、强化政治机关建设专项教育整改方案》《西宁海关党委理论学习中心组学习制度》《西宁海关内务督察规定》，研究 2022 年关区安全生产工作。

党委委员、副关长徐昰出席所属曹家堡机场海关监管科党支部 2021 年度组织生活会。

28 日 党委书记、关长尹卫锋出席所属西海海关综合科党支部 2021 年度组织生活会。

副关长王春阳参加海关总署政法司"晨读一刻"线上联学活动。

缉私局与青海省公安厅刑事警察总队开展专项交流。

29 日 关长尹卫锋在胜利宾馆参加全省领导干部会议。

党委书记、关长尹卫锋参加办公室党支部 2021 年度组织生活会。

政治部主任柳陲出席"我阅读、我成长"主题读书分享会。

党委委员、政治部主任柳陲出席所属西海海关业务二科党支部 2021 年度组织生活会。

党委委员、政治部主任柳陲在人事教育处党支部讲授党课。

30 日 党委委员、副关长米登发在所属格尔木海关业务科综合科联合党支部讲授党课。

副关长米登发带队赴所属格尔木海关开展个人安全防护监督及安全生产检查。

党委委员、政治部主任柳陲出席政工办党支部 2021 年度组织生活会。

党委纪检组组长朱洪主持召开专兼职纪检监察干部集中学习研讨会。

31 日 关长尹卫锋出席西宁海关纪检监察干部全员春训班开班式，并提出要求。党委纪检组组长朱洪主持开班式。

党委纪检组组长朱洪出席西宁海关"重点项目和财物管理以权谋私"专项整治工作领导小组综合组暨工作专班会议。

4 月

1 日 缉私局局长杨民主持召开警示教育动员部署会。

西宁海关与西宁综合保税区管理委员会就西宁综合保税区运营发展及跨境电商业务开展座谈交流。

2 日 党委书记、关长尹卫锋主持召开党委会，原则上审议通过《西宁海关关于格尔木海关的审计决定》《西宁海关 2022 年督察审计自查工作方案》。研究干部交流事项。

关长尹卫锋在省政府参加青海省新冠疫情防控处置工作指挥部专题（视频）会议。

西宁海关二级巡视员郝汉林在青海会议中心参加全省国土绿化动员大会。

西宁海关被评为青海省国土绿化优秀单位。

3 日 关长尹卫锋实地检查总关值班室值班工作。

6 日 关长尹卫锋、党委纪检组组长朱洪出席西宁海关"昆仑清风"廉洁文化品牌揭牌仪式。

副关长米登发带队检查关区内部防控消毒工作。

党委纪检组组长朱洪调研动植物和食品检验检疫处全面从严治党和党风廉政建设工作情况。

党委纪检组组长朱洪听取西宁海关专项整治工作专班临时党支部工作汇报。

印发《西宁海关党委理论学习中心组学习制度》。

7日 党委书记、关长尹卫锋在胜利宾馆参加青海省委理论学习中心组学习会。

关长尹卫锋以视频连线方式参加所属格尔木海关举行新任职干部宣布会，格尔木海关关长柴国贤同志作了表态发言。

党委纪检组组长朱洪调研综合业务一处党风廉政建设工作情况。

8日 所属西宁曹家堡机场海关首票采用"两步申报"模式申报进口的报关单顺利通关。

印发《西宁海关内务督察规定》。

10日 副关长米登发出席青海省"4·15"全民国家安全教育日启动仪式。

11日 副关长米登发在青海省委参加全国打击治理电信网络新型违法犯罪工作电视电话会议。

副关长徐岊出席企管处处级干部任职会议。

12日 印发《2022年相关工作要点和重点工作任务清单》。

13日 关长尹卫锋参加全国海关风险防控专项行动推进会。

关长尹卫锋、副关长米登发参观"4·15"全民国家安全教育日主题图片展及"国家生物安全，你我共同守护"征文征画优秀作品展。

关党委及时开展风险研判、提前进行安排部署，全力做好西宁市城东区全员核酸检测期间保障运转各项工作，在实施交通管控前1小时做到主要关领导及总关各部门关键岗位应急值守人员到岗封闭管理。

14日 关长尹卫锋参加2022年全国海关口岸监管工作会议。

15日 关长尹卫锋、缉私局局长杨民参加海关总署安全生产工作领导小组会议暨全国海关安全生产电视电话会议。

18日 关长尹卫锋在省电信枢纽楼参加全国保障物流畅通促进产业链供应链稳定电视电话会议。

19日 印发《关于在西宁海关开展以机关党建推动落实习近平总书记重要指示和党中央经济工作决策部署专项工作的实施方案》。

21日 关长尹卫锋听取专项整治领导小组综合组专题工作汇报。

党委纪检组组长朱洪赴人事教育处开展调研。

22日 副关长米登发在省政府参加全省保障物流畅通电视电话会议。

党委纪检组组长朱洪听取财务处专项整治问题清查情况汇报。

党委纪检组组长朱洪出席专项整治工作专班临时党支部主题党日活动。

24日 关长尹卫锋对贯彻落实王林组长批示精神提出要求。

印发《西宁海关贯彻落实"十四五"海关发展规划实施方案》《西宁海关2022年政治部工作要点》。

25日 西宁海关党委班子参加全国海关署管干部学习贯彻党的十九届六中全会精神集中轮训班开班式及培训。

关长、党委书记、指挥部总指挥尹卫锋主持召开西宁海关2022年4月份形势分析及工作督查例会暨统筹口岸疫情防控和促进外贸稳增长工作指挥部会议。

26日 党委书记、关长尹卫锋主持召开西宁海关党委理论学习中心组（扩大）学习会。专题学习习近平经济思想最新成果——2021年中央经济工作会议精神和中共中央办公厅印发的《关于推动党史学习教育常态化长效化的意见》。

27日 副关长米登发在省公安厅城南办公区参加全省打击治理电信网络新型违法犯罪、反拐省级联席会议电视电话会议。

党委纪检组组长朱洪听取财务处专项整治问题清查情况汇报。

28日 关长尹卫锋带队开展劳动节前安全生产大检查。

副关长王春阳在省委参加平安青海建设相关工作会议。

29日 党委书记、关长尹卫锋主持召开党委会，原则上审议通过《西宁海关关于总署审计决定整改情况的报告》。

关长尹卫锋主持召开西宁海关"海关重点项目和财物管理以权谋私"专项整治工作领导小组第三次会议。

副关长米登发在胜利宾馆参加国家安全工作相关会议。

党委纪检组组长朱洪主持召开西宁海关"海关重点项目和财物管理以权谋私"专项整治工作领导小组综合组暨工作专班第八次会议。

西宁海关技术中心参与的国家重点研发计划顺利通过验收。

5月

5日 党委书记、关长尹卫锋主持召开党委（扩大）会。专题学习贯彻海关总署党委书记俞建华在总署党委扩大会议暨统筹口岸疫情防控和促进外贸稳增长工作指挥部会议上的讲话精神。

印发《西宁海关2022年新冠疫情防控常态化培训工作方案》。

6日 关长尹卫锋参加省政府第103次常务会议。

7日 西宁海关完成海关总署统计分析司外贸企业出口订单情况专项调研。

9日 在新一轮疫情防控工作中，西宁海关根据地方疫情防控政策，第一时间控制重点人员，向属地报备并转运至临时隔离点，及时摸排重点人员旅居及接触史，分类指导相关人员做好防控措施。

10日 西宁海关机关团委组织全体团员青年和团干部收听收看庆祝中国共产主义青年团成立100周年大会。

12日 西宁海关组织完成7名署管干部党的十九届六中全会精神轮训任务。

印发《西宁海关开展政治机关专项教育活动和"学查改"专项工作的整改方案》。

13日 海关总署署长俞建华与关长尹卫锋进行视频连线谈话。

党委书记、关长尹卫锋主持召开党委（扩大）会。传达学习海关总署署长俞建华指示要求，研究贯彻落实意见。原则上审议通过《西宁海关促进外贸保稳提质的十一条措施》。

15日 印发《西宁海关促进外贸保稳提质的十一条措施》。

16日 缉私局局长杨民与党委纪检组组长朱洪共同会商打私反腐"一案双查"工作。

20日 副关长米登发主持召开"百名科长百日督查"工作推进会。

23日 各单位部门组织干部群众收听收看中国共产党青海省第十四次代表大会开幕会。

24日 副关长米登发带队检查西宁海关内部疫情防控工作。

副关长米登发参加卫生检疫处党支部"抓好'三专'工作 提升疫情防控能力"主题党日活动。

26日 缉私局局长杨民主持召开西宁海关缉私局党组（扩大）会议。

27日 关长尹卫锋主持召开西宁海关2022年度内控领导小组第一次工作会议暨"内控示范单位"创建工作推进会。

关长尹卫锋主持召开西宁海关党委巡察工作领导小组2022年第一次会议。

关长、党委书记、指挥部总指挥尹卫锋主持召开西宁海关2022年5月份形势分析及工作督查例会暨统筹口岸疫情防控和促进外贸稳增长工作指挥部会议。

印发《西宁海关2022年党的建设工作要点》《西宁海关2022年精神文明建设工作要点》《西宁海关2022年民族团结进步创建工作要点》。

30日 西宁海关召开党委理论学习中心组（扩大）学习会。西宁海关党委书记、关长尹卫锋主持会议并讲话。

西宁海关党委全体委员完成个人防护服穿脱实操培训及考核。

31日 党委书记、关长尹卫锋主持召开党委会。审议并原则通过《中共西宁海关委员会关于推动党史学习教育常态化长效化的实施意见》《西宁海关巡视整改自查清查报告》《中共西宁海关委员会2022年度巡察工作方案》《西宁海关2022年度教育培训实施方案》。研究干部交流事宜。

6月

1日 关长尹卫锋、副关长米登发"走进管控区"体验疫情防控一线工作。

关长尹卫锋听取所属西海海关"海关重点项目和财物管理以权谋私"专项整治工作情况汇报。

关长尹卫锋赴技术中心开展调研。

副关长徐昰主持召开业务研究工作会议。

印发《西宁海关党委理论学习中心组2022年学习计划》。

2日 缉私局局长杨民协调推动打击走私综合治理工作。

副关长徐昰参加西宁海关学会第五届理事第三次全体会议。

6日 关长尹卫锋赴所属西宁曹家堡机场海关进行慰问调研。

政治部主任柳陲主持召开2022年巡察工作动员部署暨培训工作会议。

西宁海关与青海省国家安全厅制定口岸安全风险联合防控合作实施办法。

缉私局向地方公安机关移交涉枪线索。

7日 副关长米登发带队对所属西宁曹家堡机场海关开展疫情防控专项检查。

8日 党委纪检组组长朱洪参加西宁海关党委纪检组研究疫情防控和推动外贸保稳提质监督工作专题会。

9日 党委纪检组组长朱洪赴海西州茶卡镇走访慰问驻村工作队并开展调研。

海关总署"百名科长百日督查"督查组进驻西宁海关开展工作。

10日 关长尹卫锋、副关长王春阳深入西宁海关绿化区检查指导工作。

副关长米登发下沉一线开展进境粮食后续监管工作。

副关长徐昱参加全国海关稽查协作区工作部署视频会。

副关长徐昱会见青海弗迪电池有限公司总经理一行，就企业外贸现状、发展需求及海关保稳提质政策等内容进行座谈。

11日 关长尹卫锋、党委纪检组组长朱洪赴所属格尔木海关开展调研、体验一线工作。

党委纪检组组长朱洪参加所属格尔木海关业务科学习研讨会。

12日 关长尹卫锋在格尔木调研外贸发展和陆港建设工作，与所属格尔木海关关员开展谈心谈话，参加所属格尔木海关主题党日活动。

党委纪检组组长朱洪赴海西州茫崖市开展调研，与茫崖市政府、茫崖市工信局开展座谈。

13日 党委书记、关长尹卫锋走访格尔木市委，与市委书记汪山泉会谈，介绍西宁海关基本情况、业务特点、在格调研情况等。

党委纪检组组长朱洪赴海西州茫崖市开展出口危险货物包装属地查检工作并调研。

14日 关长尹卫锋、党委纪检组组长朱洪在盐湖股份公司、汇信公司调研。

关长尹卫锋在所属格尔木海关指导"海关重点项目和财物管理以权谋私"专项整治工作。

15日 副关长米登发在青海会议中心参加迎峰度夏能源保供工作电视电话会议。

16日 关长尹卫锋在胜利宾馆参加省委生态文明建设领导小组（扩大）会议。

副关长徐昱、党委纪检组组长朱洪赴海东重点外贸企业开展调研。

17日 关长尹卫锋会见西宁市委常委、副市长李小牛，副关长徐昱出席，稽查处、所属西海海关相关人员参加会议。

党委书记、关长尹卫锋参加办公室党支部"守好宣传主阵地，传播海关好声音"主题党日活动。

副关长徐昱参加海关总署稽查司加工贸易专项整治视频会。

20日 关长尹卫锋、副关长王春阳赴海南藏族自治州重点外贸企业开展调研。

关长尹卫锋、副关长王春阳赴茶卡村、巴音村调研指导乡村振兴工作。

21日 党委书记、关长尹卫锋，党委委员、副关长王春阳走访海西州州委，与州委书记王定邦进行会谈。

关长尹卫锋、副关长王春阳赴德令哈聚之源新材料有限公司调研。

缉私局局长杨民、副关长徐昱赴青海省重点外贸企业开展调研。

22日 党委书记、关长尹卫锋主持召开党委会。听取"海关重点项目和财物管理以权谋私"专项整治工作督导检查评估表自评情况汇报。同意陈晓鸣同志担任党委秘书，王立志同志因工作调整不再担任党委秘书。

关长尹卫锋出席"海关重点项目和财物管理以权谋私"专项整治视频督导检查见面沟通会。

党委委员、政治部主任柳陲出席西宁海关"弘扬'两弹一星'精神 喜迎党的二十大"精品主题党日活动。

24日 缉私局局长杨民在青海省公安厅参加全省禁毒工作电视电话会议。

副关长王春阳、政治部主任柳陲、副关长徐昱走进移动P2+实验室体验一线工作。

27日 关长、党委书记、指挥部总指挥尹卫锋主持召开西宁海关2022年6月份形势分析及工作督查例会暨统筹口岸疫情防控和促进外贸稳增长工作指挥部会议。

关长尹卫锋、副关长米登发参加进口商品新冠疫情防控应急处置桌面推演。

西宁海关参加青海省2022年"联合国中小微企业日"政策集中宣传活动。

28日 党委书记、关长尹卫锋主持召开党委会。研究关区2022年上半年全面从严治党工作，原则上审议通过《西宁海关防范化解海关重大、系统性风险任务分工》《西宁海关整治推诿扯皮情况记录报告制度（试行）》，通报"关长走进口岸封管区"工作中的调研情况。

党委书记、关长尹卫锋专题听取上半年党风廉政和反腐败工作情况汇报。

副关长米登发在省卫生健康委参加全国疫情防控工作电视电话会议。

党委委员、党委纪检组组长朱洪参加监察室党支部主题党日活动。

29日 印发《西宁海关关于对2021年度考核等次为优秀的人员予以奖励的决定》《西宁海关关于对2021年度先进集体和个人予以表彰奖励的决定》。

30日 党委书记、关长尹卫锋在胜利宾馆参加省委理论学习中心组学习会。

党委委员、政治部主任柳陲出席"牢记入党誓言 坚定理想信念"宣誓活动。

7月

1日 各单位部门组织观看庆祝香港回归祖国25周年大会。

2日 党委书记、关长尹卫锋主持召开2022年第十五次党委（扩大）会。传达学习习近平总书记对海关工作的重要指示批示；传达学习2022年全国海关年中工作会议精神。

4日 印发《西宁海关内部控制评价实施细则（试行）》《西宁海关假期管理办法》《西宁海关非政策性退税管理操作规程》3项制度。

5日 党委委员、副关长米登发参加卫生检疫处第二季度廉政风险分析例会。

党委委员、政治部主任柳陲参加"传承红色精神 凝聚奋进力量"主题党日活动。

副关长徐岊在省委参加全国打击侵权假冒工作电视电话会议。

6日 缉私局局长杨民主持召开"学英模 转作风 强本领 勇担当"座谈会。

7日 党委书记、关长尹卫锋带队走访财政部青海监管局，与青海监管局党组书记、局长蒋毅进行会谈。

关长尹卫锋、政治部主任柳陲对关区2022年国家公务员考录面试进行巡考和指导。

8日 党委书记、关长尹卫锋拜会海东市市委书记乌拉孜别克·热苏力汗，双方就加强交流合作、促进海东外向型经济发展等进行深入交流。

党委书记、关长尹卫锋参加办公室党支部"坚定理想信念 严守保密底线"主题学习活动。

党委委员、政治部主任柳陲参加人教处党支部"阅读经典 感悟成长"读书分享会。

党委纪检组组长朱洪参加海关总署企业管理和稽查司与天津海关牵头组织的2022年海关稽查北部协作区工作视频会议。

11日 党委书记、关长尹卫锋，党委委员、副关长徐岊参加企业管理和稽查处、督察内审处党支部主题党日活动。

12日 缉私局局长杨民在电信枢纽楼参加全国禁毒工作电视电话会议。

13日 党委书记、关长尹卫锋主持召开党委会。研究党委委员工作分工，并根据人事变动和工作需要进行调整。

党委书记、关长尹卫锋拜会西宁市市委书记陈瑞峰。

副关长米登发带队对西宁海关、所属西海海关、保健中心、技术中心、所属西宁曹家堡机场海关疫情防控工作开展检查，重点对"百名科长百日督查"专项工作督查组反馈问题整改情况进行"回头看"。

14日 党委纪检组组长朱洪带队赴杭州、宁波海关学习交流"海关重点项目和财物管理以权谋私"专项整治、监督执纪问责等工作。

15日 副关长徐岊赴后勤管理中心开展调研检查工作。

党委纪检组组长朱洪带队赴杭州海关开展学习交流。

18日 党委书记、关长尹卫锋在青海会议中心参加省委中心组学习会。

关长尹卫锋在省政府参加第23届中国·青海绿色发展投资贸易洽谈会、第二届中国国际生态博览会专题会议和省政府第111次常务会议。

党委纪检组组长朱洪带队赴宁波海关开展学习交流。双方就"海关重点项目和财物管理以权谋私"专项整治、监督执纪问责等工作开展深入研讨交流。

19日 关长尹卫锋主持召开西宁海关第一次外贸形势分析会。副关长米登发、政治部主任柳陲、副关长徐岊参加会议并进行点评。与会部门结合各自业务领域作专题汇报和形势分析。

20日 党委书记、关长尹卫锋主持召开党委会。研究干部交流事项。

关长尹卫锋、政治部主任柳陲参加海关总署"口岸危险品综合治理"百日专项行动部署动员视频会议。

关长尹卫锋主持召开专项整治工作领导小组会议。

党委书记、关长尹卫锋围绕"走好第一方阵 我为二十大作贡献"讲授专题党课。

21日 党委书记、关长、巡察工作领导小组组长尹卫锋主持召开西宁海关党委巡察工作领导小组会议，党委委员、政治部主任、巡察工作领导小组副组长柳陲，党委委员、党委纪检组组长、巡察工作领导小组副组长朱洪出席会议并进行点评。

副关长米登发在省卫生健康委参加全国消除疟疾工作表彰会议。

22日 关长、党委书记、指挥部总指挥尹卫锋主持召开西宁海关2022年7月份形势分析及工作督查例会暨统筹口岸疫情防控和促进外贸稳增长工作指挥部会议。

印发《西宁海关"口岸危险品综合治理"百日专项行动工作方案》。

25日 缉私局局长杨民在海关总署大连教育培训基地，参加2022年全国海关缉私部门年中工作会议暨全国打私办主任会议。

副关长徐岊赴海关总署相关司局协调工作。

26日 政治部主任柳陲参加2022年全国海关离退休干部工作视频会议。

西宁海关与西宁综合保税区管委会召开工作交流座谈会。

27日 党委书记、关长尹卫锋主持召开关区2022年上半年党风廉政工作例会。

关长尹卫锋参加海关总署企业管理和稽查司检验检疫行政处罚工作视频会议。

党委委员、党委纪检组组长朱洪参加后勤管理中心、数据分中心联合党支部主题党日活动。

28日 党委书记、关长尹卫锋，党委委员、副关长徐峊，党委委员、党委纪检组组长朱洪参加所属西宁曹家堡机场海关精品主题党日活动。

29日 党委书记、关长尹卫锋主持召开党委会。审议通过《西宁海关关于申请调整2022年预算的函》。

党委书记、关长尹卫锋，党委委员、副关长徐峊，党委委员、党委纪检组组长朱洪参加办公室党支部、监察室党支部主题党日活动。

8月

1日 副关长徐峊出席2022年西宁海关企业认证人员初级资质情景化面试动员会。

2日 党委书记、关长尹卫锋主持召开中共西宁海关委员会意识形态工作专题会议。

缉私局局长杨民参加海关总署缉私局"百日行动"督导会。

4日 党委书记、关长尹卫锋主持召开党委会。原则上审议通过《西宁海关"海关重点项目和财物管理以权谋私"专项整治整改工作方案》。

党委书记、关长尹卫锋出席西宁海关党建工作现场推进会，并作讲话。

党委书记、关长尹卫锋主持召开西宁海关"海关重点项目和财物管理以权谋私"专项整治工作领导小组会议。

上海特派办"海关巡视整改贯通协同监督"署级课题组在西宁海关召开座谈会。

5日 副关长徐峊主持召开关区项目预算执行推进会。

党委纪检组组长朱洪主持召开党委纪检组专题会议。

8日 海关总署驻上海特派办工作组开展西宁海关巡视中长期整改情况现场督导检查。

海关总署缉私局政治督察组对缉私局开展政治督察。

党委委员、党委纪检组组长朱洪主持召开"海关重点项目和财物管理以权谋私"专项整治整改工作部署动员会。

西宁关区首家进口饲料和饲料添加剂注册备案企业成功备案。

9日 副关长徐峊陪同海关总署驻上海特派办工作组深入企业调研走访。

10日 西宁海关与青海省市场监督管理局签署《西宁海关 青海省市场监督管理局服务构建"双循环"新发展格局合作备忘录》，西宁海关党委书记、关长尹卫锋，青海省市场监督管理局党组书记、局长刘兴民代表双方签字并作致辞。

政治部主任柳陲陪同上海特派办巡视整改督导工作组赴所属西海海关开展督导检查。

副关长徐峊在青海省市场监管局参加第五届青海省质量奖表彰委员会全体会议。

党委纪检组组长朱洪陪同上海特派办巡视整改督导工作组赴所属格尔木海关开展督导检查。

11日 关长尹卫锋赴省政府向杨逢春副省长汇报工作。

关长尹卫锋带队在八一路办公区开展内务

督察。

党委纪检组组长朱洪陪同上海特派办巡视整改督导工作组赴格尔木相关企业进行调研。

12日 副关长徐岊在西宁富力万达文华酒店参加"一带一路"清洁能源发展论坛。

西宁海关选派25人参加青海省第四届全民健身大会省直机关组广播体操比赛，获评优秀组织奖。

14日 副关长徐岊在青岛参加海关服务黄河流域生态保护和高质量发展集中工作。

15日 关长尹卫锋通过视频会议系统参加省政府第114次常务会议。

17日 关长尹卫锋、党委纪检组组长朱洪参加海关总署调研题目工作专班第六课题组汇报会。

18日 党委书记、关长尹卫锋主持召开党委会。原则上审议通过《关于对近期重点工作中发现的问题开展执纪问责的意见》《西宁海关加强新时代海关廉洁文化建设任务分工》《西宁海关党委关于成立以案促改工作领导小组的通知》。研究干部交流事项。

关长尹卫锋、副关长徐岊、党委纪检组组长朱洪参加海关总署调研题目工作专班第一课题组汇报会。

19日 关长尹卫锋带队赴西宁综合保税区考察调研，西宁市副市长肖向东同志陪同。

22日 西宁海关组织参加全国海关加强新时代廉洁文化建设暨警示教育大会。

23日 关长尹卫锋、副关长徐岊、党委纪检组组长朱洪参加海关总署调研题目工作专班第二课题组汇报会。

24日 党委书记、关长尹卫锋主持召开党委会。原则上审议通过《西宁海关打私反腐"一案双查"工作实施细则》，通报《上海特派办关于对西宁海关巡视中长期整改开展现场督导检查的反馈意见》。

关长、党委书记、指挥部总指挥尹卫锋主持召开西宁海关2022年8月份形势分析及工作督查例会暨统筹口岸疫情防控和促进外贸稳增长工作指挥部会议。

25日 关长尹卫锋、副关长徐岊、党委纪检组组长朱洪参加海关总署调研题目工作专班第三、四、五课题组汇报会。

关长尹卫锋、副关长米登发出席西宁海关卫生检疫实训基地启用仪式。

印发《西宁海关打私反腐"一案双查"工作实施细则》（西宁关党发〔2022〕30号）。

26日 青海省委书记信长星在《西宁海关促进青海外贸保稳提质的调研报告》上做出批示。

党委书记、关长尹卫锋参加海关总署督审司党支部与南昌、西宁海关督察内审处党支部开展的"1+3+N"党建联学联建活动。

副关长徐岊赴所属西宁曹家堡机场海关检查指导工作。

党委委员、党委纪检组组长朱洪赴所属西海海关、技术中心检查专项整治整改工作情况。

印发《西宁海关"关长接待日"工作制度》《西宁海关外贸形势分析会议制度（试行）》《西宁海关防范化解重大风险分析研判机制（试行）》《西宁海关技术性贸易措施工作实施细则（试行）》《西宁海关实验室仪器设备绩效考核管理实施细则（试行）》《西宁海关缉私业务信息化应用项目联系配合办法（试行）》《西宁海关全员打私绩效评估办法（试行）》《西宁海关缉私局退休干部服务管理工作实施办法（试行）》8项制度。

29日 副关长徐岊参加海关总署新录用公

务员初任培训动员部署会。

30日 党委书记、关长尹卫锋主持召开西宁海关党委理论学习中心组（扩大）学习会。

23日至9月2日 国务院第十八督查组在青海开展第九次大督查，西宁海关聚焦督查重点，精准配合，完成相关工作。

9月

1日 印发《西宁海关加强新时代海关廉洁文化建设任务分工方案》《西宁海关信访工作应急预案》。

2日 副关长徐岊带队开展关区安全检查。

5日 印发《西宁海关做好入境人员卫生检疫岗位工作人员和进口冷链食品安全监管工作人员封闭管理的方案（2022年修订版）》（西宁关办发〔2022〕18号）。

6日 关长尹卫锋、副关长徐岊、党委纪检组组长朱洪听取参加海关总署调研题目工作专班第一小组工作汇报。

7日 党委书记、关长尹卫锋主持召开党委会。研究"党的十九大以来海关总署党委巡视发现的共性问题"自查自改工作、上海特派办8月巡视整改监督反馈意见的整改措施，原则上审议通过《关于成立考察组对海关系统先进集体正式推荐对象进行组织考察的请示》《西宁海关选人用人离任检查问题整改工作方案》以及2023—2025年支出规划和2023年部门预算编制方案。研究党委委员工作分工，并根据人事变动和工作需要进行调整。

西宁海关召开党委理论学习中心组（扩大）学习会，重点学习习近平总书记在省部级领导干部专题研讨班上的重要讲话精神、《习近平谈治国理政》第四卷第十四篇章、第十五篇章、第十六篇章等内容，传达驻署纪检组关于年轻干部违法违纪有关情况的通报。

8日 关长、禁毒人民战争领导小组组长尹卫锋参加禁毒人民战争领导小组专题会议，深入学习贯彻习近平总书记关于禁毒工作重要指示精神和党中央决策部署，对落实国家禁毒委、省禁毒委相关会议精神和工作部署做出进一步安排，西宁海关禁毒人民战争领导小组成员及缉私局各部门负责人参会。

党委纪检组组长朱洪赴西宁海关所属西宁曹家堡机场海关检查指导"海关重点项目和财物管理以权谋私"专项整治整改工作。

9日 政治部主任柳陲参加西宁海关卫生系列中级职称评审会议。

副关长徐岊主持召开西宁海关业务风险跨部门联合研判会议。

西宁海关"加强风险识别 堵塞非法检出口危险货物包装使用鉴定监管漏洞"研究课题纳入海关总署综合业务司"健全'三应'运行机制，深化海关业务改革融合""3+N"研究工作范围。

10日 关长尹卫锋带队检查西宁海关值班室中秋节假期值班工作。

13日 西宁海关联合青海省政府四部门开展进口粮食植物疫情安全风险管控监督检查。

15日 关长尹卫锋在青海会议中心参加全省深化"放管服"改革持续优化营商环境电视电话会议。

副关长徐岊赴技术中心检查"海关重点项目和财物管理以权谋私"专项整治整改工作。

16日 关长尹卫锋参加青海省政府第116次常务会议第二阶段会议。

关长、党委书记、指挥部总指挥尹卫锋主

持召开西宁海关2022年9月份形势分析及工作督查例会暨统筹口岸疫情防控和促进外贸稳增长工作指挥部会议。

18日 党委纪检组组长朱洪赴西宁海关所属西宁曹家堡机场海关开展督导检查工作。

19日 关长尹卫锋在青海省政府参加全省各级领导干部疫情防控处置能力提升培训（视频）会。

20日 西宁海关派驻实地督查组赴兰州海关开展疫情防控督查。

21日 关长尹卫锋在青海省会议中心参加全省质量发展大会。

西宁市科协科普教育基地评审组到西宁海关国门生物安全展示馆开展市级科普教育基地检查和评审认定工作。

缉私局对一起涉嫌邮递走私毒品案侦查终结，移送人民检察院审查起诉。

22日 关长尹卫锋在青海省会议中心参加部省共同打造青海绿色有机农畜产品输出地推进视频会议。

海关总署专家组采用视频云核验的方式，对西宁海关国门生物安全展示馆进行核验。

24日 副关长徐昭在青海省委参加全省综治维稳暨平安建设表彰会议和全省市域社会治理现代化试点工作推进会议。

27日 关长尹卫锋在青海省委参加相关工作会议。

政治部主任柳陲带队走访慰问老干部。

副关长徐昭参加全国海关技术性贸易措施交涉应对工作视频会议。

党委纪检组组长朱洪在青海省人大参加省十三届人大常委会第三十五次会议。

党委纪检组组长朱洪出席西宁海关党委纪检组2022年第三季度例会暨纪检监察干部全员秋训开班式。

28日 党委委员、副关长徐昭参加技术中心和保健中心联合党支部精品主题党日活动。

党委纪检组组长朱洪出席西宁海关党委纪检组学习贯彻海关总署署长俞建华在全国海关"防风险、保稳定、迎二十大"专题电视电话会议上的讲话精神专题会议。

29日 关长尹卫锋在青海省政府参加杨逢春副省长主持召开的分管口安全生产专题会议。

党委书记、关长尹卫锋主持召开党委会，原则上审议通过《西宁海关防范化解腐败风险重点任务责任清单》《西宁海关关于西宁海关后勤管理中心的审计决定》，研究部署西宁海关"防风险、保稳定、迎二十大"工作。

西宁海关安全生产领导小组学习《西宁海关关于做好2022年国庆假期和党的二十大召开期间相关工作的通知》，开展节前安全检查工作。

30日 关长尹卫锋、副关长徐昭带队开展国庆节前关区安全检查，对总关机房、监控指挥中心、门卫、锅炉房等重点部位进行实地检查。

党委委员、政治部主任柳陲赴西宁海关所属西海海关主持召开党建工作座谈会，参加西海海关业务二科党支部扣好廉洁从政的"第一粒扣子"主题党日活动。

党委纪检组组长朱洪参加海关系统纪检监察干部监督工作会议。

10月

1日 关长尹卫锋带队检查西宁海关值班室国庆节假期值班工作，电话抽查各隶属海关值班值守情况，代表西宁海关党委向值班人员表达节日慰问。

3日 印发《西宁海关"跨境电商寄递'异宠'综合治理"专项行动实施方案》。

8日 西宁海关召开"派驻实地督查"工作见面会，政治部主任柳陲出席。海关总署"派驻实地督查"督查组进驻西宁海关采取资料查阅、实地检查、视频检查等方式开展督查工作。各相关部门负责人参加会议。

10日 党委书记、关长尹卫锋听取党委第一、二派驻纪检组三季度工作汇报。

印发《西宁海关防范化解腐败风险重点任务责任清单》《西宁海关风险管理委员会运行机制实施细则》。

西宁海关所属西海海关首次监管出口冻分体羊肉、羊蹄。

11日 副关长徐畀带队赴礼让街办公区开展调研。

党委纪检组组长朱洪主持召开西宁海关党委纪检组2022年纪检监察干部监督工作专题会议。

12日 关长尹卫锋与青海省国家安全厅厅长吴柱开展交流座谈。

政治部主任柳陲带队对西宁海关所属西海海关、技术中心、保健中心进行安全生产大检查。

13日 党委书记、关长尹卫锋主持召开党委会。传达学习中国共产党第十九届中央委员会第七次全体会议精神。

副关长徐畀出席西宁海关2022年度平安青海建设工作考核会。

15日 西宁海关派员参加青海省2022年度平安青海建设督导工作，所在第八督导组对青海省交通运输厅、青海省司法厅等9家地方厅局级单位开展督导。

16日 西宁海关各单位部门采取"集中+分散"方式收看党的二十大开幕会盛况，开展热烈讨论。

18日 关长、党委书记、指挥部总指挥尹卫锋主持召开西宁海关2022年10月份形势分析及工作督查例会暨统筹口岸疫情防控和促进外贸稳增长工作指挥部会议。

海关总署"派驻实地督查"督查组赴所属西宁曹家堡机场海关督导检查工作。

19日 青海省直机关工委常务副书记赵小鹏同志一行来西宁海关调研指导党建工作，召开座谈会。党委书记、关长尹卫锋出席并主持会议，党委委员、政治部主任柳陲出席并讲话，机关党委主要负责同志、团委相关工作人员陪同。

20日 西宁海关所属西海海关签发建关首份《海峡两岸经济合作框架协议》（ECFA）原产地证书。

21日 根据西宁市各区指挥部通告要求，西宁海关第一时间启动应急预案，研判关区疫情防控形势，安排重点岗位应急值守，总关5名关领导和40%的人员在岗值守。

23日 西宁海关党委集中收看中国共产党第二十届中央政治局常委同中外记者见面会。

24日 西宁海关党委参加全国海关学习宣传贯彻党的二十大精神视频会议。

党委书记、关长尹卫锋主持召开党委会。传达学习中国共产党第二十次全国代表大会精神、中国共产党第二十届中央委员会第一次全体会议公报、中国共产党第二十届中央纪律检查委员会第一次全体会议公报。

西宁海关国门生物安全展示馆被西宁市科学技术协会命名为"2022—2024年度西宁市科普教育基地"。

25日 党委书记、关长尹卫锋参加办公室党支部组织开展的"感悟伟大成就、汲取奋进力量——学习贯彻党的二十大精神"主题党日活动。

党委委员、副关长徐昰参加法规处党支部党的二十大报告线上视频学习活动。

26日 党委委员、副关长徐昰参加科技处党支部线上学习贯彻党的二十大精神主题党日活动。

27日 党委书记、关长尹卫锋主持召开党委会。传达学习习近平总书记在参加党的二十大广西代表团讨论时的重要讲话精神，要求把学习习近平总书记重要讲话和学习党的二十大报告结合起来，加深理解，融会贯通，做到全面学习、全面把握、全面落实。研究干部交流事宜。

31日 关长尹卫锋在青海省委参加疫情防控处置工作指挥部电视电话会议。

11月

1日 根据海关总署党委理论学习中心组（扩大）学习暨司局级主要负责同志学习贯彻党的二十大精神培训班学习安排，西宁海关党委班子成员集体学习海关总署署长俞建华在开班动员会上的讲话，围绕学习指南中的8个题目，结合工作实际，开展交流研讨。

党委书记、关长尹卫锋主持召开西宁海关学习宣传贯彻党的二十大精神视频会议，领学党的二十大精神，传达全国海关学习宣传贯彻党的二十大精神视频会议精神，对关区学习宣传贯彻工作进行动员部署。

3日 西宁海关与上海海关、贵阳海关共同完成全国海关食品业务条线的内控节点梳理工作。

10日 党委书记、关长尹卫锋主持召开党委会议。原则上审议通过《西宁海关学习宣传贯彻党的二十大精神实施方案》。研究党委委员工作分工，并根据工作需要和人事变动进行调整。

党委纪检组组长朱洪出席督察内审处召开的年底重点工作任务收官动员会。

11日 党委书记、关长尹卫锋参加办公室党支部《中国共产党章程（修正案）》专题学习会。

党委纪检组组长朱洪参加全国海关纪检机构学习宣传贯彻党的二十大精神专题辅导视频会议。

党委纪检组组长朱洪主持召开西宁海关学习宣传贯彻党的二十大精神工作专班第一次会议。

党委纪检组组长朱洪主持召开关区学习宣传贯彻党的二十大精神落实方案集中审核会。机关党委、监察室负责人，西宁海关学习宣传贯彻党的二十大精神工作专班部分成员参加会议。

印发《西宁海关学习宣传贯彻党的二十大精神实施方案》。

西宁海关助力西宁综合保税区首单跨境电商"1210"保税进口业务顺利完成。

16日 关长尹卫锋出席西宁海关"关领导与青年面对面"系列活动，以"苦地方、累地方，正是磨练意志的好地方"为主题，同应急值守青年关员座谈。

党委委员、副关长徐昙赴综合业务二处党支部专题宣讲党的二十大精神。

党委委员、党委纪检组组长朱洪以视频会议形式为西宁海关所属格尔木海关全体干部职工专题宣讲党的二十大精神。

17日 西宁海关举办党委理论学习中心组（扩大）学习暨各单位部门主要负责同志学习贯彻党的二十大精神培训班。

18日 关长、党委书记、指挥部总指挥尹卫锋主持召开西宁海关2022年11月份形势分析及工作督查例会暨统筹口岸疫情防控和促进外贸稳增长工作指挥部会议。

19日 关长尹卫锋、副关长徐昙参加省新冠疫情防控处置工作指挥部扩大（视频）会议。

党委纪检组组长朱洪主持召开中国电子口岸数据中心西宁分中心审计项目审前分析部署会并讲话，审计组全体工作人员参会。

党委纪检组组长朱洪出席人事教育处《海关推进领导干部能上能下实施细则（征求意见稿）》专题学习研讨会。

党委纪检组组长朱洪主持召开西宁海关学习宣传贯彻党的二十大精神工作专班第二次会议。

22日 党委书记、关长、巡察工作领导小组组长尹卫锋主持召开巡察工作领导小组2022年第三次会议，党委委员、党委纪检组组长、巡察工作领导小组副组长朱洪参加会议。

党委委员、缉私局局长杨民为西宁海关所属西宁曹家堡机场海关综合科党支部专题宣讲党的二十大精神。

副关长徐昙带队在八一路办公区开展内务督查，关心问候各部门应急值守人员。

印发《西宁海关政府采购实施细则》《西宁海关非政府采购操作指引（试行）》。

23日 副关长徐昙出席西宁海关"关领导与青年面对面"系列活动，以"我与西宁海关共成长"为主题，同应急值守青年关员座谈。

25日 党委书记、关长尹卫锋以视频形式出席所属格尔木海关团支部"感悟新时代榜样精神 汲取新征程前进力量"主题团日联建活动，西宁海关机关团委及全体团员参加。

党委委员、副关长徐昙以"线上+线下"方式为财务处党支部作党的二十大精神宣讲辅导。

党委委员、党委纪检组组长朱洪参加党委第一派驻纪检组"学习贯彻党的二十大精神，坚持走好第一方阵，时刻绷紧纪律规矩这根弦"的主题党课。

27日 印发《西宁海关常态化口岸危险品综合治理工作方案》。

28日 党委书记、关长尹卫锋主持召开党委会。原则上审议通过《西宁海关关于配合审计署审计海关总署2022年预算执行等情况工作实施方案》《西宁海关后勤管理中心提质增效实施方案》。

印发《西宁海关落实巡察整改责任工作清单》。

12月

1日 《西宁海关所属曹家堡机场海关旅检科党支部工作情况报告》获海关总署党委委员、副署长孙玉宁批示。

13日 党委委员、党委纪检组组长朱洪参加党委纪检组组织开展的党的二十大系列党课第四讲"深学细悟党的二十大精神 立足本职勇毅前行"。

14日 党委书记、关长尹卫锋主持召开中共西宁海关委员会意识形态工作专题会议。

16日 党委书记、关长尹卫锋为办公室宣讲党的二十大精神，办公室全体干部通过"线上+线下"形式参加。

党委纪检组组长朱洪主持召开2022年度意识形态工作情况通报会和"筑牢中华民族共同体意识"政策宣讲会。

19日 西宁海关委托中国海关管理干部学院举办的2022年西宁海关处级领导干部专业化能力提升网络培训班正式开班。

西宁海关所属西海海关对前期企业申报的23份跨境电商申报清单进行汇总，生成首票税款专用缴款书。

20日 关长、党委书记、指挥部总指挥尹卫锋主持召开西宁海关2022年12月份形势分析及工作督查例会暨统筹口岸疫情防控和促进外贸稳增长工作指挥部会议。

关长、党委书记、网信领导小组组长尹卫锋主持召开西宁海关2022年网络安全和信息化领导小组会议。

西宁海关所属格尔木海关辖区格尔木亿林枸杞开发有限公司成功办理青海首家知识产权海关保护备案。

21日 党委书记、关长尹卫锋主持召开党委会。研究对海关总署党委及委员2022年度民主生活会的意见建议事宜，听取西宁海关2022年度全面从严治党工作情况汇报、专责监督工作情况汇报以及政治生态研判工作情况汇报。

22日 海关总署副署长孙玉宁代表总署党委电话慰问西宁海关、传递关心关爱，要求西宁海关党委靠前指挥，切实落实关心关爱各项措施，统筹做好岁末年初各项工作和疫情防控工作。

23日 副关长徐昼代表西宁海关与中国人民银行西宁中心支行签订管理协作机制。

28日 关长尹卫锋、副关长徐昼参加全国海关新冠病毒感染疫情防控工作专题视频会议，疫情防控相关单位部门主要负责人参会。

西宁海关所属西宁曹家堡机场海关成功办理西宁关区首票进口苜蓿草业务。

30日 海关总署党委委员、政治部主任许大纯在《西宁海关关于学习宣传贯彻党的二十大精神推进海关青年工作高质量发展的报告》（西宁海关工作专报2022年第1期）上做出批示。

关长尹卫锋参加全国海关全面加强审计问题整改工作专题视频会议。

第四篇

政治建设

党建工作

【概况】2022年,西宁海关以习近平新时代中国特色社会主义思想为指导,深入学习宣传贯彻党的二十大精神,深刻领悟"两个确立"的决定性意义,增强"四个意识"、坚定"四个自信"、做到"两个维护"。坚决贯彻落实习近平总书记重要指示批示精神,严格执行"第一议题"制度,全面对标对表党的基本理论、基本路线、基本方略与党中央决策部署,把旗帜鲜明讲政治的要求贯穿到各项工作全过程和事业发展各方面,始终保持正确的政治方向。全面落实新时代党的建设总要求,坚持政治统领、党建引领,不断深化政治机关建设,深入实施"强基提质工程",着力提升基层党组织政治功能和组织力凝聚力,以永远在路上的坚定执着,真正做到基层党建工作有亮点、干部队伍建设有活力。

【宣传思想文化】2022年,西宁海关强化政治引领,把学习习近平总书记最新重要讲话、重要指示批示精神作为党委理论学习中心组学习的重要内容,做到"目标到年、统筹到月、细化到周、具体到专项",周密细致进行安排,不断强化党的创新理论武装。把学出使命担当、学出眼界眼光与学习贯彻习近平总书记对青海在全国大局中"三个更加重要"的战略定位和对产业"四地"建设重大要求相结合,领会核心要义、精神实质、丰富内涵,深刻认识到海关处于国内国际双循环"交汇枢纽",进一步增强为建设社会主义现代化海关努力奋斗的使命担当。依托"3+1"政治理论学习平台,实施全面自学、重点领学、交流研讨、书记小结"四步走"集体学习模式。把抓好学习效果作为重点,西宁海关党委、机关党委、党支部"三级督学",培训班后、监督检查、政治巡察、选拔任用"四必考学",确保每位党员握紧习近平新时代中国特色社会主义思想这一在前进道路上推动工作、解决问题的"金钥匙"。弘扬伟大建党精神,把推动党史学习教育常态化长效化,同统筹推进常态化疫情防控、经济社会发展和改革发展稳定等各项工作结合起来,教育引导广大关员心有忠诚、行有方向。坚决扛起政治责任,以"关键少数"带动"绝大多数",深入开展"两个专项"工作,西宁海关党委成员先后18次实地督导"学查改"专项工作,制定强化政治机关意识、严格政治规矩等5个方面23项整改措施,形成鲜明导向和示范作用。组织梳理政治要求124项,结合稳疆固藏战略要求,研究制定防范化解风险任务分工,力求对关区重大风险、政治和管理风险、业务风险情况做到底数清、情况明,建立了个人、部门、屡查屡犯问题整改"三张清单",向"顽瘴痼疾"下手,开出根治"长效药方"。落实意识形态工作责任制。严格落实《西宁海关党委意识形态工作责任制实施细则》,加强舆情研判,及时排查化解矛盾。在高原边关厚植"求实、扎实、朴实"海关文化,加强意识形态阵地建设管理,着眼重大时间节点,开展队伍思想动态分析,摸情况、查思想、明方向、抓关键,持续推动政治机关意识到支部、到基层、到一线。有效防范处置风险隐患,坚决维护意识形态安全。抓牢思想宣传阵地建设。以开好一次学习研讨、讲好一次主题党课、做好一次谈心谈话、办好一次主题党日、抓好一次案例剖析的"五个一"系列活动为抓手,建立青年政治理论学习小组学习机制,编印专项教育"口袋书",发布支部重点工作指引及提示,开展各类学习180余次,不断强化学习效果。围绕"人人讲政治、处处看政治"主题党日和"执法一线科长"谈体会活动,创新开展青年读书分享会、支部工作"我来谈"、"书记面对面讲政治"等系列活动,牢牢把握正确政

▲2022年7月20日,西宁海关党委书记、关长尹卫锋围绕"走好第一方阵 我为二十大作贡献"讲授专题党课

治方向,确保强化政治机关意识。2022年,《西宁海关以政治机关建设为统领 有效推动党建与业务工作双提升》《西宁海关探索建立"精品主题党日"机制 不断强化党组织生活质量》《以青春之我,担时代之责》等稿件被海关总署《金钥匙》杂志采用,各单位、部门微信被"夏都金钥匙"微信公众号刊发127期。

【基层组织建设】2022年,西宁海关聚焦大抓基层,推动党委委员基层党建联系点制度有效落实,同"关长走进口岸封管区"工作有机结合,通过跟班一线工作、共同封闭管理、参加联系点组织生活等方式,在同吃同住同劳动中,深入了解基层工作实际,精准施策问效督导基层党建。大力推进基层党建"双提升"行动,加强"四强"党支部建设,深化党建品牌创建,2022年,海关总署党委保留法规处党支部示范品牌1个,动植食处党支部、综合业务一处党支部培育品牌2个,新认定西宁曹家堡机场海关旅检科党支部培育品牌1个。推动书记项目赋能,深耕"精品主题党日"党建创新案例,有效提升基层党组织生活质量,推动基层党建提质增效。聚焦压实责任。制定落实抓党建主体责任清单,形成"1+N"制度体系,构建职责清晰、任务明确、环环相扣的责任链条。每半年召开党建推进会,每季度开展党建专项督查,每月发布《基层党支部重

点工作指引》，对落实责任情况进行监督检查，对落实主体责任不力、查找问题不彻底、整改不到位等情况及时通报，问题严重的追究相关责任。找准党建考核与高质量发展不相适应的突出短板和深层机制障碍，探索建立符合西宁海关关区实际的党建考核办法，突出责任到位、制度落实、作用发挥等重点，合理设置考核分值权重，形成科学量化的考核清单，共细化考核指标11项32条，实现考有标准、改有方向。聚焦互融共进。建立健全机关党建和业务工作一起谋划、一起部署、一起落实、一起检查的运行机制和领导班子成员"一岗双责"机制，做到同吹"一把号"、同奏"一个调"。面对疫情防控、乡村振兴等急难险重任务，充分发挥党建工作的重要作用，使党员干部关键时刻冲得上去、危急关头豁得出来，充分发挥先锋模范作用，推动业务工作更好发展。以关区国门生物安全展示馆获评"青海省党支部组织生活共享阵地"为契机，以"国门生物安全"实践活动为抓手，立足青藏高原生态文明"高地"建设，织密织牢生态安全防护网，在积极践行总体国家安全观中讲好"海关故事"、守护好"中华水塔"。

【党风廉政工作】2022年，西宁海关严格落实海关总署制定的17条措施，督促关区各级党员领导干部做到"五个一律不准"，组织开展"内控质效提升月"专项行动，规范权力运行、优化内部管理，督促执法一线科长和关员做到"四个一律不准"。坚持纠"四风"与树新风并举，在节假日前夕推送"清风海报"14期、"护林微课堂"60期，重申廉洁纪律要求。坚持树正气、遏邪气、易俗气，紧盯"四风"新表现新变种，节日期间着重对值班纪律、食堂管理、公车管理等进行现场突击检查。坚决整治形式主义、官僚主义，进一步清理关区各条线微信工作群，破除"指尖上的形式主义"。年度会议数量、发文数量比2021年呈下降趋势。开展窗口作风提升行动，围绕优化口岸营商环境，进一步加强基层窗口规范化建设，对首问负责制、服务承诺制、一次性告知制、限时办结制、政务公开、窗口仪容仪表等落实情况开展专项监督。深入推动运用政务服务"好差评"系统，参评率、好评率均为100%。深入推进新时代海关廉洁文化建设，细化关区廉洁文化建设具体措施43条。坚持以案促改、以案促建、以案促治，出台《关于做实以案促改推进清廉海关建设工作的通知》。扎实开展警示教育月各项活动，召开关区廉洁文化建设暨警示教育大会，组织学习研讨党的十九大以来海关系统违纪违法典型案例，分层分类开展常态化教育。创设关区"昆仑清风"廉洁文化品牌，积极参与廉洁文化创意作品征集活动，助力"清风国门"品牌建设。大力倡导家风家教，树立身边榜样，以青海省"三八"红旗手、共青团"两优一先""最美家庭"评选等活动为载体，进一步引导关区干部职工廉洁修身、廉洁齐家，向榜样学习。2022年，2名同志家庭分别获评"青海省最美家庭""青海省绿色家庭"荣誉称号，1名同志获"青海省优秀团干部"荣誉称号。坚持管理从严。聚焦重点监督，紧盯"关键少数"特别是"一把手"和领导班子，严查利用影响力或职权谋取私利等问题。进一步规范领导干部配偶、子女及其配偶从业行为，严格核查领导干部亲属从业情况，组织61

名处级领导干部开展亲属从业自查,以新提任领导干部为重点,组织人事、纪检、政工等部门多种途径印证核查。严格执行海关总署政治部关于深入纠治酒驾醉驾问题八条措施,强化"八小时以外"监督,净化干部职工社交圈、生活圈。积极运用"制度+科技",推动业务进系统、留痕迹、可追溯。进一步完善关区打私反腐"一案双查"制度,不断加强对打私反腐工作的领导。深入推进"海关重点项目和财物管理以权谋私"专项整治,第一时间传达学习海关总署动员部署会精神,持续深化政治教育、纪法教育和警示教育。制作专项整治学习教育线上自测板块,方便干部职工随学随测,精选百道易错题,采取电子问卷"天天练"的形式,参与答题3371人次。从查摆问题的严肃性抓起,建立"一图一表一册"工作法,提升审核的靶向性、严谨性、透明性,坚决杜绝审核把关走过场。排查出存在高风险的重点项目68个,对2012年以来信访举报线索进行全量起底,扎实做好反馈问题整改工作。坚持执纪从严。认真贯彻《纪检监察机关派驻机构工作规则》,探索

▲2022年8月12日,西宁海关代表队参加青海省第四届全民健身大会省直机关组广播体操比赛

建立西宁海关党委与党委纪检组会商机制,年内开展会商16次。坚持防范化解海关系统腐败风险,制定《西宁海关防范化解腐败风险重点任务责任清单》。把课题调研、监督调研、案头调研、微调研结合起来,牵头开展提高一体推进"三不腐"能力和水平、以项目化为牵引推动政治监督具体化常态化等调研课题5个,形成海关腐败测量体系研究等调研报告5篇。加强对纪检干部的选拔培养,1名纪检干部被进一步使用,担任隶属海关"一把手",进一步调整派驻纪检组监督范围,调整派驻纪检组人员7人次。以16个项目化政治监督为引领,调整优化兼职纪检员28人,最大限度发挥兼职纪检员作用。运用"春夏秋冬"四训模式带动能力提升,选派2名优秀年轻干部参加驻署纪检监察组集中工作,纪检干部赴深圳、宁波、杭州海关参加学习交流6人次。

【群团工作】2022年,西宁海关充分发挥"工青妇"等群团组织桥梁纽带作用。强化青年干部政治理论功底。构建"两级党委、基层党支部、青年理论学习小组和党员个人"联动学习机制,探索建立青年干部列席党委中心组学习模式。畅通关领导和青年"双向交心"渠道,创新开展"关领导与青年面对面"、主题党团日联建等活动,关领导通过对自身学习体会、成长经历、家风家教以及青年关注的重点问题等进

行分享和解答，零距离关心关爱青年干部成长。构造"青年说"阵地，打造"线上研"平台，营造"掌上学"氛围，发挥青年干部理论学习小组带动青年学研作用。建立"党员带团员，一帮一对红"互助机制，带动青年团员积极向党组织靠拢。充分利用各类红色资源，以实地党团课、线上"云游打卡"等特色鲜明、喜闻乐见的活动形式，教育引导关区青年干部当好红色基因的传承者、实践者，树立实现"两个一百年"奋斗目标、实现中华民族伟大复兴中国梦的理想信念。以习近平总书记在庆祝中国共产主义青年团成立100周年大会上的重要讲话精神为指导，完善青年干部理论学习机制，开展主题读书分享会，"青春献礼"学雷锋志愿服务活动，聚焦入团守初心、百年青运史、理论大学习、业务更精通，着力上好青春"四堂课"。以持续深入推进学习宣传贯彻党的二十大精神为引领，制订印发《西宁海关团员青年学习宣传贯彻党的二十大精神实施方案》，运用好"青年大学习"网络新媒体学习等手段，线上线下同步推进，多形式、多途径推进团员青年学习常态化长效化。广泛开展文体活动，积极打造活力海关，机关妇委会、机关团委相继开展"学习二十大、奋进新征程"知识竞赛，开展"我与党的二十大"演讲比赛，组织拍摄"二十大精神青年说"系列短视频，"家风故事专题诵读会"等十余期活动。

【"关小青"志愿服务队】西宁海关志愿服务队连续九年开展爱心送教、募捐帮扶、义务体检等多种形式志愿服务，累计捐赠物资5万余件。连续六年组织义务献血累计过10万毫升，1名同志获全国无偿献血促进奖个人奖荣誉。2022年西宁海关"关小青"志愿服务队注册率达98%。

撰稿人

邹晨辰

巡视巡察

【概况】2022年,西宁海关以习近平新时代中国特色社会主义思想为指导,深入学习贯彻习近平总书记关于巡视工作的重要论述,落实"四个融入"整改要求,以认真负责的态度、务实过硬的措施,切实抓好巡视反馈问题整改。坚定不移拿出"亮剑"精神,不断提高巡察工作质效,统筹推进巡视巡察上下联动。认真落实海关总署党委巡视巡察工作部署,充分运用新时代巡察工作实践经验,实现政治监督更加聚集、全覆盖质量更加过硬、联动贯通更加高效、成果运用更加充分、规范化建设更加深入。

【巡视工作】2022年,西宁海关突出政治自觉,关党委切实扛起巡视整改政治责任,将抓好巡视整改"后半篇"文章和巡视整改自查清查作为一项严肃的政治任务,明确落实"四个融入"要求,杜绝"新官不理旧账"的模糊认识,坚决把抓好巡视整改工作作为践行"两个维护"的重要抓手,作为履行全面从严治党主体责任、营造良好政治生态的实际行动,作为推进西宁海关高质量发展的具体举措。突出主体责任。把抓好巡视整改作为当前和今后一个时期的重要政治任务,与巩固深化"不忘初心、牢记使命"主题教育成果、党史学习教育、基层党建"双提升"行动结合起来,与统筹抓好"六稳"、落实"六保"任务结合起来,与推进全面从严治党年度任务分解落实结合起来,切实加强组织领导、落实整改责任、完善工作机制。将巡视整改与"学查改"专项工作、政治机关建设专项教育活动和专项整治结合起来,对巡视问题整改情况再梳理,力求在长效机制和完善制度上下功夫,主动持续推进巡视整改工作有效开展。动态更新西宁海关党委委员"巡视中长期整改推进台账""党委委员巡视整改个人台账",如实记录巡视中长期整改推进情况,实现巡视整改责任一贯到底,形成党委统揽、政工办组织协调、牵头部门持续用力、配合部门积极联动的整改工作机制。突出问题导向。以"坚持问题导向、突出整改落实、推动各项工作、完善制度机制"为原则,对巡视反馈问题,盯住不放、一抓到底,坚决摒弃"过关"心态。以"清单化"聚焦巡视反馈问题,做到每项问题有原因分析、有整改目标、有责任领导、有牵头部门、有配合部门、有整改措施、有完成时限。西宁海关党委既从自身找原因、查短板,也从制度机制上找漏洞、查缺项,牢记"国之大者",自觉将制度建设放在工作大局中思考和谋划,从顶层设计、健全机制、优化流程、绩效考核等方面进行系统梳理,压茬推进制度"废改立",做到既有"当下改"的举措,又有"长久立"的机制,全面整改、标本兼治,做到巡视整改落实到位、成果转化到位。全面落实新时代党的建设总要求。牢固树立海关是政治机关的定位,坚决捍卫"两个确立"、做到"两个维护",教育党员干部把讲政治的要求从外部要求转化为内在动力,强化对党忠诚教育,把增强"四个意识"、坚定"四个自信"、做到"两个维护"落实到具体工作中。全面落实新时代党的建设总要求,坚持常态化党史学习教育制度机制建设,着力抓好基层党组织建设,巩固"组织体系建设三年行动"成果和"以评促建"活动成效,采取"抓两头带中间"的方式,持续推进党支部标准化规范化建设。深入贯彻新时代党的组织路线,突出政治标准选人用人,激励广大干部在新时代展现新担当新作为,通过每一批次、每个岗位的干部配备,让干部职工真切感受到选人用人的公道正派和鲜明导向。牢牢掌握意识形态工作领导权管理权主动权,加强舆情研判,筑牢意识形态安全"防火墙"。持续在学懂弄通做实上下功夫。建立常态化学习制度,把学习贯彻习近平新时代中国特色社会主义思想作为党委理论学习中心组学习的重要内容和"第一议题",充分发挥党委理论学习中心组学习的领学促学作用,确保一体学习领会、整体贯彻落实。针对党员干部、青年团员等不同特点,以"月度基层党支部工作指引"为抓手,充分发挥"三会一课""青年理论学习小组"作用,变"大水漫灌"为"精准滴灌",推动学习贯彻往深里走、往实里抓,不断提高政治判断力、政治领悟力、政治执行力。坚持学以致用,把系统学习、深入调研、真抓实干有机结合起来,统筹推进专项教育活动、"学查改"专项工作和专项整治学习教育一体开展,将学习教育成果落实到干好本职工作、推动西宁海关高质量发展上来。着力营造风清气正的良好政治生态。坚持以上率下,把严的要求贯彻到管党治党全过程,推动政治生态持续向好。两级党委认真履行管党治党主体责任,党委书记履行第一责任人责任,其他班子成员履行"一岗双责",不断优化"四责协同"机制。党委纪检组发挥好党内监督专责作用,扎实推动全面从严治党向基层延伸。深入开展警示教育月活动,深化运用监督执纪"四种形态",强化日常管理和监督,使铁的纪律转化为党员干部的日常习惯和自觉遵循。加大正风肃纪反腐,不断巩固"现场监管与外勤执法权力寻租""海关重点项目和财物管理以权谋私"专项整治成果,持续深化党风廉政建设。建立领导干部牵头的纪律作风检查督导机制,强化日常养成。完善事业单位管理监督机制,进一步规范领导干部配偶、子女及其配偶从业行为。千方百计促进青海外贸保稳提质。切实把习近平总书记重要讲话、重要指示批示精神和党中央决策部署,转化为热爱青海、建设青海、奉献青海的生动实践,充分发挥海关在有效维护国门安全、维护进出口正常秩序、支持扩大外贸稳增长、推动青海提升高质量对外开放水平等方面的职能作用。落实好国务院关于促进综合保税区高质量发展的工作意见,助力西宁综合保税区开放发展。指导做好保税物流中心面积变更后的监管设施建设及验收,支持跨境电商等新业态发展,全力支持海关监管作业场所(场地)建设、格尔木国际陆港建设和中欧班列、南亚班列常态化开行、西部陆海贸易新通道建设等重点项目。立足青海"三个最大""三个更加重要"定位，持续擦亮"海关进农牧区"服务品牌，支持藏毯、唐卡、青绣等民族传统文化产业发展，推进沙棘国家重点实验室和区域中心实验室发挥技术支撑作用，积极组织落实好《西宁海关促进外贸保稳提质的十一条措施》，帮助进出口企业共同应对疫情对外贸进出口产生的不利影响，增强信心，促进外贸保稳提质。深化全业务领域一体化改革，巩固压缩整体通关时间成效。围绕"拓围、提质、增效"目标，更高质量、更深层次推进深化"放管服"改革、"单一窗口"应用，落实精简行政许可事项，全面推广"多证合一""双随机、一公开"等便利化改革措施，创新监管模式，不断激发市场主体活力。扎实做好巡视整改落实后续工作。两级党委"一把手"牵头抓、具体抓，主动承担最难的整改任务，层层压实整改责任。对已完成的整改任务，组织开展"回头看"，巩固提升整改效果；对长期坚持的整改任务，对照整改要求做出后续工作安排，持续跟踪督办落实。把巡视整改工作列入政治巡察和纪检监察、政工部门日常监督的重要内容，开展专项督导，将巡视整改成效列入关区考核体系。结合巡视整改落实工作，对普遍性、倾向性问题，从制度机制层面找"病症"、剖"病情"、除"病根"。进一步梳理完善现有制度，对实践检验行之有效的长期坚持，对不适应新形势新任务新要求的，逐一加以改进和完善，建立健全务实管用的长效机制。

【巡察工作】2022年，西宁海关党委切实履行党委主体责任，把巡察作为履行管党治党主体责任的直接抓手，纳入关区年度工作计划、全面从严治党重点任务，牢牢把握巡察工作的政治定位。不断强化组织领导，服务、保障中心工作，党委巡察工作领导小组年内召开3次会议，组织学习上级要求，认真审定年度巡察工作计划，及时听取巡察工作情况汇报，参与所有被巡察部门反馈会议，提出明确整改要求。对4个部门主要负责同志进行提醒谈话，督促做好巡察整改。明确监督重点。坚守政治巡察定位，坚决做到"两个维护"，强化政治监督，把学习贯彻习近平新时代中国特色社会主义思想、习近平总书记关于海关工作的重要指示批示精神、习近平总书记视察青海重要讲话精神等内容作为巡察监督的重中之重。结合海关总署部署要求，将"三个专项"纳入巡察监督重点，紧紧围绕落实疫情防控、总体国家安全观、防范重大风险、优化营商环境、提升外贸保稳提质等重要工作，深入查找政治问题、责任问题、腐败问题和作风问题，督促推动各级党组织和党员干部以实际行动捍卫"两个确立"、做到"两个维护"。把政治标准贯穿到巡察工作各环节。准备阶段把握政治要求，巡察过程紧盯政治问题，巡察报告突出政治高度，巡察整改落实政治责任，成果运用注重政治效果，督促基层党组织和党员干部不断提高政治判断力、政治领悟力、政治执行力。始终强化政治机关意识。深刻认识"没有离开政治的业务，也没有离开业务的政治"，从政治的高度发现问题、分析问题，紧扣职能责任，突出"关键少数"、突出政治纪律、突出标本兼治，树立鲜明政治导向，以巡察促整改、以整改促落实，推动被巡察党组织切实担负起管党治党责任，更好地完成各项工作任务。推动关区巡察"全覆盖"。组成2个党委巡察组对关区4个内设部门开展巡察，发现突出问题24个，制定整改措施68条。对3个隶属海关、13个内设部门、4个直属事业单位共计20个单位部门开展常规巡察，对1个隶属海关、1个事业单位开展巡察"回头看"，对1个隶属海关开展专项巡察，累计发现突出问题192个，建立完善巡察制度14项。

推动形成监督工作合力。建立巡察与纪检监察、督察审计协作配合机制。深入探索巡察工作与其他监督贯通融合的有效路径，建立健全巡视巡察与纪检监察监督、派驻监督、组织监督、督察审计监督的衔接制度，加强各类监督的融合贯通，推动信息、资源、成果共享共用。纪检监察部门重点做好巡前情况通报、巡中沟通会商、巡后线索处置和整改日常监督。组织人事部门重点加强人员抽调、情况通报和整改日常监督。督察审计等相关职能部门重点做好情况通报、政策咨询、督促职能范围内问题整改。积极拓宽巡察监督与民主监督、群众监督、舆论监督的贯通渠道，增强监督效果。

强化巡视巡察上下联动。始终把抓实巡视巡察整改和成果运用作为履行巡视巡察工作主体责任的重要内容，一体推进中央巡视整改与海关总署党委巡视、西宁海关党委巡察整改有机贯通。强化监督内容上下联动，将海关总署巡视发现的突出问题及整改情况以及"三个专项"等作为巡察工作重点内容，推动解决关区共性问题、难点问题。强化整改过程上下联动，组织开展中央巡视整改全面自查和党的十九大以来海关总署党委巡视整改集中清查，着力解决突出矛盾和深层次问题，防止出现纸面整改、文字整改等问题。强化成果运用上下联动，对2012年以来23个巡视巡察项目中的重点问题进行认真梳理，发现问题29项，加强与纪检、督审等部门的会商协作，持续发挥"利剑"震慑作用。加强巡察整改工作。建立巡察整改监督检查机制和工作清单，制定19项评估内容。采取"线上＋实地""自查+督查"方式，组织对20个单位部门开展巡察

整改自查清查工作，对已经整改完成的共性问题持续巩固拓展成果，对自查出的问题督促逐项对账销号。制定《西宁海关落实巡察整改责任工作清单》，细化31条措施，进一步明确各相关主体责任。对被巡察党组织巡察整改情况进行量化打分，组织开展巡察整改"回头看"，对巡察整改情况"大起底"，确保巡察成果"颗粒归仓"。做好巡察"复盘"，认真梳理自身工作短板，提出改进思路，及时通报年度巡察工作情况，自觉接受干部群众监督。完善巡察基础工作。由党委书记带头开展巡察工作培训，教育引导巡察干部把握巡察重点、规范工作流程，不断提升巡察报告撰写质量。制定《西宁海关党委巡察工作指引》，对巡察工作24个重点环节和相关文书模板进行明确，推动工作规范化。制定《西宁海关巡察监督要点》，将重点监督内容明确为170个"是否"。进一步规范巡察报告工作，通过清单化、台账化进行推动，确保报告质量。

撰稿人

汤文然

纪检监察

【概况】2022年，西宁海关党委纪检组在海关总署党委和驻署纪检监察组的坚强领导下，在西宁海关党委的大力支持下，坚持六个思维，明确"六更"工作思路，积极发挥监督保障执行、促进完善发展职能作用，推动纪检监察工作规范化、法治化、正规化建设，坚持一体推进不敢腐、不能腐、不想腐，努力推动西宁海关党风廉政建设和反腐败斗争取得更实成效。

【监督检查】2022年，西宁海关以实际行动推动政治监督具体化、精准化、常态化。探索创新政治监督项目化监督模式，建立政治监督项目清单，明确16项政治监督任务，实行政治监督项目组长负责制，形成年度政治监督项目清单16个，组建政治监督项目组5个，建立机制4个。突出重点精准开展政治监督，对学习贯彻党的十九届六中全会精神、党的二十大精神、建立党史学习教育长效机制跟进监督10次；对捍卫"两个确立"、做到"两个维护"、强化政治机关建设专项教育和"学查改"专项工作开展监督21次；与缉私局就"国门利剑2022"联合行动和"一案双查"等工作开展会商2次；出台安全生产领域监督意见3件，组织安全生产检查14次；出台外贸保稳提质监督意见2件，组织推动外贸保稳提质"内嵌式"监督4次，听取汇报2次，实地检查3次，深入企业6家，发现问题36个，提出监督建议15条。毫不松懈抓好疫情防控监督，传达学习领会习近平总书记关于做好疫情防控工作的重要指示精神，出台常态化疫情防控监督意见5件，对元旦、春节期间出省的22名干部职工出行审批等情况进行监督检查；开展以"四透过四衡量"为内容的疫情防控检查14次，关区纪检部门到现场一线监督检查53次，开展视频监督61次，跟班监督4次，发现问题27个，提出监督建议27条，收到整改反馈27条。加强对"一把手"和领导班子监督，探索建立党委纪检组与关党委会商机制，党委纪检组组长与党委书记会商16次，与党委其他成员会商29次；坚定不移推进党风廉政建设，听取3个隶属海关、4个事业单位和16个部门党风廉政建设工作汇报，实现全覆盖；开展廉政工作谈话81人次，其中：党委班子成员7人次，处科长74人次，规范留痕形成记录81份；开展任前廉政谈话14人次；党风廉政意见回复24次、35人。加大巡视巡察审计监督工作力度，强化对整改主体责任、监督责任落实情况的监督检查，召开组长办公会听取相关情况汇报8次。党委纪检组组长朱洪履行巡察工作领导小组副组长职责，协助组建2个巡察组对4个职能部门开展巡察，选派2名纪检监察干部参加巡察；通过听取汇报、走访调研、廉政工作谈话等方式，督促职能部门紧紧盯住"屡查屡犯"问题加大对整改成效检查力度。坚持纠"四风"与树新风并举，节假日前夕推送"清风海报"14期、"护林微课堂"60期，重申廉洁纪律要求；节假日期间对各办公区值班情况开展突击检查，发现未遵守值班纪律6人次，均对其进行了批评教育并制发纪律检查建议书；对门卫值班、招待所食堂管理进行现场突击检查；对31辆公务用车假期存放使用情况进行突击检查、逐一比对；开展"通过物流快递违规收受礼品"专项检查3次，对3个办公区的共计69件快件进行监督检查。坚持问题导向整治"四风"问题，针对疫情期间发布不当言论、落实工作表态多行动少落实差等问题，在全关大会公开批评4次；针对文山会海、检查考核过多过繁等问题，开展2次检查，制发纪律检查建议书2件，公开批评1次，推动健全开会发文、公务接待、工作督办等制度规定8件。

【执纪问责】2022年，西宁海关坚持严的主基调，精准运用"四种形态"。针对重点工作中出现的突出问题，对21名党员干部进行责任分析和集中问责。针对意识形态领域、廉政风险和工作作风等问题，在全关大会公开批评6次。年内开展各类检查27次，制发纪律检查建议书6件。党委纪检组组长朱洪对关党委会议议题提出纠偏意见6条。

【调查研究】2022年，西宁海关着眼核心职责，深入调查研究。把课题调研、监督调研、案头调研、微调研结合起来，开展西宁海关"正风肃纪反腐败斗争攻坚战持久战海关必打赢"等课题研究2项，开展提高一体推进"三不腐"能力和水平、以项目化为牵引推动政治监督具体化常态化等调研课题5个，撰写海关腐败测量体系研究等调研报告5篇。

【派驻监督】2022年，西宁海关注重发挥派驻监督作用，强化监督效能。西宁海关党委第一派驻纪检组以抓好政治监督为重点，严明政治纪律，紧盯日常监督不放松。深入推进捍卫"两个确立"、做到"两个维护"、强化政治机关建设专项教育活动，通过会商等方式协助驻在单位党委严格按照时间节点开展学习教育、查摆问题、开展组织生活会等各环节工作；毫不松懈抓实疫情防控监督，第一时间贯彻落实"全国海关疫情防控工作专题视频会议"精神和西宁海关党委工作要求，制发纪律检查建议书2份、发现问题5项，提出整改建议5条并督促整改；加强对"一把手"和领导班子监督，利用参加会议、谈心谈话、会商等方式督促格尔木海关党委及其班子成员正确履行职责和行使权力、加强自我约束和互相监督，为权力运行设置"防火墙"。年内会商4次，开展廉政工作谈话3人次；做实做细日常监督，坚持把监督融入日常、做在经常，研究加强监督工作的意见，构建形成检举举报"信、访、网、电"四位一体受理体系，完善问题线索研判处置机制，把监督防线不断从事后向事中、事前关口前移；以开展"海关重点项目和财物管理以权谋私"专项整治为契机维护良好政治生态，对格尔木海关专项整治方案提出意见建议，全程参加政治教育、纪法教育、警示教育，督促及时开展违规事项个人申报、梳理填报专项整治重点项目；督促格尔木海关深化改革、完善政策、健全制度，共制发纪律检查建议书2份；坚决纠"四风"树新风，教育引导党员干部守纪律、讲规矩、知敬畏，元旦春节期间对落实值班和疫情防控制度、服务态度、公车使用、出勤考勤、邮件快件等情况逐一检查，始终保持作风建设高压态势。西宁海关党委第二派驻纪检组把握政治监督要义，多措并举加强"一把手"和领导班子监督，围绕习近平总书记重要指示批示精神和党中央重大决策部署，紧盯驻地单位全面从严治党工作重点任务分工及责任清单，按照时间表、路线图，强化"监督的再监督、检查的再检查"，全年制发工作提示单23份，及时发现纠正贯彻落实不到位问题；聚焦执行民主集中制和"三重一大"事项决策过程，注重抓早抓小，努力做到监督常在；年内参加驻在单位党委会议8次，党风廉政建设工作会议5次，民主生活会（组织生活会）3次，提出改进建议4条；与西宁海关所属曹家堡机场海关、西海海关、技术中心"一把手"及班子成员开展廉政工作谈话，初步探索建立会商机制，对履行职责、落实全面从严治党主体责任、队伍建设等方面存在的突出问题及时与"一把手"开展会商3次，督促班子成员有效形成"头雁效应"，强化全面从严治党治关政治责任；坚持发现问题与解决问题并重，针对在监督中发现的苗头性倾向性问题，加强调查研究、分析研判，切实摸透情况，制发纪律检查建议书2份，促进问题整改；形成"查出问题—建章立制—监督检查—教育警示—完善治理"工作闭环，减少各类腐败寻租机会；把握"疫情要防住、经济要稳住、发展要安全"重要要求，履行监督专责，开展"关长走进口岸封管区"监督工作，列席会议12次，调阅资料151份，先后5次联合疫情防控"专家组"以"四不两直"方式对各驻在单位疫情防控情况开展实地监督检查；通过视频监控系统监督抽查业务现场疫情防控措施落实情况21次，节假日开展专项监督检查4次，明察暗访6次，赴现场一线监督检查33次，督促开展职业暴露及内部人员感染应急演练3次，跟班作业5次，督促提醒37次，发现问题19个，制发工作提示单3份、纪律检查建议书1份，开展个别谈话1人次；绷紧安全之弦，认真履行监督专责，将安全生产作为政治监督的重要内容抓紧抓实，开展机场海关保税物流中心（B型）安全检查、口岸卫生监督、外勤执法、综合保税区货物监管等业务跟班作业7次；突出关键节点，多措并举开展正风肃纪监督检查，切实纠"四风"树新风，制发警示教育提醒，通过微信群推送"清风海报"和"护林微课堂"，对关区内31辆公务用车采用"实地检查+报备"的方式在"节前+节后"开展6次公务用车专项检查，对驻地单位各办公区值班情况采取明察暗访、突击检查9次，开展"通过物流快递违规收受礼品"专项检查，不断加固中央八项规定堤坝。

【以案促改】2022年，西宁海关作实以案促改、以案促建、以案促治。推动党委落实以案促改主体责任，党委纪检组组长朱洪在2022上半年党风廉政建设工作例会上提出5点监督建议；持续开展警示教育月活动，党委纪检组组长朱洪赴基层单位与基层关员共同观看《国门卫士岂容违纪破法》系列警示教育片，组织学习研讨党的十九大以来海关系统违纪违法典型案例，分层分类开展常态化教育，做好"后半篇"文章。

【"海关重点项目和财物管理以权谋私"专项整治】2022年，西宁海关充分发挥党委纪检组统筹协调作用，协助关党委推进专项整治深入开展。第一时间传达学习海关总署动员部署会精神，成立领导小组和综合组，党委纪检组组长朱洪任综合组组长，统筹推进责任落实。严格执行会议制度，召开每周例会13次，专题会议11次。组织风险研判会5次，听取分析研判汇报21次。探索"三轮谈话法"，开展"逐一式"谈话154人次、"深入式"谈话4人次、"点穴式"谈话2人次，对谈话情况进行分析研判。开展督导检查13次，提出整改意见41条。对5类135个集中开展梳理审核、风险研判和问题核实，排查出存在高风险的重点项目68个。对2012年以来信访举报线索27件进行全量起底，对海关总署综合组提交的1个问题进行核查，调阅核实个人事项报告、企业兼职情况16份，提请复核5人次。

【"组地关"建设】2022年，西宁海关深入贯彻落实驻署纪检监察组工作部署，加强与地方纪委监委联系，进一步规范协作配合工作，推动形成贯通协同、顺畅高效的"组地关"协作配合工作机制。年内，关党委走访青海各级纪检监察机关4次。

【廉洁文化品牌建设】2022年4月6日，西宁海关启动"昆仑清风"廉洁文化品牌揭牌仪式，建成实体化品牌工作室，组建以纪检监察干部为主体的创作团队，线上发布作品12期。加强信息宣传，向海关纪检监察网报送信息282篇，信息报送总量由年初43名跃升至第1名。

▲2022年3月31日，西宁海关举行纪检监察干部全员春训班开班式

撰稿人

梁嘉欣

队伍管理

【概况】2022年，西宁海关始终围绕党和国家干部队伍管理和思想政治建设要求，根据海关总署工作部署，结合青海省省情和西宁海关关情，紧紧围绕迎接服务党的二十大和学习宣传贯彻党的二十大精神这条主线，以政治建设为统领，主动担当、履职尽责，守正创新、真抓实干，有针对性地加强机构编制、干部人事、教育培训和离退休干部管理等工作，着力打造高素质、专业化干部队伍，为西宁海关事业发展提供强大组织基础和人才保障。

【机构编制管理】2022年，西宁海关根据海关总署部署先后完成关衔及配套制度修订、人才队伍建设、关心关爱疫情防控一线工作人员、海关总署机关各部门"三定"规定执行情况效果评估、进一步加强优秀年轻干部培养使用5方面调研工作。结合选任工作完成对机场海关、格尔木海关的人力资源调研，了解和排查相关问题11个，提出初步指导意见17条次。结合关区实际不断强化人力资源配置工作，推进国家公务员考试招录面试及报名审核相关工作，完成西藏籍考生招录考察及录用信息上报，共招录公务员5人。面向青海大学、青海师范大学开展公务员招录政策校园推介会，完成2023年度公务员招录报名审核工作，报名期间共接受考生咨询1743人次，接受考生报名1518人次，岗位平均报录比为107：1。开展跨领域、跨部门、跨岗位的交流任职36人次，新调入干部定职定岗2人次，新招录公务员试用期满考核定岗4人次。进一步强化基层用人导向，重新核定年度考核优秀等次比例要求，大幅增加隶属海关年度考核优秀等次，增加优秀名额6个。把执法一线、乡村振兴、关键吃劲岗位作为日常锻炼干部的"一线考场"，有计划地选派37名处科级干部到急难险重任务第一线历练。扎实做好关区干部人事档案工作，转递人事档案1卷，及时收集、鉴别、整理和归档档案材料670余份，形成档案专项审核认定16份，梳理2020年以来选人用人相关材料，圆满完成选任迎检工作。开展关衔专项收尾和关衔调整工作，进行关衔起算时间调整3人次，完成关衔选升3人次、首授15人次、微调和晋升21人次；积极开展表彰奖励，开展2021年度考核表彰奖励，综合日常表现及得票数，对5个先进集体、54名优秀干部进行表彰。开展疫情防控先进集体通报表扬2个，个人通报表扬5人次。开展全国和青海省第四届"人民满意的公务员（集体）"评选推荐，协助做好青海省知识产权保护先进集体的评选推荐工作。做实做细关心关爱，年内对扎根艰苦地区边关工作人员颁发金质荣誉章1人次，银质荣誉章12人次，铜质荣誉章3人次。

【干部人事管理】2022年，西宁海关鲜明树立新时代选人用人导向，以高度的政治责任感和历史使命感做好干部选任工作，大力选拔德才兼备、忠诚干净担当的优秀干部。扎实开展干部选任工作，完成正处级领导干部选任1人次，副处级领导干部选任1人次，正科级干部选任4人次，有效完善和优化了干部队伍梯级结构和各级领导班子建设。做好领导干部试用期满考核，规范组织测评、认真听取相关部门及人员意见建议，严格依规开展试用期满考核工作，涉及正处级领导干部1人次，副处级领导干部3人次，正科级领导干部3人次，副科级领导干部7人次。开展专业技术类公务员任职资格评定，推进关区职级工作，开展专业技术类公务员直接确认1人次，开展海关专业技术类公务员任职资格评定9人次，其中申报副高级任职资格评定1人次，开展中级任职资格评定7人次，初级任职资格评定1人次。完成二级巡视员职级晋升1人次，对关区各层级干部进行职级晋升摸底工作，推进关区实现职级工作更好更快发展。做好"一报告两评议"工作，按要求组织相关人员参加直属海关领导班子和署管干部网上民主测评和民主评议，关区选人用人满意度和干部监督整体评价97.14%，较2021年度上升2.12%。根据干部管理权限，按照规定对2021年度提任科级领导干部进行测评，测评满意度100%。扎实开展选人用人整改工作，根据海关总署人事教育司选人用人离任监督检查反馈情况及"一报告两评议"结果，结合巡视巡察，认真查找短板，即知即改，一体整改，形成关区选任工作"错题本"，持续开展警示教育。结合内控示范科室建设、干部工作规范性文件备案与自查，制定针对性强、适用性强、操作性强的9项岗位工作指引，把做好整改工作作为改进和提升西宁海关组织人事工作的重要契机。将贯彻落实"两项法规"，推动领导干部准确如实填报个人有关事项作为从严治关的有力抓手，深入开展领导干部个人有关事项报告专项整治，通过加强专题培训、"夏都金钥匙"微信公众号推送提示及填报指南，对干部填报的《报告表》实行双人"交叉联审"等措施，确保关区个人有关事项应报尽报。完成61名处以上干部（不含署管干部）个人有关事项的集中报告和汇总综合工作，完成率100%。年内开展重点抽核、随机抽核工作6批次、16人次，如实报告或基本一致16人次，关区领导干部个人有关事项如实报告率继续保持100%的良好成绩，超额完成了海关总署不低于95%有关要求。组织全体干部职工进行个人信息核对，根据反馈修订电子档案数据340余条，不断提升干部日常管理规范化、科学化水平。构建完备科学的干部监督管理体系，认真开展调研，起草报送《西宁海关关心关爱干部职工工作调研报告》《西宁海关涉组涉干信访积案专项整治方案》《选拔任用工作说情打招呼现象调研报告》《西宁海关关于报送人才队伍建设工作书面调研报告》《海关推进领导干部能上能下实施细则（征求意见稿）》及配套制度修订事项调研情况。做好干部日常管理监督，继续抓好家庭财产合法性验证、匿名诬告、不担当不作为、违规办理和持有因私出国（境）证件治理、违规投资和企业兼（任）职等问题的常态化管理，开展关区工作人员因私出国（境）信息变更及报备143人次，查发关员户籍信息异常1人次。两次开展违规投资和企业兼（任）职等问题组织自查343人次，查发问题4人次。

【人才队伍建设】2022年，西宁海关不断充实完善疫情防控"三级梯队"，根据岗位调整及人员进出情况，定期发布通知，汇总梳理人员变动，及时调整更新疫情防控"三级梯队"人员名单。完善隶属海关疫情防控人员支援应急方案和口岸疫情防控人员支援应急方案。加强疫情防控一线工作人员关心关爱，认真贯彻落实海关总署党委关于加强对基层一线干部职工的关心关爱工作要求，印发《西宁海关关于进一步细化保护关心爱护疫情防控一线人员工作措施的通知》，充分结合关区实际，形成全面涵盖、责任明确、操作性强的12条具体措施。做细服务工作，提升战"疫"效能。严格落实疫情期间出差出行备案管理，从严从细从实落实疫情防控要求，规范疫情期间出差出行管理，全年累计备案登记出差出行148人次。

▲2022年9月14日，西宁海关人事教育处邀请离退休干部为2022年新招录公务员以"河湟南岸追梦人——一个家族的百年变迁"为题开展授课

【教育培训】2022年，西宁海关以习近平新时代中国特色社会主义思想为指导，认真落实党的十九届历次全会及党的二十大会议精神，以线上线下相结合、集中分散相结合、授课实操相结合的培训方式，分级分类精准施训，全年共举办培训70余期，培训4000余人次。加强党的理论教育和党性教育：推进各类专题培训和党史学习教育，在各层级教育培训中，引导参训学员结合政治机关专项教育和"学查改"专项工作开展学习讨论，将讲政治要求落实到每项工作中、每个岗位上；重点围绕《中共中央关于党的百年奋斗重大成就和历史经验的决议》《习近平：关于〈中共中央关于党的百年奋斗重大成就和历史经验的决议〉的说明》《中国共产党第十九届中央委员会第六次全体会议公报》《党的二十大报告》《习近平谈治国理政》第四卷及前三卷等开展原文学；举办1期处级领导干部专业化能力提升网络培训班，关区51名处级领导干部参训。深入部署学习宣传贯彻党的十九届六中全会精神：制订专题培训实施方案和培训计划，举办2期处级干部学习贯彻党的十九届六中全会精神集中轮训，参训学员共撰写研讨文章和心得体会63篇，集中调训率达到100%，全体处级干部达标；完成5期署级培训，其中：全体干部参加3期海关系统学习贯彻党的十九届六中全会精神

网上专题班，8名署管干部完成2期海关总署集中轮训，主要负责同志参加1期青海省领导干部学习贯彻党的十九届六中全会精神专题研讨班，科级及以下干部系统深入开展党的十九届六中全会精神线上轮训，合格率达到100%。围绕海关事业发展和关区年度重点工作，分类开展专业化岗位能力培训：组织开展业务能力培训50余期，其中岗位能力培训12期，开展动植物检疫岗位资质考试2期，5人次通过考试；开展卫生监督员岗位资质考试2期，9人通过考试；组织10人次参加海关总署组织的进出口危险货物及其包装检验监管培训和考试，通过率为90%；在重点业务领域开展广泛性培训练兵和技能比武，分期分批开展疫情防控、进出境动物疫病风险监测、统计业务、原产地业务等各类实操培训17期；搭建"科长业务大讲堂"专项培训新平台，全年共举办"科长业务大讲堂"培训8期，参训400余人次。加强疫情防控常态化培训，制订《西宁海关2022年新冠疫情防控常态化培训工作方案》，围绕疫情防控要求和应急处置要求，细化培训内容，分级、分类常态化开展针对性的培训及演练，坚持政策培训与技术培训相结合、线上培训与线下培训相结合、理论培训与实战演练相结合，全年共举办疫情防控专项培训10余期，培训2000余人次。重视关区全体干部职工特别是防控一线工作人员的心理健康，通过"钉钉"学习平台推送3门心理健康专项课程，助力打赢疫情防控"心理战"。做好新录用公务员初任培训，开展关情、省情教育，了解西宁海关发展沿革、职能配置、内设机构相关情况，开展谈心谈话，及时掌握新关员思想动态，进一步增强新关员的归属感；选聘关区业务骨干向新关员开展党风廉政教育、动植物检验疫业务概论、公文写作、信息宣传等专题特色业务课程培训，帮助新关员了解海关业务、海关职能、海关工作与日常制度要求，提高新业务知识能力水平；组织新关员学习习近平总书记在庆祝中国共产主义青年团成立100周年大会上的重要讲话精神，进一步增强新关员思想政治觉悟和党性修养。

撰稿人

魏晓婷　曹利华　何海洋

离退休干部管理

【概况】2022年，西宁海关全面贯彻党中央关于做好离退休干部工作的部署要求，牢牢把握离退休干部工作的政治属性，切实加强新时代离退休干部党的建设工作，紧紧围绕中心工作，用心用情、精准服务，落实离退休老干部政治待遇、生活待遇，引导激励广大老干部为党和国家事业发展做出新贡献。西宁海关共有退休干部51人，平均年龄67岁，占全关区干部职工人数的20.31%（全关区在编干部职工204人）。

【党建工作】2022年，西宁海关把学习贯彻习近平新时代中国特色社会主义思想作为离退休干部党员的必修课，通过微信平台转发习近平新时代中国特色社会主义思想和习近平总书记指示批示精神线上文章326余篇，转发支部党建、疫情攻坚、"建言二十大"政策法规等线上文章550余篇，推动离退休干部政治建设和思想建设不断取得新成效。2022年6月份选派1名支部委员参加全省第23期离退休干部党支部书记培训班，选派2名离退休支部党员骨干参加全省老干部党的十九届六中全会精神宣讲等培训班，为支部能力建设添砖加瓦。持续强化"银龄先锋"支部党建品牌创建，积极谋划各类主题活动，充分发挥离退休党员干部在乡村振兴、疫情防控、文明创建等方面的积极作用。建立"互联网+"党建网格，加强末端管理，增强离退休干部党支部组织功能，转发政治理论、健康养身、文摘精选等线上文章100余篇。用云端阵地强化理论武装，利用各类新媒体、融媒体手段和老同志喜闻乐见的方式，广泛开展思想政治教育，夯实"两个维护"根基。

【老同志服务管理】2022年，西宁海关召开离退休干部工作领导小组座谈会，通报重大会议、重要精神，专题研究离退休干部工作，让老同志在推进青海省"四地建设"和乡村振兴中增辉添彩。深入开展离退休干部工作调研，定期向离退休干部征求意见建议，累计征求意见建议8条。用好"老"字号队伍，不断发挥老干部优势，引导老干部在"海关重点项目和财物管理以权谋私"专项整治中发挥作用，动员引导老干部参与"专项整治"工作144人次，邀请26名老干部参加"海关重点项目和财物管理以权谋私"专项整治调查问卷填写，通报"专项整治"工作进展情况3次，征求意见建议5条。把党对离退休老干部的关怀落到实处。扎实做好疫情期间离退休干部服务管理，发挥支部作用，筑牢战"疫"堡垒，全年向老干部发布疫情安全提示190次，发放酒精湿巾

96包、外科口罩480余只，将疫情防控与精准服务有机结合，让老同志切实感受到组织的关怀和温暖。严格落实"四必访"制度，通过"电话敲门""微信拜访"等方式及时掌握离退休干部的思想动态、身体状况及困难问题，全年共接待老同志来电来访100余人次，看望生病住院老干部2人次。制定《西宁海关缉私部门退休干部服务管理工作实施细则》等制度，进一步加强关区离退休干部服务管理。结合"我为群众办实事"活动，做好健康保障服务，为关区14名老干部变更年度医疗保险定点；与保健中心建立联系协调工作机制，为老同志健康体检开辟"绿色通道"；针对老干部年高体弱、行动不便的特点，多部门联合开展了"关小青"爱心体检志愿服务活动，结合老干部实际需求，优化体检项目，工作人员热情引导，帮助老干部快速有序进行体检。在满足老同志多样化、个性化的养老需求上进行深入思考，切实把信息化平台建设与"智慧助老"精准化服务结合起来，通过智能响应、智能帮扶、智能关爱加大重点退休人群帮扶力度。持续探索"居家养老""康养结合"模式，主动与社会化医疗健康、养老服务等部门对接，通过资源共享、政策互惠、信息互通，推进公共服务、志愿者服务、市场化服务提升服务水平，让老同志有更多幸福感、获得感。

【老年文化教育】2022年，西宁海关扎实推进离退休干部党支部思想政治教育常态化。立足老同志实际，通过专题辅导"集中学"、红色基地"现场学"、座谈会议"研讨学"、发展变化"体验学"等形式，提高学习重要精神和重大会议的灵活性和吸引力，开展喜迎二十大主题活动3次。离退休干部热议政府工作报告信息的稿件被海关总署"鑫海桑榆"微信公众号采纳并刊登。发挥互联网和新媒体的优势，抓好常态化疫情防控形势下离退休干部党的十九届六中全会精神线上学习、离退休干部专项教育等，开展廉政警示教育及温馨提示8次，开展送教上门8次。深入挖掘"银发资源"，组织开展"喜迎二十大 奋进新征程"文化创意作品征集等活动，做好以"艺"抗疫等书画、文字作品的征集，组织离退休老干部积极参加青海省"喜迎二十大 讴歌新时代"青海省老干部生态摄影展。组织开展党的十九届六中全会精神知识网上竞答、"连心粽"知识竞答，开展"建言二十大"和"我看中国特色社会主义新时代"2个主题调研活动，引导离退休干部党员畅谈伟大成就、心系疫情防控、牢记初心使命、永葆政治本色。

撰稿人

朱肖肖

第五篇

业务建设

法治建设

【概况】2022年，西宁海关深入学习贯彻习近平法治思想，在海关总署的有力指导下，关警员尊法学法守法用法意识普遍增强，关区上下牢固树立法治信仰，法治文化深入人心，法治精神得到弘扬，运用法治思维和法治方式的能力显著提升，法治共建格局得到进一步完善。

【法规管理】2022年，西宁海关持续提高制度规范化、科学化管理水平。根据法律法规修改及工作实际，督促制度起草部门对相应领域制度执行情况进行"回头看"，开展制度"非实质性"修改。2022年关区共"立改废"内部管理制度44项，提出法制审核意见建议50余条。以问题为导向，切实增强制度意识，提高制度执行能力，助推形成遵守制度的行动自觉。广泛征求执法一线人员意见，全面调查了解规章的实施情况，对海关总署2022年度实施立法后评估的43部海关规章的合法性、协调性及实效性进行全面评估。立足关区实际深入思考，为《中华人民共和国海关法（征求意见稿）》等新法新规制修订工作提出意见建议。

【行政执法】2022年，西宁海关持续落实行政执法"三项制度"。完善事前、事中、事后公开，聚焦执法办事指南公开、执法人员出示执法证件、执法统计年报公开等关键环节，主动接受社会监督。强化执法全过程记录，以问题为导向规范法律文书填制，行政处罚、行政许可均实现全过程网上办理、电子记录。严格落实重大执法决定法制审核制度，配齐配强各层级法制审核人员，强化法制审核队伍建设。充分发挥主观能动性，适时提前介入隶属海关法制审核工作，破解隶属海关法制审核人员不足难题，在各项执法工作中100%落实重大执法决定法制审核要求，不断夯实关区法治建设基础。

【行政处罚】2022年，西宁海关办理行政处罚案件5起，其中一般程序案件4起，快速办理程序案件1起，无经听证程序案件；开展执法检查260次，其中随机抽查检查215次，稽查2次，核查43次；共收到行政许可申请12件，受理12件。其中，准予许可8件，变更许可1件，延期许可3件，无不予许可、撤销许可、撤回许可业务。年内，西宁海关无复议和应诉案件。

【法制协调】2022年，西宁海关深入学习宣传贯彻习近平法治思想，加大法治宣传教育工作力度，营造良好法治环境。印发《西宁海关2022年法制宣传教育工作要点》，常态化、制度化开展党内法规学习，把党内法规列入各级党委理论学习中心组学习内容和党支部

▲2022年8月8日，西宁海关开展《习近平法治思想》专题讲座

"三会一课"学习内容，以党章、准则、条例等为重点，注重党内法规宣传和海关普法宣传的衔接协调，大力宣传国家监察法等相关法律法规。以普法责任制清单为抓手，推动落实"谁执法、谁普法"普法责任制。印发《西宁海关2022年普法责任清单》，进一步明确年内各条线普法责任，将普法工作贯穿到年内关区各项重点工作之中。

【法治宣传】2022年，西宁海关先后开展"4·15"全民国家安全教育日、"美好生活 民法典相伴"主题宣传月、"8·8"海关法治宣传日、"12·4"国家宪法日等宣传活动20余次。发放各类普法宣传资料3000余册，开展线上"一对一"普法40余次，惠及企业100余家。结合疫情防控形势发挥首创精神，推进"情景式"，普法受众1000余人次。开展微视频征稿、手抄法律法规等法治文化创建活动，申报全国法治宣传教育基地，不断提升关区法治文化建设水平。利用"法宣在线"开展全民国家安全教育等答题活动20余次，参与率达80%以上。参与法治工作第五协作区线上联学活动，就党的二十大精神、立法评估工作、新制修定的法律法规开展研讨学习。

撰稿人

冷措吉

业务改革与发展

【概况】2022年，西宁海关持续深化"放管服"改革，推进全业务领域一体化改革，进一步在关区推广"两步申报""提前申报"改革，切实巩固压缩通关时间成效，保障通关运行顺畅，履行贸易管制工作职责，强化禁止限制货物管控，提升技术性贸易措施工作成效，切实服务关区企业发展提质增效，履行知识产权海关保护主体责任，为青海省企业走出国门保驾护航。

【业务改革协调】2022年，西宁海关认真落实《国务院办公厅关于复制推广营商环境创新试点改革举措的通知》（国办法〔2022〕35号）及海关总署工作部署，大力推广深化"提前申报""两步申报"等改革举措。2022年，"提前申报"应用率为49.33%，较2021年增长16.92个百分点；"两步申报"应用率为31.30%，较2021年增长12.97个百分点。全面推行网上受理、网上审批、网上办公，全面推广"多证合一"等海关各项便利化改革，2022年新增外贸企业152家，同比增长34.51%，企业主体活力进一步增强。强化"双随机、一公开"监管工作，推进实施《海关行政执法检查事项"双随机、一公开"监管实施细则》，做好"两库"建设和维护，不断提高抽查检查规范化、专业化水平，依托本关门户网站"双随机、一公开"栏目向社会公开信息16条，相关信息及时录入或归集至国家企业信用信息公示系统和全国信用信息共享平台。完成1起与地方市场监管领域跨部门"双随机、一公开"联合抽查事项。

【通关运行管理】2022年，西宁海关助力国际贸易"单一窗口"建设，主要申报业务应用率、出口检验检疫申请应用覆盖率均达到100%，报关单无纸化率达到100%。加强进出口货物整体通关时间监测，深化对重点报关单的跟踪监控，将进出口货物整体通关时间稳固在合理区间，为企业提供相对稳定的通关预期。进一步加大对报关单运行监控系统功能的使用，加强对重点区域外贸发展态势、进出口货物通关运行整体状态等情况的监测。持续深化《西宁海关关于优化口岸营商环境进一步压缩通关时间的实施方案》落实，召开西宁海关压缩整体通关时间专题会议，成立报关单申报项目调整试运行推进工作专班，紧压实工作责任，各隶属海关安排专人对本关区报关单通关情况进行监控。据国家口岸管理办公室通报，青海省2022年进口整体通关时间为26.28小时、出口整体通关时间为0.32小时，进出口整体通关时间均优于全国平均水平（全国进口40.18小时，出口1.26小时）。加强外贸形势研判分析，围绕国际经贸形势变化，结合关区重点进出口、重要贸易伙伴等强化关区贸易形势分析，7月份向青海省政府报送的国办约稿《青海反映外贸企业对当前外贸订单和上半年进出口形势的分析研判、期盼和建议》获得国务院领导批示。多篇统计分析被青海卫视、《青海日报》、《西海都市报》等采用。加大货物通关运行监测，密切跟踪货运量、集装箱等业务统计核心指标的变化情况，借助关区外贸形势分析例会平台，对关区报关单量、货运量等业务变动情况定期进行重点分析。切实做好省内23家重点产业链供应链"白名单"企业进出口货物的通关保障。

【贸易管制与技术规范】2022年，西宁海关强化重点商品管控，有效落实贸易管制措施，持续开展进出口货物禁限管理证件事后核查，认真履行蒙特利尔议定书等国际公约，对进出境禁限管制物项实施有效监管。严格落实精简进出口环节监管证件、许可证件联网核查机制、检验检疫电子证书国际联网核查等工作。按照海关总署统一安排，组织技术性贸易措施影响调查工作，寻求地方政府的支持，对青海省特色产业代表性企业进行了实地走访调查，真实掌握、正确分析和研判国外技术性贸易措施对青海省产品出口的总体影响、企业的应对情况及应对工作遇到的主要问题、困难和需求，及时撰写技贸措施调查报告。进一步推进技贸措施服务平台和精准服务能力建设，提升规则的研究和运用水平，协助建设海西州枸杞、藏毯技术性贸易措施评议基地建设。将"解决出口过程中遇到的各种技术性贸易措施支持扩大食品农产品出口，加强国外对我贸易措施的预警处置"等内容写进《西宁海关帮扶企业"做好疫情防控、复工复产"的十四条举措》，将"加强技贸措施预警，密切关注、收集其他国家（地区）因疫情对我进出口商品采取的限制措施"纳入《西宁海关党委贯彻落实海关总署党委应对疫情影响促进外贸稳增长措施细化实施方案》，将"加强枸杞、藏毯评议基地建设，发挥WTO/TBT-SPS协议预警和通报评议作用，帮助企业拓展多元化出口市场"列入《西宁海关全力做好稳外贸稳外资工作实施方案》中，明确责任部门和推进时间，定期报告推进落实情况。参与共建黄河流域农食产品技术性贸易措施工作协作机制相关工作，组织辖区企业参加贸易便利化与技术合规海关大讲堂暨中德技术性贸易措施国际交流论坛（第二期）企业视频交流会。

【知识产权海关保护】成立分管关领导任组长、相关职能部门和各隶属海关参加的西宁海关2022年知识产权保护专项行动领导小组，印发《西宁海关2022年知识产权保护专项行动方案》，全面部署关区知识产权保护专项行动（"龙腾行动2022"），制定《西宁海关2022年知识产权保护专项行动方案重点任务分工》，明确关区知识产权工作的目标、任务和举措。与青海省市场监督管理局签订合作备忘录，相互支持知识产权工作开展。

【"龙腾行动2022"】按照"龙腾行动2022"专项行动部署，聚力提升一线关员在货运渠道对输往北美洲、欧洲、南美洲、非洲、RCEP成员方侵权货物的重视程度及监管力度，重点打击通过中欧班列输往"一带一路"共建国家和地区的侵权贸易，结合口岸特征、商品结构、境内货源地等要素，对服装鞋帽、洗护用品、皮具箱包等侵权高风险商品进行针对性鉴别培训，通过智能化系统对重点商品进行监控。组织一线关员参与西安、银川、乌鲁木齐、西宁海关知识产权联合培训，针对口岸侵权货物辨识、查发、办案技巧开展专题培训；在所属西宁曹家堡机场海关、西海海关开展知识产权海关保护及海关备案专题培训。分管关领导参加青海省领导干部知识产权保护专题培训。探索建立智慧监管模式，创新执法和监管手段，围绕现场执法与打击侵权需要，以"智慧海关"建设为依托，推广"单兵装备""非侵入式查验"等科技手段在查发侵权假冒商品方面的应用，关区执法一线查验人员配备查验单兵设备，全面推广新一代查验管理系统移动端商标智能识别应用，实现商标查询及商标识别现场操作，识别结果作为现场执法的辅助参考，提升现场作业效率与执法统一性。开展知识产权优势企业培塑，组织隶属海关对辖区内企业宣介海关知识产权保护的范围、申请保护备案流程及"龙腾行动2022"情况，采取"一对一"指导，为企业解决知识产权保护方面遇到的困难和问题，保护企业创新意识，提升维权能力，为企业"走出去"保驾护航。组织"4·26"知识产权宣传周活动，以多种形式宣传知识产权海关保护的政策、程序和方法，在关区开展"知识产权海关保护"有奖竞答活动。组织《2021年中国海关知识产权保护状况》《2021年中国海关知识产权保护典型案例》专题学习，讨论分析，汲取经验，提升一线关员对保护工作的荣誉感和成就感。知识产权宣传周期间，西宁海关持续推进进出口环节知识产权保护，在"夏都金钥匙"公众号编发《带你了解海关知识产权保护》微信推送，在门户网站刊发《西宁海关持续推进进出口环境知识产权保护》宣传稿件，《青海日报》《青海法制报》《青海新闻联播》等多家媒体对海关工作进行了报道。西宁海关综合业务一处获评青海省2020—2021年度知识产权保护工作成绩突出集体，"西宁曹家堡机场海关处理青海某公司侵犯商标权案"入选青海省2020—2021年度知识产权刑事司法和行政执法典型案例。利用"海关三进"活动和《青海新闻联播》等平台对知识产权海关保护工作进行宣介，提升进出口企业尊重和保护知识产权意识。

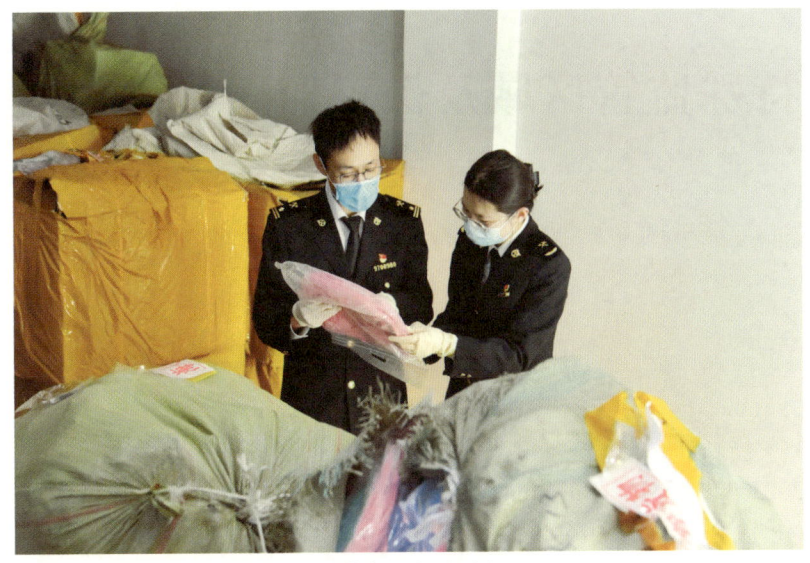

▲2022年4月26日，西宁海关关员在核对侵权商标

撰稿人

张红元

特殊监管区域及保税监管场所管理

【概况】西宁综合保税区于2022年1月16日正式封关运营。2022年，西宁海关全力推进特殊监管区域发展，通过悉心调研指导、加强沟通协调、积极解决困难、强化政策宣介等措施，助力西宁综合保税区开好局、起好步。青海曹家堡保税物流中心（B型）（以下简称"保税物流中心"）于2016年10月底封关运营，是青海省为扩大对外开放，发展高水平外向型经济而搭建的新平台。

【综合保税区】2022年，西宁海关认真开展调查研究，认真贯彻落实《国务院关于促进综合保税区高水平开放高质量发展若干意见》，协助做好政策引导和入区项目分析审核工作。全年共开展走访调研6次，关长尹卫锋带队赴西宁综合保税区开展调研，与西宁市人民政府就西宁综合保税区目前所存在的问题、西宁海关驻综合保税区监管工作组面临的困难和下一步综合保税区发展规划进行深入交流，全面掌握综合保税区入区项目、厂房建设、企业复工复产情况。赴青海省发改委外贸处、青海省商务厅口岸办、西宁综合保税区管委会等地方政府部门及综合保税区入驻企业，就青海推进开放平台发展的思路、西宁综合保税区产业规划及企业进出口业务需求等相关情况开展调研。强化政策宣传和培训。就新版《中华人民共和国海关综合保税区管理办法》、《综合保税区发展绩效评估办法（试行）》、"入区项目指引及典型案例"、"跨境电子商务零售进口退货中心仓模式"等自由贸易试验区改革试点经验复制推广工作，结合区内研发、加工、制造、检测、维修、存储、物流、租赁等20项业态展开深入分析解读，帮助更多的进出口企业了解综合保税区优惠措施。年内，组织开展综合保税区业务培训2期，解决企业相关咨询问题7条，共有60余家地方政府单位和企业参加培训。结合海关总署"如何推动新时期海关特殊监管区域高质量发展"调研课题，形成《综合保税区"一区多点"创新制度初探》《推进西宁综合保税区高质量发展的对策建议》。全力支持跨境电商网购保税业务发展。召开西宁综合保税区跨境电商业务推进会，指导西宁综合保税区管理委员会制订《西宁跨境电商公共服务平台建设项目初步设计方案》，完成西宁跨境电商分拣查验系统进场施工，指导跨境电商平台同西宁海关数据分中心二级节点对接。深入西宁综合保税区，与西宁市人民政府就西宁综合保税区目前所存在的问题、西宁海关驻综合保税区监管工作组面临的困难和下一步综合保税区发展规划进行深入交流，现场解答跨境电商业务相关问题，并就推动西宁综合保税区高质量发展高水平开放开展了交流研讨，从加强高位推动、加大招商引资、推进政策应用及强化协作配合四个方面对做好综合保税区工作提出要求。组织工作专班，从政策研究、业务流程、海关备案、账册审核、监管出区、技术保障等各环节给予悉心指导，克服疫情困难，采用视频形式组织完成西宁综合保税区跨境电商网购保税查验场地验收，2022年11月11日完成跨境电商保税进口实单测试。2022年，西宁综合保税区进出口总值2.24亿元，分别占青海省、西宁市全年进出口总值的5.2%、6.9%，西宁综合保税区对外开放平台作用初步显现。

【青海曹家堡保税物流中心（B型）】2022年，保税物流中心进出口总值816万元，同比降低90.3%。其中，出口总值28万元，同比降低99%；进口总值788万元，同比降低86.2%，在全国84个保税物流中心中排第80位。主要出口企业为易联达供应链有限公司，出口商品为纺织品及其制品，该公司2022年申报1票出口货物，2021年申报出口报关单94票，报关单流失率达99%。西宁海关克服发展瓶颈，专题研究海东跨境电商发展存在的问题，持续强化干部队伍整体业务水平，保障海东跨境电商新业态产业链循环畅通，建立全流程监管机制，优化完善跨境电商监管实施细则，精准帮扶企业纾困解难，推动青海外贸新业态工作落地见成效。助力海东跨境电商综试区于2022年7月15日完成跨境电商保税进口实单测试，全年完成订单198票。指导保税物流中心经营企业完成面积变更申报材料准备工作，向海关总署转报青海曹家堡保税物流中心（B型）面积变更申请材料并获批。

撰稿人

王　雪

风险管理

【概况】2022年，西宁海关全面践行总体国家安全观，以"时时放心不下"的责任感，坚持不懈地抓好"洋垃圾"入境、濒危野生动植物、跨境电商寄递"异宠"等专项风险防控；严格落实疫情防控要求，全力落实各项政治保卫及管控要求；加强伪瞒报走私风险分析，强化大数据模型应用，做好整体风险态势把控。结合全国海关风险管理工作要点，以进一步加强风险防控体系建设为抓手，以强化正面风险防控为目标，全面履行风险管理职责，有效防范化解关区重大、系统性业务风险，切实提升风险防控效能，促进外贸保稳提质。

【风险信息管理】2022年，依托口岸安全风险联合防控工作机制、西宁海关与青海省国家安全厅口岸风险联防联控工作机制，不断畅通和加强与成员单位间的情报收集、交换、共享工作。调配人力物力，强化风险情报工作力量，加强公开情报信息的系统性收集应用，逐步建立可靠、高效、稳定的风险情报信息收集渠道和网络，不断丰富风险情报来源。建立健全风险情报信息制度规范，健全内部管理，做好情报的保护、传递、使用、存储、保管等工作，加大情报产品转化应用力度，实现情报在各作业环节的多维应用，切实提高人工分析精准度。加强从事情报工作人员的保密教育，严守保密纪律。

【风险预警】2022年，西宁海关聚焦关区进出口危险货物及其包装、旧机电、医疗器械等商品开展风险监测，切实增强进出口商品质量安全风险管理能力，坚决守住进出口商品质量安全底线。加强与商品检验、动植食、各业务现场的联系配合，通过提前风险分析研判提高抽样准确性、购买样品送检等方式，拓展风险信息采集渠道，提升进出口商品风险评估能力。加强对检测出不符合检验标准的进出口商品的风险预警管理工作，要求相关业务部门及时上报至风险预警平台。综合运用风险监测、风险评估、发布预警、结果运用等手段，对重点敏感商品加强检验，不断提升执法把关能力。

【风险分析处置】2022年，西宁海关围绕"国门利剑"等专项行动，依托专项风险防控工作机制及青海省口岸安全风险联合防控工作机制，进一步强化重大风险的收集研判及布控处置力度。严格按照海关总署风控司要求，及时准确规范报送"固体废物实发情事""濒危物种查发情事""非贸渠道安全准入风险情事""风险分析移交后续处置情况"等11项数据工作，梳理整合优化数据报送，切实打牢风险管理基础工作。牵头组织走进地方政府、走进企业和走进农牧区的"海关三进"专题调研，深入贯彻习近平总书记"疫情要防住、经济要稳住、发展要安全"的重大要求，落实党中央、国务院关于推动外贸保稳提质的决策部署，落实海关总署促进外贸保稳提质十条措施，践行"促进高水平开放海关必作为"工作要求。制订《西宁海关促进外贸保稳提质调研工作方案》，协调组织各单位、部门、企业等有序开展调研活动。调研期间，共召开17次座谈会，开展28次线上线下问卷调查，收集意见建议52个，解决问题21个。撰写西宁海关促进外贸保稳提质的工作调研报告，获青海省委书记、省长、副省长等多位领导的肯定。坚持实战导向，不断提升风险防控工作效能，深入落实海关"两轮驱动"业务改革要求，不断强化科学随机和人工分析布控相辅助，突出分析重点，优化风险布控规则，及时调整风险防控策略、措施，落实精准防控要求。2022年，关区可实施查验报关单10票，查验报关单2票，查验率20%；查获1票，查获率50%；下达风险处置类风险分析稽查指令2条，查发2条，

查发率100%。疫情期间通过居家远程协助指导的方式，分别于7月和11月完成对青海曹家堡保税物流中心（B型）和西宁综合保税区跨境电商进口业务的风险指令布控下达工作，成功完成跨境电商进口业务的实单测试。聚焦队伍建设，不断提升风控人员整体风险分析处置能力，参加海关总署组织的各类线上、线下培训，组织职能部门风险关员赴现场业务一线开展各类专题培训，提升现场关员业务能力和专业素质。

【大数据应用】2022年，西宁海关依托海关大数据通用分析应用（"云擎"）平台，结合"打击进出口危险品伪瞒报"专项行动、持续开展打击治理海南离岛免税"套代购"专项行动、加强出口化肥伪瞒报风险防控工作、加强邮快跨旅边非贸业务风险防控工作以及促进关区外贸发展等工作，构建了关于邮递渠道、危险品、跨境电商、进出口商品同名异号、离岛免税等数据查询比对模型。撰写《西宁海关本地企业异地报关分析报告》，认真做好关区外贸分析。推进"云擎"大数据平台系统的运行管理及应用工作，梳理排查"云擎"平台的授权人员及权限范围，指定政治坚定、可靠的关员担任数据管理员，负责关区内"云擎"站点及用户的数据申请、初审和报送数据申请材料工作。根据业务岗位职责需要，按照确有必要，最小化范围向海关总署风险管理司申请"云擎"用户授权，并严格按照海关总署要求提交"数据资源申请表""申请人员审查表""使用保密承诺书"和"使用必要性说明"等审查资料和规范审批流程。结合关区保密安全检查、系统应用账号授权清理等活动，开展数据安全保密宣传，不断强化"云擎"系统数据安全工作。

【口岸风险联合防控】2022年，西宁海关健全以"一会两机制"为主要内容的海关业务风险管理"三应"机制，定期开展跨领域联合研判与态势分析，密切与业务现场联动，切实发挥风险管理委员会决策作用。构建外部风险协同防控机制，以口岸安全风险联合防控机制为基础，进一步深化与国安、公安、税务等地方政府部门的合作，加强情报信息共享和联合研判，深化口岸重大安全风险综合治理。2022年，与青海省国家安全部门共同制定

相关实施办法，制定《西宁海关业务风险跨部门联合研判机制》《西宁海关风控部门与业务现场联动工作机制》，与5家口岸风险防控成员单位召开联防联控风险研判12次，交换风险情报信息48条。结合青海地处内陆实际和融聚多民族特点，重点关注邮票和高科技货物等6项高风险商品，联合相关部门对已查获商品深挖扩线。强化"云擎"大数据平台应用，建立监控分析模型10个，加强对邮递渠道、危险化学品等领域的分析研判。共拦截查获来自中国香港地区的"邮票毒品"1版，来自马来西亚的合成毒品"γ-羟基丁酸（GHB）"45毫升，来自中国台湾地区的政治反宣邮票2册和来自美国的外来物种胡萝卜种子600粒。

撰稿人

蒋文文

关税征管

【概况】 2022年，西宁海关全面深入贯彻落实海关总署税收工作要求，认真履行海关税收征管职责，始终坚持量质效并举，在优化营商环境，促进外贸保稳提质方面开展工作，较好完成了全年税收工作。

【税则税政】 2022年，西宁海关聚焦省内支柱行业、重点商品，通过微信公众号、企业微信群等新媒体，向进出口企业宣传海关税政研究政策，挖掘企业需求。强化对隶属海关的业务指导，形成关区税政调研的合力，共同拓展调研的范围和思路，拓宽税政调研建议收集渠道。推动深入企业、行业开展调研，强化调研成果转化，打造调研精品业务，全年上报海关总署税政调整建议1条。

【估价管理】 2022年，西宁海关督促指导现场海关执行事中、事后验估指令，加大相关商品审价力度，防止税款流失。收集报送价格税收风险防控建议，协同税管局开展价格风险防控。加强估价运行管理监控，夯实估价作业基础，提高审价作业规范度。指导、监督和检查现场海关估价工作，开展风险、企管、监管、缉私、现场海关等多部门协同防控，为属地企业公式定价延续性价格申报征税和其他征补税。

【税收征管】 2022年，西宁海关落实税收政策，服务国家开放大局，深入挖掘税收潜力，持续深化综合治税，做好归类、审价补税工作。召开关区综合治税工作会议，开展税收形势研判，深入推进属地纳税人管理工作，强化税收进度监控和预测，提前完成海关总署税收指导任务。2022年，西宁海关累计税收入库5120.5万元，同比增长23.8%。其中，关税692.3万元，同比增长78.4%；进口环节税4428.2万元，同比增长18.2%，关区提前完成全年税收指导性目标。认真落实中央各项减税降费措施和税收政策，高质量推动RCEP等自贸协定原产地规则和关税减让落地见效。推进和深化多元化税收担保等征管方式改革创新，扩大税款电子支付、自报自缴、汇总征税、关税保证保险等改革措施应用范围，为重点税源企业提供"一企一策"属地纳税服务。加强宣传，指导和规范减免税审核，确保企业及时享受政策红利。全年关区审核确认《征免税确认通知书》164份，同比增长87.6%，审批减免税款1785万元，同比增长1.1倍。2022年，较2021年增加6家税源企业。其中，属地企业13家，异地企业9家。

【税收风险防控】 2022年，西宁海关综合运用风险、审单、稽查等力量，结合归类风险预警信息、审计查发问题、验估指令等对关区报关单进行审核。加强与企管、风控、缉私等部门协作，定期分析研判关区涉税风险特点和易发高发环节，形成工作合力。强化"云擎"系统运用，提高发现风险和解决疑难的能力，进一步提升防控精准性和有效性。加强职能监控、验估管理和风险处置，强化对业务现场制度执行、风险排查处置、风险信息报送等方面的职能监控和指导，有效掌控和排查关区税收风险。隶属海关充分发挥"户籍警"作用，不断完善属地纳税企业底账、实施差别化合规管理服务，加强属地纳税人合规申报管理，提高企业纳税遵从度。开展关税审计自查，发现1起商品归类错误，退还企业税款1.38万元。组织隶属海关开展减免税抽样复核自查，发现2项商品归类错误，落实整改措施，提出规范申报要求。

【原产地管理】 2022年，西宁

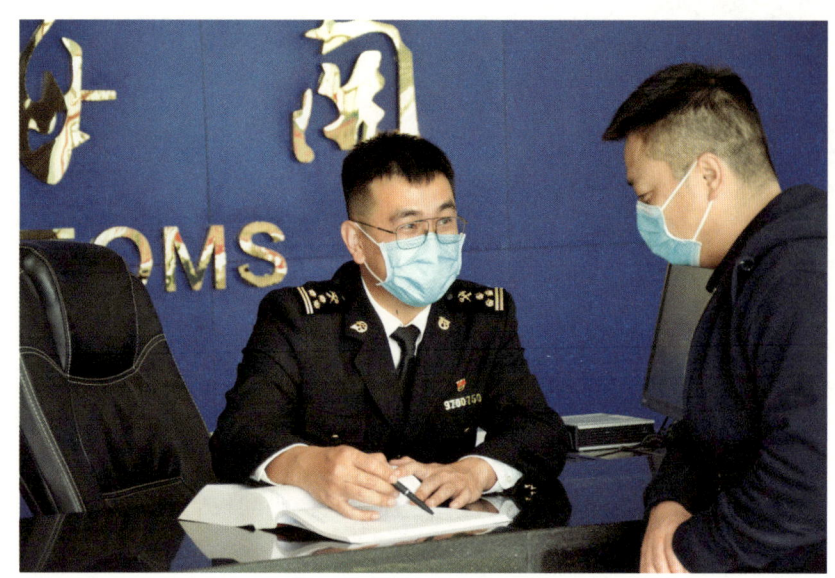

▲2022年10月26日，西宁海关所属西宁曹家堡机场海关关员为企业负责人解答商品归类业务咨询

海关以RCEP为重点，扎实做好关区内各项自贸协定关税减让政策的宣传和辅导，找准工作切入点和着力点，有针对性地对企业开展培训，通过12360海关热线、新媒体等手段，对享惠典型案例加大宣传力度，激发广大企业通过自贸协定享惠的意识，提升企业原产地规则运用能力，扩大企业受惠面。2022年，西宁海关共签发各类原产地证书517份，签证金额6636.46万美元，同比增长14.1%。其中，签发RCEP原产地证书143份，签证金额182.85万美元。

撰稿人

汪成源

卫生检疫

【概况】2022年，西宁海关深入贯彻习近平总书记关于疫情防控的重要指示批示精神，深入落实海关总署各项决策部署，毫不动摇坚持"外防输入、内防反弹"总策略和"动态清零"总方针，制订专项方案9个，修订完善《西宁海关新型冠状病毒口岸防控应急处置方案》3版，开展监督检查并督促完成问题整改140余项，开展境外新冠疫情防控措施监测332期，组织224人次口岸一线工作人员通过个人防护及卫生检疫实操考核，开展业务理论"每月一考"9期，开展各类应急演练8次。在口岸疫情防控工作中，克服麻痹思想、厌战情绪，毫不松懈、从严从紧执行各项措施，保障指挥体系高效运转。坚决落实多病同防、国门生物安全、国境口岸卫生监督相关要求，切实筑牢口岸外防输入检疫防线，最大限度保护人民生命安全和身体健康。

【检疫管理】2022年，西宁海关持之以恒抓好沙特、巴林等西亚六国新冠疫情监测工作，完成疫情研判报告332期，在官网发布全球传染病疫情信息速报177期，针对可能导致关区口岸突发公共卫生事件的风险，开展口岸一线专题风险评估4期，半年风险评估2期。做好新冠疫情防控工作，不断完善疫情防控机制和措施，优化调整入境卫生检疫工作流程和疫情防控措施8次，调整入境人员新冠病毒感染阳性判定标准，从严从紧落实各项口岸疫情防控措施，做到"四严""四零"。落实多病同防，联合青海省疾控、保健中心等单位认真组织第15个"全国疟疾日"、第35个"世界艾滋病日"主题宣传活动，宣传介绍相关科普知识，并加强艾滋病、疟疾等重点传染病口岸监测。根据海关总署发布的关于防止霍乱、猴痘等疫情传入我国的公告，进一步规范口岸卫生检疫各项措施，加强入境交通工具检疫查验，防止埃博拉病毒、猴痘、霍乱、黄热病等重大传染病传入造成疫情叠加。

【生物安全】2022年，西宁海关成立生物安全工作领导小组，根据《西宁海关生物安全工作任务分工》，对标5个体系建设16项重点任务，明确各方责任，严格落实各业务领域内生物安全相关工作，切实抓好生物安全风险智能监测预警、生物安全防控打击、生物安全战略性支撑、生物安全多元共治和服务产业创新发展各项工作。开展全民国家安全教育日宣传教育活动，通过发放宣传手册、开展知识竞赛、送知识"进校园、进社区、进企业"等方式，宣传《中华人民共和国生物安全法》，普及国门生物安全知识，倡导全民树

▲2022年4月10日，西宁海关关员向参与活动的小朋友讲解国门生物安全知识

立维护国门生物安全，防范有害生物入侵意识。开展"国门利剑2022"联合行动，对入境特殊物品实施风险分级管理，强化特殊物品准入、审批等环节监管。2022年完成特殊物品入境审批2批次，数量为422盒，共255.63千克，均符合法定要求。未发现疫苗非法出境及其他相关情况。

【疾病监测】2022年，西宁海关发挥国际旅行健康服务的优势，为出入境人员提供旅行目的地国家（地区）疫情疫病相关健康咨询、健康体检、疫苗接种等健康服务。2022年，共为出入境人员提供健康咨询613人次，完成入境人员健康体检771人次，预防接种212人次；出具国际旅行健康证427份、预防接种证书263份、艾滋病证明36份；检出法定传染病共计37例。开展传染病防治健康宣传和咨询服务工作，在机场口岸、保健中心采取挂图、大屏幕滚动播放、分发宣传折页等方式，向公众普及埃博拉出血热、登革热、麻疹、诺如病毒等疫情防控常识，提高出入境人员自主申报意识。在"世界防治结核病日""世界防治疟疾日""世界流感日""世界艾滋病宣传日"，通过系列宣传活动、咨询检测、知识讲座等方式对重点传染病防控知识进行宣传。加强实验室管理，及时更新完善《保健中心新冠疫情防控应急预案》《保健中心新冠疫情防控安全监督员管理制度》等制度、工作规范及操作流程，严格落实疫情防控安全防护及实验室生物安全措施，开展多期内部学习、培训和考核。为保证保质保量完成核酸检测任务的同时实现工作人员零感染，全年共完成疫情防控应急演练6次。

【卫生监督】2022年，西宁海关持续推进口岸公共卫生核心能力建设，联合地方政府及口岸运营单位，完善口岸软硬件建设，加强口岸管理。2022年7月至11月，根据海关总署要求开展口岸核心能力建设动态管理工作，认真准备验证材料，通过机场口岸全面自查、职能部门现场考核检查、多部门联合监督整改的工作机制，形成自查考核情况报告，完善核心能力建设印证材料方面问题46项。开展口岸区域病媒生物监测及控制，下发《西宁海关2022年口岸病媒生物监测工作方案》，为科学预警病媒传染病的发生、发展和流行，根据"四定"原则，科学开展口岸及周边400米范围内的鼠类及体表寄生虫（蚤、蜱、螨）监测4次、蚊类监测6次、游离蜱监测6次，共捕获淡色库蚊15只，无病原体检出，鼠类、游离蜱等病媒生物无捕获。持续做好口岸卫生监督工作，切实保障口岸公共

▲2022年10月10日，西宁海关所属西宁曹家堡机场海关关员在餐饮企业开展卫生监督

卫生安全，及时制订关区国境口岸卫生监督和食品安全抽检实施方案，部署年度"双随机、一公开"抽查工作，更新调整名录库，明确随机方法及结果录入公开要求，持续规范开展国境口岸卫生监督、食品安全抽检、"双随机、一公开"抽查工作，切实保障口岸公共卫生安全。持续加强口岸食品及餐饮具安全抽检，进行现场快速检测202批次，实验室检测170批次，检出不合格项目10批次，为阴离子合成洗涤剂超标或微生物超标，已责令相关餐饮企业立行立改，确保口岸食品卫生安全；规范开展口岸卫生监督工作，年内进行卫生监督161次，受理审批卫生许可申请6单，完成审批6单。加强口岸卫生监督人员能力储备，开展2022年度卫生监督员资质考试，继续充实口岸一线卫生监督人员队伍，通过培训考核取得国境口岸卫生监督员资质9人。参与开展以"共创食安新发展 共享美好新生活"为主题的2022年食品安全宣传周活动，深入所属西宁曹家堡国际机场口岸宣传开展"食品安全口岸行"活动，进行食品安全专项检查，介绍口岸食品安全监管制度，对国境口岸从事食品生产、食品销售、餐饮服务单位及个人进行食品安全、诚信经营、职业道德宣传教育，普及食品安全常识。

撰稿人

贾娟娟

动植物检疫

【概况】2022年，西宁海关以习近平新时代中国特色社会主义思想为指导，坚持总体国家安全观，坚决贯彻落实习近平总书记生态文明思想和重要指示批示精神，筑牢口岸检疫防线，切实履行维护国门生物安全、筑牢口岸检疫防线的重要职责，做好外来入侵物种口岸防控工作，严防非洲猪瘟、高致病性禽流感、沙漠蝗、松材线虫等重大动植物疫情疫病传入传出和外来物种入侵，西宁关区口岸动植物疫情防控能力得到进一步提升。同时，坚持问题导向、需求导向，优化营商环境，统筹抓好疫情防控和促进外贸稳增长，推动青海地区企业贸易发展。优化检疫审批流程，规范检疫程序，重点保障种质资源进口。加强政策帮扶，促进青海特色优质农产品出口。持续深化动植检改革创新，进一步守正创新，积极有为，综合管理效能显著提升。扎实推进青海"四地建设"，研究制订进境植物疫情风险监测工作方案，保护大美青海生态安全。推进黄河流域生态保护和国门生物安全防控一体化建设。进一步夯实基础，提升自身能力，进一步规范、明晰工作流程，增加业务透明度。加大培训力度，开展实操培训，推进动植检岗位资质管理。配合海关总署承担境外疫情舆情和政策信息收集任务，深入开展国门生物安全教育，提高公众对生物安全的认知度，增强风险防范意识和维护国门生物安全的自觉性，有力助推国门生物安全社会共治局面早日形成。

【进出境动物检疫】2022年，西宁海关加强境外非洲猪瘟、高致病性禽流感等重大动物疫情防控，落实海关总署发布的疫情防控通知和公告，继续以最严格的措施落实非洲猪瘟全

▲2022年6月20日，西宁海关所属西海海关关员进行美国虹鳟鱼发眼卵监管工作

链条防控。不定期对西宁曹家堡机场海关开展口岸非洲猪瘟防控督查；与青海省农业农村厅等相关部门密切配合，共同构建立体防控网络，更加深化、细化青海省口岸非洲猪瘟防控工作；及时发布世界各个国家或地区非洲猪瘟疫情信息60篇，并督促隶属海关做好相关防控工作。规范进口虹鳟鱼发眼卵指定隔离检疫场设置，及时完成进口虹鳟鱼发眼卵指定隔离场使用证的考核、验收、批准和证书发放等工作，完成1批次200万粒虹鳟鱼发眼卵隔离检疫监管等工作。

【进出境植物检疫】2022年，西宁海关落实全国海关2022年动植物检疫工作要点，筑牢西宁关区口岸进出境植物检疫三道防线，进境前，组建专家队伍广泛收集境外植物疫情信息和检疫政策动态；进境时，依托动植物检疫能力提升工程项目，加强口岸植物检疫初筛实验室建设，构建西宁关区口岸植物有害生物检疫鉴定体系；进境后，持续加强进境粮食后续监管环节执法力度，全面完成2022年度安全风险监控各项任务，在口岸、生产加工场地、种养殖场开展国门生物安全监测，落实海关总署关于沙漠蝗防控的一系列部署要求，开展疫情防控宣讲和科普工作，加强对来自沙漠蝗疫区航空器承运单位疫情防控宣讲，印制宣传海报和宣传册千余份；严格实行沙漠蝗检查和监测"日报告、零报告"制度，加强来自沙漠蝗疫区进境运输工具和货物检疫。

【外来入侵物种口岸防控】2022年，西宁海关深入贯彻落实习近平总书记对外来入侵物种口岸防控工作的重要指示批示精神，严格按照海关总署要求，迅速行动，第一时间成立西宁海关外来入侵物种口岸防控领导小组及工作专班，印发《西宁海关主要入境口岸外来入侵物种普查方案》，组建普查工作技术专家组，梳理制定《西宁海关口岸外来入境物种普查清单》。按照《西宁海关主要入境口岸外来入侵物种普查方案》，踏查共捕获112种有害生物，其中外来入侵物种19种。

【"清风行动"】2022年4月10日至5月10日，西宁海关在关区开展以打击野生动植物非法贸易为主题的"清风行动"。及时召开打私专题工作会，将打私工作与日常业务紧密融合。通过强化风险布控、提升查验效能、营造宣传氛围等方式开展相关工作。共出动执法车次共计10辆次，出动执法人员20人次，监督检查场所30处，尚未查获野生动植物非法贸易行为。联合青海省卫生健康委、农业农村厅等10家单位启动青海省"4·15"全民国家安全教育日系列活动，通过参观青海省公安厅野生动物保护普法教育基地、标本展示等活动，引导更多人守护国门生物安全，增强共同打击破坏野生动植物违法犯罪的思想认识和行动自觉。

【国门生物安全监测】2022年，西宁海关制发《西宁海关2022年度外来有害生物监测方案》，成立国门生物安全监测工作领导小组，有序开展入境口岸监测调查、沙漠蝗、检疫性实蝇、外来有害杂草、梨火疫病、马铃薯斑纹病菌、红火蚁等高风险外来有害生物监测工作，共设立监测点220个，共计捕获蝗虫、蚁类等生物样本370头，未发现检疫性有害生物。印发《西宁海关2022年度国门生物安全风险监测（动物检疫部分）实施方案》，对1批次进境鱼卵进行4种疫病检疫，结果均为阴性。

【"国门绿盾2022"专项行动】2022年，西宁海关印发关区行动方案，明确工作内容和实施计划并建立工作机制。2022年在寄递渠道查获2批次非法邮寄种子行为，关区内未发生动植物种质资源引进和科研用途动植物检疫特许审批业务。同时，加强评估处置，广泛收集和编译整理澳大利亚和南亚7国的动植物疫情和外来物种入侵等信息，提出评估意见，并及时报送海关总署。截至年末，西宁海关共收集报送境外动植物疫情信息9篇。组织3个隶属海关开展"国门绿盾2022"专项行动实操培训，从事动植物检疫工作的人员24人参加培训。

【进出境动植物检疫能力提升工程建设】2022年，西宁海关按照海关总署统一部署，继续推进《进出境动植物检疫能力提升工程》年度项目落实，按要求开展关区110万元、28台/套动植物检疫设施设备的采购工作。分别对曹家堡机场海关、西海海关和中检青海公司开展检疫处理工作。检查共发现隶属海关及检疫除害单位共存在检疫处理相关规章制度不健全、人员培训不到位等4个方面的18项问题，均已整改完毕并提交整改报告。严格开展检疫除害处理单位核准工作，严格按照相关法律法规规定、资质核准工作程序、核准条件开展核准工作，对辖区内一家从事进出境动植物检疫除害处理单位的延续申请，按照程序组织核准，并及时公布核准结果。

【动植检岗位资质管理】2022年，西宁海关持续开展岗位资质动态管理，组织75人次开展2022年度动植检岗位资质培训工作，组织88人次开展动植物检疫线上课堂培训，对16人次拟参加动植检岗位资质考试人员开展专题培训。举办各类培训班3场次，累计培训150人次。组织参加海关总署资质考核认定，共有5人次分别参加并通过动物检疫普通查验岗、植物检疫专家查验岗、植物检疫普通查验岗考试，获得相应资质。

【"跨境电商寄递渠道'异宠'综合治理"专项行动】2022年，西宁海关根据海关总署统一部署要求，自2022年10月1日起在关区开展"跨境电商寄递渠道'异宠'综合治理"专项行动。制发《西宁海关"跨境电商寄递'异宠'综合治理"专项行动实施方案》，明确工作内容和实施计划。联合青海省相关执法部门深入开展宣传活动，某观赏鱼店主动上交"异宠"鳄雀鳝共计111条，目前该批鳄雀鳝被集中饲养在西宁新华联童梦乐园海洋馆，用于科普宣传。对关区内跨境电商、跨境电商运营平台等19家企业进行线上"异宠"知识科普，督促企业履行主体责任，在"金钥匙"微信公众平台发布《饲养异宠，危险重重》的科普宣传，扩大宣传范围，切实履行维护国门生物安全和生态安全职责。年内已向海关总署报送工作简报2篇，在《青海法治报》刊登1篇。

【国门生物安全宣传教育】2022年，西宁海关首次联合青海省卫生健康委、农业农村厅等10家单位在西宁新华联童梦乐园启动青海省"4·15"全民国家安全教育日系列宣传活动。开展水下升国旗仪式、参观西宁海关国门生物安全科普宣传馆和青海省公安厅野生动物保护普法教育基地、有奖知识竞答、标本展示等活动。开展社区国门生物安全专题知识讲座活动，现场发放宣传品100余册，解答群众问题50余次。邀请省CDC专家，开展实验室生物安全检查和专家讲

▲2022年4月12日，西宁海关关员向群众宣传国门生物安全知识

座活动。首次联合共青团青海省委开展"国家生物安全，你我共同守护"征文征画比赛，共收到86篇作文、162幅绘画作品，评选出15篇优秀作文、35幅优秀绘画作品。

【部门协作】2022年，西宁海关参加生物安全协调会议3次、报送生物安全信息3篇、参与生物安全宣传互动2次，提交生物安全风险评估报告1篇。牵头与青海省发展改革委、青海省农业农村厅、青海省市场监督管理局和青海省粮食局组成粮食安全省长责任制考核联合检查组，对关区内进口粮食加工储存企业开展检查，共发现15项问题，已全部整改完毕。

【动植检初筛实验室核定】2022年，西宁海关为推进关区初筛鉴定室建设，确保2025年实现关区初筛检查鉴定覆盖率和远程鉴定系统覆盖率达到70%的目标任务，要求各隶属海关严格按照《海关有害生物和外来物种初筛鉴定室能力核定实施细则（试行）》要求，认真梳理本关区初筛鉴定室建设情况，申请初筛鉴定室首次核定。

【服务地方经济发展】2022年，西宁海关扎实推进《西宁海关促进外贸保稳提质的十一条措施》落地见效。将贯彻落实"西宁海关促进外贸保稳提质十一条措施"作为当前一项重要政治任务，第一时间广泛开展宣传贯彻，通过关企微信群、个人微信号、12360海关热线等线上方式，向关区企业迅速进行政策宣介，接受企业咨询40余次；支持小麦、燕麦、亚麻籽等粮食类产品进口，先期了解进口粮食加工企业、进口粮食储备企业存在的困难和具体诉求，做好政策解

▲2022年6月10日，西宁海关关员监管进境粮食

读和宣贯，保障进口农产品有效供给。完成390吨亚麻籽进境后续监管、青海省共进境390吨亚麻籽、1560吨燕麦、5732吨进境粮食（小麦）进行后续调运，每批小麦均严格按照进口粮食调运管理规定，填写《进口粮食检疫初审联系单》《进口粮食调运联系单》和《进口粮食监管回执单》，并对运输、储存、加工及下脚料处理进行监管。对2家进口粮食储备企业，采取"线上+线下"的方式，进行审核备案，备案时间由20个工作日压缩至3个工作日。帮助企业纾难解困，组织企业开展动植检检疫审批线上系统培训，与海关总署相关司局对接，帮扶企业在5个工作日即拿到进境动植物检疫许可证，及时组织现场考核，新增2家出境非食用动物产品生产、加工和存放单位。

撰稿人

赵 青 罗 瑛

食品检验检疫

【概况】2022年，西宁海关以习近平新时代中国特色社会主义思想为指导，坚持总体国家安全观，坚决贯彻习近平总书记关于食品安全工作重要指示批示精神，深刻领悟"两个确立"的决定性意义，坚决做到"两个维护"，严格落实习近平总书记"四个最严"要求，遵循"源头严防、过程严管、风险严控"的根本规律。严格执行"第一议题"制度，切实突出学习贯彻习近平总书记重要讲话精神和重要指示批示精神，将习近平总书记关于做好"六稳"工作、落实"六保"任务，将加强冷链物流领域进口商品检验检疫的工作等重要指示批示精神作为每月必汇报、必研究的议题；切实贯彻落实习近平总书记关于打造青海绿色有机农畜产品输出地的重要指示精神；加强进出口食品安全舆论引导，进一步推进食品安全社会共治。坚定不移推进"五关"建设，强化监管、优化服务，服务国家战略和外交外贸大局。

【进口检验检疫】2022年，西宁海关做好常态化疫情防控工作，坚定不移坚持"外防输入、内防反弹"总策略，坚定不移贯彻"动态清零"总方针。印发《西宁海关关于从严落实进口冷链食品口岸疫情防控和人员防护工作的通知》和《西宁海关严防新型冠状病毒污染商品输入应急处置预案（暂行）》，修订《西宁海关进口商品风险监测有关工作流程（第三版）》，进一步梳理操作流程和规范。开展西宁海关进口商品新冠疫情防控应急处置演练。开展关区进口冷链食品及相关从业人员风险排查和整改专项行动，对关区肉类进口商（或收货人）备案企业进行全面摸底排查。严格进口金银箔粉食品安全监管，对辖区进口食品商、口岸食品生产经营企业等进行监督排查，均未发现企业存在进口或使用金银箔粉食品、采购销售或制作售卖含金银箔粉的食品等情况，对有进口食品业务的经营单位开展科普宣传，严格要求各进口商落实主体责任，不得进口和销售含金银箔粉食品，营造良好消费环境，坚决遏制"食金之风"。

【出口检验检疫】2022年，西宁海关严格落实"四个最严"要求，立足青海实际，对标国际食品安全标准，制定《青稞面粉》《枸杞籽油（超临界二氧化碳萃取）》《沙棘籽油（超临界二氧化碳萃取）》3项食品安全地方标准，自2022年7月27日起正式实施；扎实推进《西宁海关促进外贸保稳提质的十一条措施》落地见效，通过关企微信群、个人微信号、12360海关热线等线上方式，向关区企业迅速进行政策宣介，接受企业咨询40余次；结合关区特色农产品产业优势，深入企业调研，重点查找制约枸杞、沙棘、虹鳟鱼等特色食品农产品外贸发展因素，开展"一企一策"精准帮扶，帮助企业应对贸易风险，主动为企业提供国外最新TBT-SPS信息渠道，每周汇总发布进出口食品安全信息，共发布19期192条。

【监督抽检】2022年，西宁海关贯彻"以人民为中心"的发展理念，以保障人民群众"舌尖上的安全"为目标，制订《西宁海关2022年度出口食品农产品安全风险监测计划及监督抽检补充计划实施方案》，针对青海主要出口食品农产品冷冻虹鳟鱼、蜂王浆、蜂蜜、羊肉、枸杞等，深入出口种（养）殖场和加工企业，有步骤地开展抽样、送样、检测、结果登记等工作，检测项目主要包括农兽药残留、重金属、致病菌、生物毒素、食品添加剂等，检测样品73份，检测项次397项次，得到检测结果397个，合格率为100%。

【风险监测】2022年，西宁海关严格落实海关总署"强化监管、优化服务"要求，对关区5个冷冻虹鳟鱼样品实施安全风险监测工作，监测样品全部来自备案虹鳟鱼养殖基地，共检测21项次，得到检测结果21个，合格率为100%。按照核查标准化作业表，对5家出口食品备案养殖场（基地）和18家加工企业实施核查，针对发现的问题督促企业按要求整改落实。完成"e-ciq主干系统"命中抽批产品共15批，严格按照系统布控指令，实施查验送检，所有产品未检出不合格项，合格率为100%。

【食品安全宣传周活动】2022年9月19日至23日，西宁海关开展"进出口食品安全进企业"活动，充分利用出口食品企业备案核查、定期监管、现场查验等机会，深入辖区8家出口食品农产品企业、2家跨境电商企业开展"送法进企业活动"，宣传《中华人民共和国进出口食品安全管理办法》《中华人民共和国进口食品境外生产企业注册管理规定》等进出口食品安全法律法规，引导企业自觉守法经营，增强关区进出口食品企业主体责任意识、提升质量安全管理能力。深入了解企业困难和诉求，宣讲《西宁海关促进外贸保稳提质的十一条措施》，收集企业关于优化营商环境方面需要解决的突出问题和意见建议5条，认真进行分类分析，实现"一对一"精准帮扶；与西宁市4个社区及街道办事处协作，开展"进口食品安全进社区"活动，组织进出口食品安全监管人员共20人次进入社区走访，在社区公益电子屏播放宣传微视频，向社区居民发放宣传材料1200余份，宣传海关工作成效，普及进口食品消费知识，增强消费者辨别能力和维权意识；与西宁市湟源一中、西宁市七一路小学协作，开展"进口食品安全进学校"活动，邀请100多名师生参加线上"云游西宁海关技术中心活动"，参观西宁海关技术中心实验室，认识相关检测仪器，观摩出口枸杞干果中农药残留检测过程；在全省范围内开展进出口食品安全有奖征稿大赛，征集到初高中学生主题征文123篇，小学生主题手抄报102份，进一步向广大师生普及进出口食品安全科学知识，引导师生参与进出口食品安全共治共享；组织西宁海关130余名关警员线上参与"西宁海关进口食品安全知识有奖竞答"，宣传普及进出口食品安全知识，增进关警员对进出口食品安全状况和监管情况的了解；结合2022年度教育培训方案，组织各隶属海关进出口食品安全监管条线人员开展实操培训8人次，有效提升执法能力。西宁机场口岸以各类现场业务为依托，对机场口岸55家餐饮、食品生产销售等单位的食品安全监督员进行现场考测，广泛开展食品安全、诚信经营、职业道德宣传教育，普及食品安全常识，强化口岸食品生产经营者主体责任意识；针对夏秋季食品问题多发区域开展重点检查，严格规范开展卫生监督、食品安全抽检及快检，责令7家单位整改现场发现问题12项、检测发现问题2项，确保西宁机场口岸区域食品安全。通过关企联络群推送进出口食品安全内容13篇，航站楼电子大屏、广告牌循环播放公益短片一周、2万余次，向公众宣传进出口食品安全知识，全面细致梳理法律法规，开展作业规范"每周一学"，自查整改相关问题4个，进一步提高口岸食品卫生监督执法能力。在12360海关热线、"青海观察"客户端等多家新媒体平台发布《如何购买进口食品之海关小贴士》宣传微视频；邀请青海电视台等新闻媒体对食品安全宣传周系列活动进行专题报道，加强宣传报道力度，提升活动影响力，增强消费者对进口食品及口岸食品安全监管工作的信心，引导消费者理性消费，关注进口食品安全，营造进出口食品安全社会共治的良好氛围。

【打造青海绿色有机农畜产品输出地】2022年，西宁海关认真落实习近平总书记参加青海代表团审议和视察青海时的重要讲话精神，立足新发展阶段，贯彻新发展理念，构建新发展格局，深入实施青海"一优两高"战略，推进青藏高原生态保护和高质量发展，共建青海绿色有机农畜产品示范省，助力青海打造成生态环保、特色鲜明、国内外知名的绿色有机农畜产品输出地。坚持生态优先、因地制宜、科技创新、精品定位。推进青海特色出口农畜产品高质量发展，提升出口农畜产品质量安全水平，深入推进供给侧改革，持续优化口岸营商环境，扩大出口农畜产品生产加工企业规模，提升高原绿色有机农畜产品国内外品牌影响力，大力实施"青货出海"行动，带动青藏高原农畜产业形成国内大循环为主体、国内国际双循环相互促进的新发展格局。根据《农业农村部 青海省人民政府共同打造青海绿色有机农畜产品输出地行动方案》任务分工，制订《西宁海关打造青海绿色有机农畜产品输出地2022年工作计划》，邀请青海省农业农村厅、青海省商务厅、青海省市场监督管理局等5家单位组成专家组，对《青海出口枸杞质量安全体系及品牌建设项目》完成验收，形成"品牌化建设+标准化管理+示范基地带动+质量安全体系+监测平台搭建+出口政策服务"六位一体的出口枸杞产业高质量发展体系。按照国际管理标准模式，在海西州创建3个出口农产品标准化示范基地。

【进口食品"国门守护"行动】2022年，西宁海关加强进口食品境外生产企业注册评审工作，派员参加海关总署对阿根廷、越南、印度等国家的进口肉类、水产品等境外生产企业视频检查15人次；保障进口食品"源头"安全，加强进境蜂产品检验检疫工作，参与草拟输华蜂产品检验检疫和卫生要求议定书2份。加强《中华人民共和国进出口食品安全管理办法》和《中华人民共和国进口食品境外生产企业注册管理规定》的宣贯等工作，保障两部规章实施后进出口食品安全各项监管工作和进出口食品正常贸易，成立工作专班，执行"7×24小时"值班值守制度，对已有输华贸易但尚未完成境外生产企业注册的进口食品，主动收集相关企业信息，核实相关进口记录，积极宣讲《中华人民共和国进口食品境外生产企业注册管理规定》、海关总署2021年第103号公告有关规定和工作要求，全力保障通关顺畅。加强进口商备案核查工作，对3家有实际进口肉类业务的备案企业开展核查工作，发现问题1项，已跟踪整改完毕。

【**食品安全监管人才队伍建设**】2022年，西宁海关加强进出口食品安全监管业务培训，深入执法一线，分析一线工作风险特点和工作难点，从法律法规等宏观层面的顶层制度宣贯、准入查询等微观层面的具体操作实例演示进行讲解，进一步提升了关区进出口食品安全监管工作人员能力水平。邀请成都海关业务专家，通过线上平台方式，为各隶属海关和相关职能处室21名从事进出口食品安全监管工作人员，开展进口植物源性食品和进口动物源性食品监管工作要点及注意事项等相关业务知识培训，补齐业务短板。

撰稿人

李冠英

商品检验

【概况】2022年,西宁海关进出口商品检验工作以严把国门安全、维护人民利益为出发点,深入贯彻习近平总书记重要指示批示精神,强化进出口商品质量安全,推动商品检验业务改革,释放政策红利,提升执法效能,优化营商环境,助力青海外向型经济高质量发展。

【进出口商品概况】2022年,西宁关区进出口总值40.5亿元,同比增长27.4%,其中,出口24亿元,同比增长40.8%;进口16.5亿元,同比增长11.9%。青海省前五大贸易伙伴为东盟、几内亚、欧盟、日本、新加坡。2022年,青海省主要出口商品仍为以纺织服装为主的劳动密集型产品以及机电产品、盐湖产品等,合计出口11亿元。其中,碳酸钠出口2.2亿元,同比增长50倍;金属锂出口1.7亿元,同比增长5.4倍;太阳能电池出口7937万元,同比增长40.2倍。2022年,主要进口商品为金属矿及矿砂,进口11.7亿元,同比增长14.3%,占全省进口总值的70.9%,其中,铝矿砂及其精矿进口7.2亿元,同比增长13.1倍;锌矿砂及其精矿进口3.1亿元,同比下降49.2%;镍矿砂及其精矿进口1.4亿元,同比增长35.1%。

【进出口商品检验】2022年,西宁海关进出口商品检验工作措施有力、成效显著。对进口高风险医疗设备、旧机电和出口危险品、化肥等商品实施法定检验,关注安全隐患突出查检效果,共检出21批次不合格进出口商品,同比增长83%。强化进出口危险品检验监管,共检验进出口危险品209批次6918吨,货值6954万美元,同比增长2.6倍。检出不合格进出口危险品13批次530吨,货值205万美元,出口危险品种类为锂电子电池、温石棉、硼酸、金属锂等10种,同比增长66%。严防"洋垃圾"瞒报、伪报、夹带走私进境,查发1批次货值7.5万美元不合格入境旧机电设备,检出率为100%,实现了固体废物零进口。深刻认识青海作为全国最大钾肥生产基地的特殊性,严格执行法检要求,做好化肥"保供稳价"工作,有力维护国家粮食安全大局。持续开展进出口商品质量安全风险监测,强化事中事后监管,坚决守住进出口商品质量安全底线,开展风险监测2次,抽查进出口商品31批次,检出不合格商品3批次,梳理归纳关区危险品检出不合格典型案例3例报送海关总署,被采纳发表1例。加强进出口商品质量安全警示通报的快速反应,对进口奔驰、宝马等汽车和拉夫劳伦等品牌的婴幼儿用品等相关警示通报及时进行隐患排查处理。强化技术贸易措施应对，组织开展地毯检测标准培训会，邀请全国纺织品标准化技术委员会针织品分会秘书长吕钢博士来青授课，详细解读国际地毯检测各项标准和欧盟REACH法规贸易措施应对，并到圣源国际地毯股份有限公司等企业开展现场技术交流，解惑答疑，帮助企业搭建质量检测平台。

【进出口商品检验监管能力提升】 2022年，西宁海关强化商品检验长效机制建设，结合工作实际，制定关区2022年商品检验重点要点，提出工作措施13条。研究《进出口商品抽查检验管理办法》《中华人民共和国海关进出口商品检验采信管理办法》《进出口商品质量安全风险评估方法》等8项法律法规和海关标准，修订完善《西宁海关进出口危险品检验监管操作指引》《西宁海关进出口危险品检验监管岗位资质管理细则》《西宁海关进出口商品检验鉴定机构监督管理实施细则》3项操作规范。全面排查关区危险品进出口检验监管岗位资质，加大对一线监管人员理论学习和现场操作培训力度，通过现场跟班、实地演练、案例分析等形式，提升执法水平和专业技能。聚焦重点商品，防范化解硅铁出口监管风险，及时请示海关总署对硅铁的监管方式，联合呼和浩特海关，开展对出口硅铁的专项风险监测，制订《西宁海关出口铁合金（硅铁）专项风险监测实施方案》，共检测2家企业的4批次硅铁，根据检测结果，引导企业如实申报。聚焦内部管理，夯实危险品检验监管工作基础，参与危险品监管状况专题评估，评估关区出口危险化学品安全监督和规范管理情况，分析评估关区危品监管现状，严密监管提出合理化建议，结合关区实际，进一步研究完善进出口危险品检验制度。坚持系统观念和科技应用，强化内控管理，提出措施6条，应用执法评估和"HLS2017内部控制与监管子系统"全面评估分析关区危险品状况。开展业务培训4次，印刷培训资料200余本，组织1期危险品人员资质考核，共10人参加，通过率为90%，高于全国通过率10个百分点；严格落实海关进出口危险品检验监管最新标准要求，配备检验设备2台，组织各隶属海关举办检验设备和防护装备实战演练2次。

【进出口商品高质量发展】 2022年，西宁海关助力"四地建设"，支持重要设备、关键零部件进口，优化检验监管模式，服务中利光纤、盐湖化工、比亚迪等重点项目成套设备引进，开展事前设备引进安

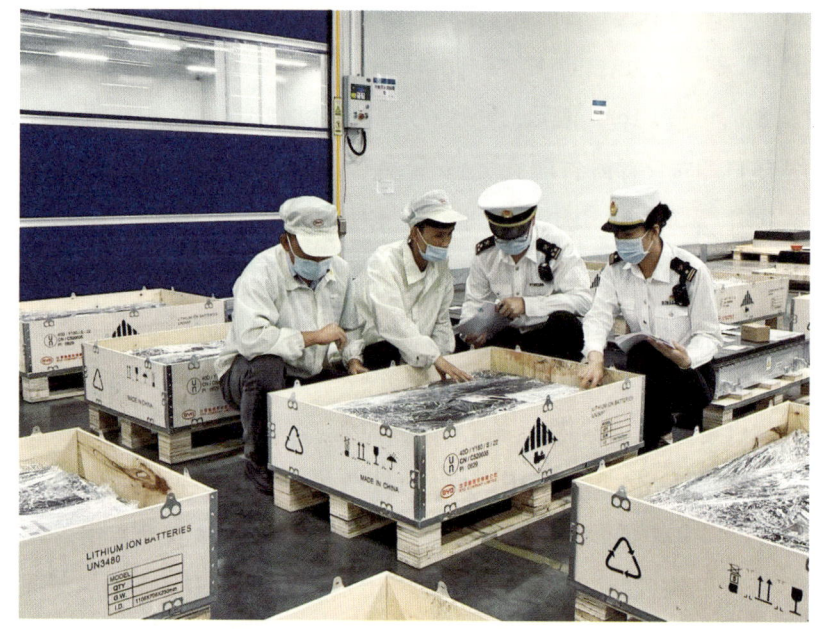
▲2022年9月28日，西宁海关关员对出口锂电池进行检验监管

全风险评估，事中"5+2"预约查检、快速通关，事后安装调试监管和不合格商品索赔服务。全面深入推进进出口商品检验业务改革，推动"先放后检""第三方采信"及"合格评定"等进出口商品检验改革措施落地，使青海金昆仑锂业、青海弗迪电池有限公司等企业出口商品享受到"共同检验""合格评定"等措施，在安全可控的条件下实现即产即销、快速通关，金属锂、动力锂电池等实现出口批次、货值大幅提升，检验出口金属锂27批、同比增长2.4倍，检验出口锂电池128批、同比增长127倍。

撰稿人

逯仲甫

口岸监管

【概况】2022年,西宁海关所属西宁曹家堡国际机场口岸国际航班未复航,无出入境人员行李物品监管和运输工具监管。其间与青海省口岸办密切联系,及时掌握青海省国际航班复航计划,组织开展口岸反恐演练应急演练1次、组织开展安全生产大检查6次,对于发现的监管查验设备保养等问题督促机场海关及时整改。全年未发生口岸安全生产事故。

【常态化口岸疫情防控】2022年,西宁海关严格落实疫情防控工作要求,发挥二级监控指挥中心监督检查,加强对高风险非冷货物采样消毒、检查人员防护安全等现场作业安全防护情况的监督监控,落实"日汇报、周会商"工作机制,每个工作日开展视频监督检查,严密防范疫情输入风险。做好对航空器终末消毒、封闭管理人员的监督工作。

【安全生产】2022年,西宁海关贯彻习近平总书记"三个必须"重要指示精神,紧紧围绕党的二十大召开等重要时间节点,部署强化海关口岸监管环节反恐及"扫黄打非"相关工作,联合地方相关部门开展反恐怖工作演练1次,提升应急处置能力;持续推进安全生产专项整治三年行动,防风险、保稳定,围绕危险品检验监管等9个重点领域开展拉网式安全生产大检查5次,发现问题隐患73项,立行立改61项,长期推进12项,动态更新安全生产问题隐患和制度措施"两个清单"。

【常态化口岸危险品综合治理】2022年,西宁海关聚焦企业诉求,持续加强危险品检验监管政策宣传;聚焦全流程监管,织密织牢危险品检验监管安全网;聚焦内部管理,夯实危险品检验监管工作基础;聚焦部门协作,切实形成危险品检验监管工作合力,全力打造西宁海关"加强版"出口危险品安全监管体系,发现整改危险品检验监管工作问题隐患6项,开展跨关区联合研判9次、专项监测4次。

【监管设备配备应用】2022年,西宁海关科学规划有限资金并强化执行,加强基础保障,购置毒品爆炸物检测设备1台、消毒机器人4台、文件消毒柜4台,协调调拨CT机1台、辐射探测设备2台。加强对关区监管设备使用情况的管理,建立对监管设备的运行情况和使用情况开展定期监督检查机制,确保关区监管设备充分发挥效益。开展监管查验设备实操培训,口岸监管岗位练兵,有效提升现场关员作业规范化水平和监管技能。

【跨境电商监管】2022年,西宁海关支持跨境电商综合试验区快速发展,探索跨境电商网购保税监管新模式,建立符合关区跨境电商业务实际的监管体系，全力支持在西宁综合保税区和保税物流中心（B型）开展网购保税进口模式跨境电子商务业务。巩固"断链刨根"专项整治行动成果，不断加强正面监管，严厉打击走私，持续净化行业环境，规范促进关区跨境电商发展。海东、西宁跨境电商综合试验区跨境电商保税进口分别于7月15日、11月11日完成首单测试，2022年分别完成订单26票、198票。

撰稿人

付扬威

统计分析及政策研究

【概况】2022年，西宁海关认真贯彻全国海关政策研究及统计工作会议精神，在服务宏观决策、当好关党委参谋助手、发挥统计职能作用、加强数据治理和安全管理等方面取得良好成效，在研究的深度、广度、精细度等方面下功夫，努力以更多高质量的政策研究成果，更好地服务中央决策、服务改革开放大局、服务海关事业发展。

【外贸形势分析】2022年，西宁海关印发《西宁海关外贸形势分析会议制度（试行）》，充分发挥西宁海关各业务领域优势，多维度、多视角分析研判青海外贸整体形势和下一步走势，更好服务关党委宏观决策和青海外贸经济发展。

【统计调查】2022年，西宁海关加大对先导指数样本企业的服务力度，及时协调答复样本企业反映的问题和建议，按时完成关区中国外贸出口先导指数2022年样本企业轮换工作，召开线上宣讲说明会，向关区新增3家出口先导指数样本企业讲解系统登录、问卷填报等具体内容，及时协调答复样本企业反映的问题和建议，加大对企业的指导和服务力度。核定新增2家中国海关贸易景气（进口）样本企业。引导关区样本企业按期完成各项问卷调查工作。

【贸易统计】2022年，西宁海关加强海关统计制度方法研究，坚持依法统计、依法治统，贯彻落实党中央、国务院关于加强统计工作系列文件精神，实施好《中华人民共和国海关法》《中华人民共和国统计法》《中华人民共和国海关统计条例》等法律法规，严格执行《维护海关统计数据真实准确工作责任制规定》。加强统计基础培训，提高各级统计人员在数据审核中查发业务差错和防范业务风险的能力，及时开展统计监督并跟踪成效。不定期梳理关区常见报关单数据错误类型并进行通报，形成压力传导，针对发现的问题开展原因分析，采取措施加强数据质量源头管控。创新数据审核模式，加强参数的提炼和人工检控力度，充分利用报关单质量监控分析系统（CSD）、贸易统计系统（TSD）、日报系统等，提高数据审核效能，多措并举狠抓统计数据质量。保持打击各类非正常贸易影响统计原始资料准确性情形的高压态势，加强对虚假贸易风险数据的监控，统计、综合、风险、关税、企管、检验检疫和缉私等部门发挥好本部门在数据质量管控方面的职能作用，做好联合研判和处置，加强与外管、税务、公安、商务等部门的联系配合、联合防控，做到及时发现、及时处置，维护海关统计数据的真实性和权威性。

【业务统计】2022年，西宁海关开展业务运行监测，密切跟踪货运量、集装箱数等业务统计核心指标的变化情况，每月为西宁海关形势分析及工作督查例会提供主要业务指标情况，对报关单量、货运量等业务变动情况进行重点分析。组织开展统计业务专题培训，夯实各隶属海关业务统计基础工作，指导隶属海关统计人员做好业务统计指标手工填报和数据审核基础工作，确保业务统计数据质量。每月初组织各隶属海关完成业务统计数据上报，并指导各隶属海关开展业务统计数据核查，年内共收到海关总署核查指令2次。

【统计数据运用和管理】2022年，西宁海关全面筑牢关区业务统计数据安全防线。定期开展业务统计系统用户授权清理和操作日志监控，特别是加强对重点岗位和敏感数据的监控，防范安全风险。严格规范管理关区业务数据使用事项，认真落实海关业务数据导出层级审批制度。加大对外提供统计服务审核把关力度，从源头上确保数据安全管理零差错、无纰漏，落实海关业务数据导出层级审批制度，为关区外贸调研、宏观分析及业务改革等工作提供60余次数据支持。与青海省商务局、青海省发展改革委签订《关于提供和使用海关统计数据合作备忘录》，明确数据安全使用约束条款，确保海关数据安全可控，全年共提供168张统计数据报表。开展数据质量审核，充分利用系统平台，指定专人坚持每日开展报关单数据审核，每月开展报关单数据质量监控系统数据比对，完成多起核查、协查事项。

【统计新闻宣传和服务】2022年，西宁海关立足海关职能，分析外贸形势发展变化，为青海省委省政府准确把握外贸运行情况、制定外贸领域决策提供统计服务支持。年内，赴30余家外贸企业开展实地调研，上报统计监测预警分析文章及专题报告29篇，报送专报1篇，综合信息1篇，国务院办公厅约稿2篇。其中，7月份报送国务院办公厅约稿获得国务院领导批示，多篇稿件被青海省政府相关刊物和主流新闻媒体采用。年内，为政府单位和社会公众提供相关进出口数据60余次，为地方政府及时掌握外贸情况、精准开展外贸管理工作提供数据服务。服务进出口企业和社会公众，召开青海省外贸进出口情况新闻发布会3次。发布青海省外贸微信数据稿3期，加强舆情监测，回应社会关切，正向引导社会预期，扩大海关统计的社会影响力。

【政策研究】2022年，西宁海关加强"双循环"新发展格局下青海外贸研究。印发《2022年西宁海关政策研究关级课题（第一批）》，开展"发挥'双循环'交汇枢纽作用，促进内外贸一体化发展""深入推进海关业务一体化改革，服务中尼贸易陆路通道建设""RCEP对青海外贸产业影响分析研究"等6个课题研究。成立"西宁海关参与海关总署调研题目工作专班"，及时将阶段性成果通过最优路径上报，分别向海关总署牵头司局报送7篇工作专报、5篇调研课题，向海关总署研究中心投稿2篇调研文章，向海关总署报送海关政研、调研报告各2篇。高质量完成"深化海关'三智'建设 共建中国—中亚高质量发展合作带研究""提高我国RCEP自贸协定利用率研究""从碳排放看我国主要出口行业碳中和实现路径研究"3项署级课题研究。选取关区优秀研究成果，编撰西宁海关政策研究共12期。

【海关业务研究】2022年，西宁海关深入开展西宁综合保税区入区产业调研，就促进综合保税区高质量发展、海关实验室发展定位与方向思考等开展研究。"加强风险识别 堵塞非法检出口危险货物包装使用鉴定监管漏洞"课题被纳入海关总署综合司"健全'三应'运行机制，深化海关业务改革融合""3+N"研究工作范围。

【学习《中华人民共和国数据安全法》】2022年，西宁海关持续学习《中华人民共和国数据安全法》，利用微信群，转发"学习强国"App相关学习材料，打通"随时看、随时学"方式途径，营造学法、懂法、用法良好氛围。加强组织领导，健全工作机制。要求各级领导做到带头学、系统学、全面学，当好学习表率，做到将法条内容与实际工作相结合，在工作中用好法律思维，守好法律底线。

【统计监督与政策研究】2022年，西宁海关运用业务系统对贸易统计数据、报关单数据进行审核比对、监测分析，进一步强化统计基础工作，守好数据安全底线，优化数据审核模式，提升数据审核效能。加大对青海省外贸走势分析研判力度，提升统计分析水平，做好进出口监测预警分析工作，持续做好海关统计监测预警工作，对外贸进出口进行多角度的实时监测和动态预警，提供权威精准信息。

【统计发布和服务】2022年，西宁海关每月在门户网站上发布青海省进出口贸易整体情况数据，全年浏览量超两万次，向社会公众提供海关统计服务；与青海省商务局、西宁市商务局明确数据安全使用约束条款，确保海关数据安全可控，全年共提供168张统计数据报表。

【地方对外贸易统计分析报告】2022年，西宁海关紧跟经济热点，重点关注青海省重点培育产业，分析研判对外贸易中出现的新情况、新问题，同时通过企业调研等方式，了解各行业的发展趋势和瓶颈，把统计数据和企业运行情况结合起来，提升分析研判的准确性。重点撰写青海省与"一带一路"共建国家和地区进出口情况、专精特新、冬虫夏草出口情况、枸杞出口情况等各类热点问题分析及专报，运用多种形式方法，服务地方经济建设、社会发展和领导决策。

撰稿人

安　宁

企业管理和稽查

【概况】2022年,西宁海关扎实推进企业管理和稽查业务发展建设。按照全国海关工作会议、全国海关全面从严治党工作会议的部署要求,准确把握新发展阶段,深入贯彻新发展理念,全面践行总体国家安全观。牢牢把握"疫情要防住、经济要稳住、发展要安全"大政方针,面对疫情的不利影响,克服困难,充分发扬共产党员"不怕苦不怕累,不怕艰难危险和连续作战"的精神,舍小家顾大家,用实际行动扛起使命担当,全力推动各项工作高质量发展。

【企业管理】2022年,西宁海关深化"放管服"改革。严格落实"多证合一"改革,运用"多证合一"方式完成海关备案的企业为95家,占比达到62.5%,通过线上、线下多平台多方式指导企业完整、全面、准确填报备案信息,坚持"网上办、零跑趟",作业时限由5个工作日压缩至3个工作日。严格落实海关报关单位注销工作改革,明确海关系统办理注销的程序、注销前需核实的前置条件,将办理时间缩减至11个工作日以内。注销报关单位73家。严格落实出口食品生产企业申请境外注册管理改革,组建专家团队协助企业进一步提高原料种养殖基地和出口食品加工企业管理规范化水平,完善HACCP等管理体系建设,在原材料种养殖环节及后续的食品生产加工企业备案管理、生产控制、对外推荐注册等方面提供精准服务。严格落实取消部分进口收货人备案改革,取消进口肉类收货人备案事项和进口化妆品境内收货人备案事项,及时向已备案进口肉类收货人、进口化妆品境内收货人宣介新政策,对相关企业加强事中事后监管,结合企业信用管理、"多查合一"工作,持续强化对企业生产经营的规范化指引。

【海关企业信用管理业务改革】2022年,西宁海关参与海关信用体系改革工作,明确"信用修复"程序,对标新办法及时调整关区原有15家失信企业信用等级;落实"严重失信主体名单"制度,定期向"信用青海"平台报送关区黑名单企业,协同省市各部门深入落实"失信违法惩戒"管理措施;加强企业信用培育工作,2022年,海关注册备案企业共计1442家,选取7家企业开展点对点、面对面的一企一策信用培育工作;对接青海省商务厅给予海关经认证的经营者(AEO)企业相应帮扶,切实减轻企业负担;组织关区业务骨干8名参加企业管理资质专题考试,通过8人,通过率100%。

【报关单位备案管理改革】2022年,西宁海关严格落实海关报关单位备案管理改革,充分发挥职能作用，结合"我为群众办实事"实践活动，完成关区首次报关企业、进出口货物收发货人双重身份报关单位备案。

【海关 AEO 企业管理】2022年，西宁海关提升关区企业管理工作效能，释放改革红利。充分落实海关 AEO 企业的优惠便利措施，定期评估实施中的优惠便利措施的执行效果，提升实施效能；为海关 AEO 企业提供"绿色通道"服务，优先、从速办理海关业务手续；督促引导关区 AEO 企业持续规范守法，增强企业在海关信用管理工作中的主动性与责任感；深度参与青海省社会信用体系建设，进一步扩大海关信用管理工作的社会影响，推进"联合奖惩"机制，强化"诚实守信奖励、失信违法惩戒"观念。

【保税监管】2022年，西宁海关支持保税监管场所在保税仓储、跨境电商、指定监管口岸申请和国际航空货运业务开设；对关区保税仓库进行合理规划，支持西宁市区自用型保税仓的设立；推进落实"四自一简""保税维修""保税租赁"等监管措施，探索优化综合保税区内符合规定的生产产品内销手续，促进企业内销便利；7月和11月分别完成对青海曹家堡保税物流中心（B型）和西宁综合保税区跨境电商进口业务的风险指令布控下达工作，并成功完成跨境电商进口业务的实单测试工作。2022年，关区备案加工贸易手册1本，已办理核销手续，该本手册备案进口总值为78万美元，出口备案值为222.22万美元，受全球新冠疫情及经济形势影响，手册实际进口总值为59.44万美元，实际出口额为25万美元，剩余料件转内销，缴纳税款额为50余万元。2022年，西宁综合保税区业务起步发展，共设有备案账册6本。保税物流中心（B型）亦设有备案物流账册6本。

【稽查业务改革】2022年，西宁海关深化稽查改革，加强稽查工作的职能指导和监督。坚持以查促管，强化职能作用，以"查发问题"为导向，突出稽查查发和打击作用，不断提高稽查效能。拓宽稽查领域，适时组织开展商品质量、动植物检疫、食品安全等检验检疫领域专项稽查。开展稽查作业2起，查发率100%，较2021年提升50个百分点。组织关区一线稽查执法人员和职能部门岗位人员参加2022年稽查岗位练兵，提升关区稽查队伍查发能力。组织关区稽查岗位13名关员参加全国海关2022年稽查岗位练兵"技能比武"，人均10分钟内完成答题并通过考核。

【核查标准化建设】2022年，西宁海关认真落实海关总署"多查合一"改革部署，全面实施核查作业标准化工作，积极适应核查业务的新变化新要求。推进核查业务分类改革，建立与风险部门、业务职能管理部门共同研判的会商工作机制，参与海关总署《属地查检与核查执法联动工作机制》建立和《网上核查操作指南》研究工作，继续开展核查领域采信第三方出具报告制度试点工作，在疫情期间，采取远程视频等形式实施网上核查。2022年，共办结核查作业43起，查发24起，查发率55.81%，较2021年提升20个百分点。

【属地查检】2022年，西宁海关深入贯彻落实习近平总书记关于安全生产工作的系列重要指示批示精神，认真落实属地查检作业安全防护要求，严格执行《海关属地查检作业安全指引》，强化一线关员安全防范意识，切实保障关员人身安全和作业安全。根据关区企业分布情况、属地查检业务的特点，做好业务执行岗位配置，对有岗位资质要求的执法作业确保人岗适配，保持一线执法骨干人员的相对稳定，保障业务运行。研究属地查检管理相关法律法规，结合关区业务实际，提出人力资源配置、部门间联系配合需求建议；认真参与海关总署安排的属地查检与核查执法联动机制中后续处置、结果互认两个模块的研究工作，专题研究成果已由牵头海关汇总整理呈报；设立进出口鲜活易腐农食产品属地查检绿色通道，设立并公开属地查检预约电话，对符合条件的农食产品实施进出口绿色通道"7×24小时"预约通关。在海关总署统一部署推动的框架下，以推进属地查检作业科学化、高效化为目标，探索以企业信用管理为基础，以货物安全准入风险为核心，结合企业生物安全和质量安全管理能力及自检自控能力，对不同企业进出口货物实施差异化管理。推进外勤执法程序规范化，严格按照系统布控指令和相关作业规范，组织开展现场查检作业。作业过程中科学施检、规范抽样；对合格评定或综合评定不合格或不符合要求以及发现异常情事的货物，及时移交异常处置部门。会同各职能部门开展工作研究，对特定货物领域研究建立集中查检作业模式，针对特定检查事项探索远程视频检查等作业手段。

【涉检行政处罚案件】2022年，西宁海关按照海关总署办理检验检疫行政处罚案件职能调整要求，平稳有序做好职能交接工作，明确各隶属海关涉检行政案件岗位职责，规范执法行为。2022年，共办理检验检疫行政处罚案件1起。

撰稿人

贺　珍　李　茹

查缉走私

【概况】2022年,西宁海关紧紧围绕全国海关工作会议、全国海关缉私工作会议部署,以"国门利剑2022"联合行动为重点,坚持总体国家安全观,坚持统筹发展和安全,坚持稳中求进工作总基调,坚持底线思维,发扬斗争精神,结合关区进出口特点和重点商品、重点渠道、重点领域走私态势,持续保持高压严打,着力推进缉私专业能力建设,深入开展反走私综合治理,大力加强海关全员打私,提升打私整体效能,切实筑牢国门安全屏障,坚定不移履行好新时代打击走私职责使命。全年刑事立案2起、行政立案5起,完成其他海关缉私局案件协查5起。

【打击涉税走私】2022年,西宁海关持续聚焦打击重点涉税商品和农产品走私,紧盯邮递等重点渠道,查办行政违规案件1起,查证雪茄烟1900余支、烟丝93000余克。

【打击非涉税走私】2022年,西宁海关坚定不移落实"清源断流"要求,强化关区形势研判,侦办走私毒品刑事案件2起,抓获犯罪嫌疑人2名,查获新型毒品40余克。

【智慧缉私】2022年,西宁海关以"科技兴警"为主线,缉私部门稳步推动智慧缉私基础建设,主动协调地方公安科信部门联系沟通大数据平台、信息化应用系统的对接共享工作,将缉私部门信息化建设纳入地方公安信息化建设规划,完善缉私指挥中心配套设施设备、公安视频会议系统的安装调试。

【刑事法制建设】2022年,西宁海关深入贯彻落实习近平法治思想,切实把严格规范公正文明执法的要求抓细抓实,以提升法治素养、加强执法能力建设、解决执法突出问题为切入点,进一步加强法律法规及典型案例的学习,增强民警法律知识储备;组织民警开展业务研讨4次,对2起案件进行分析研判,持续推动执法规范化建设。严格落实缉私执法监督管理各项要求,继续夯实基础、规范管理,强化制度执行的监督检查,严格执行防止干预司法"三个规定",进一步增强民警底线思维、法治意识。

【行政处罚】2022年,西宁海关立足青海稳疆固藏战略定位,坚决扛起维护政治安全责任,发挥好国门一线堵源截流作用,查发邮递禁止进境物品入境行政案件1起,截获禁止进境印刷品2册;立足青海"三个最大"省情定位和"三个更加重要"战略地位,深入开展关区"护卫2022"专项行动,紧盯象牙、穿山甲鳞片、赛加羚羊角等走私热点,立案调查走私动物制品案件1起,查获动物制品6件;落实维护国门生物安全战略要求,开展"国门绿盾 2022"行动，查发邮递禁止进境物品入境行政案件 2 起，截获 8 包植物种子约 2000 粒。落实海关监管打私协同机制，协助隶属海关适用行政案件快速办理程序办理行政案件 1 起，实现关区快速办理案件"零的突破"。

【综合治理】2022 年，西宁海关持续推进反走私综合治理，制发《2022 年青海省打击走私综合治理工作要点》，对青海省打击走私综合治理联席会议成员单位落实"国门利剑 2022"联合专项行动、构建"打防管控"反走私综合治理体系做出部署安排。向青海省人民政府分管领导报送打击走私综合治理专报 4 篇，获批示肯定。着力推动健全工作机制，联系协调省政府办公厅，在全省 8 个市州政府确定了负责打击走私综合治理职责的领导和部门，实现打私综合治理落地到各市州，制发《青海省各市州打击走私综合治理工作考评办法》，及时调整省打私综治联席会议成员单位及人员，加强联防联动、联查联控、群策群力，深化与公安、市场监管、林草、烟草等部门联合执法。坚持"宣传也是打私"理念，印发《青海省2022 年反走私宣传工作计划》，以"平安青海"建设集中宣传为平台，以主题法治宣传为节点，采取线上线下结合的方式，面向社会开展了一系列反走私、禁毒等主题宣传，增强广大群众抵制走私、参与打私的意识。年内，青海反走私综合治理动态被"中国反走私"微信公众号编发 6 篇，被海关总署缉私局相关刊物采编信息 1 篇。

撰稿人

张龙兴

第六篇

政务保障

政务管理

【概况】2022年，西宁海关恪守习近平总书记提出的"五个坚持"要求，紧扣关区中心工作和事业发展全局，加强战略性、系统性、前瞻性研究谋划，办公室发挥政务统筹协调、牵头抓总作用，做好"三办三服务"。加强督办检查，推动习近平总书记重要指示批示，党中央、国务院重大决策部署，海关总署工作安排，西宁海关党委具体要求贯彻落实；加强以文辅政，高质量完成文稿起草审核、信息简报编发、建议提案办理工作；保障全关日常工作秩序和内外协调联络，扎实做好政务信息、会议管理、公文处理、保密管理、档案管理、政务公开、信访工作、新闻宣传、12360海关热线服务等工作；深入贯彻落实中央八项规定精神、纠治"四风"相关工作，持续整治"文山会海"，精文简会。

【应急值守】2022年，西宁海关从严落实"四早"要求，完善应急处置预案、物资储备，与地方疫情防控指挥部建立联络机制。党委坚持每轮疫情在岗值守，采取"应急值守+居家办公"工作模式，每轮仅安排不到40%的人员保障关区工作正常运行。动态掌握居家办公人员所在区域风险划定情况及其健康状况，加强核酸检测和流调溯源，及时按要求报告阳性病例相关情况。按照"二十条""新十条"优化措施，科学安排应急值守人员离岗休息、居家办公人员有序返岗，坚决响应和落实党中央工作要求。

【政务信息】2022年，西宁海关认真开展信息新闻宣传培训工作，对写作的方法、角度、拍摄方法等进行培训，增强信息宣传联络员的脚力、眼力、脑力、笔力。进一步健全信息约稿报审机制，努力从"等米下锅"向"找米下锅"转变，紧紧围绕关党委中心工作，以深入推进党史学习教育、服务特色产品扩大出口、支持青海重大项目建设等内容为重点，充分挖掘工作亮点，深入分析工作堵点，全年编发关内信息233期，被海关总署相关载体采用多篇。

【精文简会】2022年，西宁海关严守精文简会硬杠杠，按季度对关区发文情况实施动态监测，并进行通报，严控发文数量。按照海关总署发文数量统计规则，机关正式发文2022年较2021年精简7.6%。严格精简会议数量，年初提请各单位部门报送需要纳入精简范围的会议情况，实施台账管理，年内完成实际会议召开数较计划数减少的工作要求。同时，对会议议题报送、会议材料准备、会议纪律相关工作提出具体要求，切实提高西宁海关各项会议质量。

【公文处理】2022年，西宁海

关认真开展公文写作培训，对公文格式、内容要求等进行详细讲解，在内网公告中发布进一步规范文稿用语和政治性表述的通知，针对公文审核发现的问题，对政治性规范性表述持续进行更新。严把公文审核政治关、法律关、政策关、保密关、文字关，从源头上避免差错。建立文稿错情通报制度，加强监督检查，每季度在全关范围内通报行文文稿中出现的不准确表述、错字、别字等问题，不断提升关区文稿质量。

【督查督办】2022年，西宁海关认真履行组织协调、督查督办职能，特别是对年度重点工作任务、关党委及关领导交办事项，各级各类会议、文件布置的具体工作，做到事先预告、事中督促、事后反馈。2022年以来，梳理海关总署党委重点事项22项、统筹口岸疫情防控和促进外贸稳增长指挥部会议议定事项89项、关领导批示事项666项，下发督办单115个。

【保密管理】2022年，西宁海关强化管理网、互联网以及手机、微信、互联网邮箱等方面的保密管理，巩固和提升海关涉密网络安全保密管理能力和技术防护水平，配合海关总署完成涉密信息系统第三次安全保密风险评估。加强涉密人员保密管理，做好海关系统密码规划和管理，完成全国海关到期密码设备换装工作。开展保密警示教育1次，增强海关系统工作人员保密意识，提升保密技能。加强保密监督检查，将保密自查自评与随机抽查、"进驻式"检查结合起来，对关区9处保密要害部门部位电子监控进行摸排整改，重新装置报警系统2套。对隶属海关开展视频连线检查1次。在关区开展保密自查自评、党的二十大保密专项检查工作等一系列活动，达到以查促防、以查促管的效果。

【档案管理】2022年，西宁海关通过档案安全专项检查、工作日巡察、节前检查等方式，检查档案安全管理机制、档案实体、档案信息、档案库房等安全情况，排查风险隐患。整理归档年度文书档案资料201盒共2558件。新增档案类别"数码照片档案"，整理归档数码照片档案154张。文书档案资料全部完成电子化工作。简化利用审批，加强沟通协调，做到档案查阅利用"最多跑一次"。2022年，查阅利用档案1303人次、7081件。为涉密档案编制档案目录，完善电子目录检索功能，大幅提高查阅利用效率。开展关区档案业务线上培训，提高档案人员业务能力。加强档案宣传，结合"喜迎二十大·档案颂辉煌"国际档案日宣传主题，组织档案知识竞赛、档案征文、制作档案小视频等活动。组织完成电子档案在线、近线、离线备份工作。

【政务公开】2022年，西宁海关明确工作重点和任务，逐项推动落实《2022年西宁海关政务公开工作要点任务分解表》各项工作任务，将全年落实情况纳入2022年政府信息公开工作年度报告中，接受社会监督。扎实推进基层政务公开，按照海关总署关于全面推进海关领域基层政务公开标准化规范化工作的要求，下发《西宁海关关于推进隶属海关政务公开标准化规范化工作的通知》，年内推动关区1个隶属海关完成《西宁海关基层政务公开标准化规范化工作推进方案》的对标任务，坚持依法依规、标准引领、争先创优、利企便民的工作原则，更好地服务基层企业、群众获取相关海关信息。

【信访工作】2022年,西宁海关组织学习宣传《信访工作条例》,切实落实《海关信访工作制度》;健全信访工作制度,制定《西宁海关"关长接待日"工作制度》《西宁海关信访工作管理办法》《西宁海关依法分类处理信访诉求清单》,总关及所属隶属海关每月开展"关长接待日"活动;定期检查、维护信访邮箱、信访电话、关长信箱等信访渠道,确保信访渠道畅通。2022年,西宁海关无重复信访和信访积案。

【新闻宣传】2022年,西宁海关在新闻宣传上"先人一步""快事一拍",不断增强敏锐性,提高洞察力,中央主要领导同志关注点投向哪里,宣传工作就跟进到哪里,海关总署领导决策的贯彻落实推进到哪里,宣传工作就定位到哪里。年内,针对署级媒体关注重点,在海关总署各类媒体刊播新闻20条;在《青海日报》《青海新闻联播》刊播新闻62条。

撰稿人

张启明

财务管理

【概况】2022年，西宁海关以习近平新时代中国特色社会主义思想为指导，聚焦党的二十大主线，坚定不移贯彻落实党中央重大决策部署，砥砺奋进、拼搏实干，坚持在财务工作中铸就对党忠诚、锻造作风；紧紧围绕"铸忠诚、担使命、守国门、促发展、齐奋斗"工作要求，在守正创新中"攻坚有为"，在精于提效中"破局有力"，在做好保障中"提质有效"；围绕"四新"工作目标，规范财务精细化管理，提升财务管理效能；坚持系统观念，加强全面统筹优化，突破发展瓶颈；坚决落实"过紧日子"要求，优先保障民生、重点保障刚性运转，精准保障海关改革发展。

【落实"过紧日子"要求】2022年，西宁海关深入贯彻落实党中央、海关总署"过紧日子"决策部署，把"过紧日子"作为西宁海关长期坚持的基本方针，艰苦奋斗、精耕细作，精打细算、厉行节约；统筹资源优化支出高质高效，向管理要效能、向科技要效能、向创新要效能，不断完善"过紧日子"定期评估机制；把厉行节约中好的经验做法固化下来，立规矩、堵漏洞、严管理，推动建立"过紧日子"的长效机制；压减一般性支出，全面规范"三公"经费管理，严控财政拨款"三公"经费预算，非财政拨款"三公"经费管理参照财政拨款同步从严控制。2022年，"三公"经费同比下降27.02%。

【节约型机关建设】2022年，西宁海关倡导绿色环保的理念，通过开展节能宣传周，提高关警员能源节约意识；依靠科技助力能源节约，更换节能灯等节能设备，加强供暖设备的维护保养，提高锅炉和供暖管道的热效能；建立健全节约能源资源管理制度、提高能源资源利用效率、宣传节能文化等措施，推进节约型海关建设；通过申报、评价、评议等程序，西宁海关本级、格尔木海关、西海海关被国家机关事务管理局、中央直属机关事务管理局、国家发展改革委、财政部联合授予节约型机关。

【疫情防控保障】2022年，西宁海关深入贯彻落实习近平总书记关于疫情防控的一系列重要指示批示精神，把疫情防控应急物资保障作为首要政治任务。申请疫情防控经费预算，持续加大对疫情防控资金的保障力度，2022年，追加疫情防控资金296.83万元；做好疫情防控期间对一线防控工作人员关心慰问等工作；加强海关疫情防控资金支付监管，保障资金支付安全规范；根据疫情防控形势发展需要，持续推进应急物资储备库建设；根据"关长走进口岸封管区"调研要求，认真落实落细关心关爱基层一线各项措施，全力做好后勤保障工作，实实在在改善一线人员工作生活环境；定期开展安全检查，堵塞管理漏洞；建立定期盘库机制，规范盘库流程，通过"以账对物、以物查账"的方式，形成"精、细、实、清"的盘库成效；开展疫情防控物资储备检查评估，优化完善储备物资适时更新机制，把防疫物资存量控制在科学合理水平；以"百名科长百日督查""派驻实地督查"为契机，加大对防疫物资管理落实情况的自查督查，深入查找在疫情防控物资保障工作中存在的不足和短板。

【预算管理】2022年，西宁海关强化预算管理，提升预算绩效质量。加强预算资源统筹，全面统筹中央财政拨款、地方财政保障、事业单位收入等各类资金，全面统筹当年收入和存量资金，重点保障维持国门正常运转的刚性支出，精准保障科技信息化支撑、监管查验能力提升、保障国门安全、打击走私等重点项目支出，推进关区重大改革和重点工作有序开展；加强与海关总署财务司的沟通协调力度，及时反映关区存在的困难。强化预算刚性约束，加强日常预算资金管理，强化资金监管效能，确保预算资金管理安全规范有效，切实提升资金使用效益；通过实行2022年财政拨款预算执行情况周报机制、设置预算执行台账、采取预算执行通报、综平系统督办等多种方式，开展预算执行定向监督，压紧压实责任，努力实现由财务部门"一家理财"向"大家理财"的转变，有效形成预算管理合力，有力促进预算质量和执行率的双提升，2022年预算执行率91.84%；进一步落实"零基预算"理念，压实预算主体责任，推动打破基数概念和支出固化格局，实现预算和绩效一体化管理；优化预算绩效评价特别是项目支出绩效评价，完成关区2023—2025年项目支出绩效目标编制工作，开展关区2022年项目支出核心绩效指标体系维护，完成关区2021年绩效自评，全面开展督促和检查工作，推动预算绩效评价结果应用。

【国库集中支付管理】2022年，西宁海关切实做好用款计划编报，确保资金足额到账；主动配合国库司、财政部青海监管局调查核实动态监控中发现的疑点信息，经常性开展自查自纠，做到立整立改；严肃财政资金支付管理，严格按照财政国库管理制度的有关规定支付资金，强化资金监管效能，防止财政资金使用管理中的各种违法违规行为，确保财政资金管理安全规范有效，切实提升资金使用效益。

【决算管理】2022年，西宁海关认真落实党中央国务院关于深化预算管理制度改革要求，加强部门决算管理；依法依规编制部门决算；做好部门决算审核，完整编制范围；按照规定时限，做好部门决算信息公开；完成2021年部门决算、2021年政府部门财务报告、2021年内控报告编制工作。

【政府采购管理】2022年，西宁海关探索政府采购工作新模式，拓宽政府采购工作思路；修订《西宁海关政府采购实施细则》，制定《西宁海关非政府采购操作指引》，调整职责与分工，不断规范执行政府采购程序，强化海关政府采购活动权力运行监督，促进廉政建设；开展采购事项清理检查，提高采购管理规范性；加强程序监督，提高"海关总署政府采购计划管理系统"数据准确性；持续优化政府采购营商环境，降低中小企业参与政府采购活动成本，做好中小企业预留采购份额；开展"2021年落实政府采购促进中小企业发展政策实施情况"统计及监督检查，促进中小企业健康发展，发挥政府采购在实现国家经济和社会发展政策目标中的作用；落实政府采购支持脱贫攻坚政策，完成"贫困地区农副产品网络销售平台"采购，助力脱贫攻坚、乡村振兴。

【税费财务管理】2022年，西宁海关持续规范税费管理，提高综合治税管理水平；稳步推进"财关库银"横向联网运行，便利企业缴税，加快货物放行，增强企业获得感；落实税款入库、退库工作时效，建立财务部门与业务部门纸质单证传递登记本，完善资料交接及登记手续，切实提高纸质单证流转效率；完善税款核销、报表统计编报机制，开展税款入库时效性检查，提高税收入库环节管理效率，为海关综合治税工作提供有效的决策参考；全年关区税收入库5120.51万元。

【涉案财物管理】2022年，西宁海关认真落实全口径涉案财物"办管分离"要求，运用"人工+科技"方式，强化涉案财物全程控制，杜绝廉政风险；开展长期未处置涉案财物专项清理工作，依法向青海省公安厅森林警察总队成功移交象牙等涉案濒危动物制品69件；参与青海省财政厅对于修订《青海省罚款和没收财物管理条例》立法调研工作，针对健全完善罚没财物管理体制机制方面等提出相关的意见建议；联合涉案财物仓库管理部门，全面开展涉案危险品督导检查工作；以专项整治督导检查为契机，开展涉案财物精品仓库消防演练；以节假日为节点，开展安全检查，排查安全隐患，规范检查流程；启用新版"海关涉案财物管理系统"和"海关涉案财物智能仓储系统"，及时调整系统参数，进行数据维护，做好新旧系统数据衔接。

【涉企收费管理和国企改革】2022年，西宁海关开展涉企收费专项整治检查，严格执行收费管理政策，严格进行收费公示，实施收费目录清单制，全面推行涉企收费公示制度，推动有关降费减负政策落到实处；加强涉及疫情防控收费项目管理，现场检查疫情期间预防性消毒收费情况，杜绝借疫情乱收费乱涨价；及时在西宁海关网站更新收费政策，将中央减税降费重大决策部署坚决落到实处；稳步推动国企改革，有序推进脱钩企业资产处置，开展国有资产产权登记和国有资本经营预算，提高国有资本收益率。

【基建管理】2022年，西宁海关严格落实"管建分离"，规范基建财务管理；组织完成"西宁海关边关生活设施保障能力提升工程"项目初步设计及概算；提高政治站位，全面贯彻落实习近平总书记关于安全生产的重要指示批示精神，全力防范基本建设领域安全风险；开展基本建设领域安全检查，排查安全隐患，以"时时放心不下"的责任感，压紧压实基本建设领域安全责任。

【资产管理】2022年，西宁海关全面规范和加强资产管理，提高资产使用效益。推进闲置办公用房整合利用工作，着重优化存量资产、盘活闲置、挖掘存量潜力；开展照摄像器材专项检查及办公用房、闲置办公设备清查，强化资产管理过程控制和事后监督；根据海关总署财务司关于开展海关行政单位房产、设备无偿划转工作要求，开展事业单位资产盘点，报送事业单位占行政单位资产数据，进一步理顺和明晰海关单位资产权属关系，为降低事业单位占用、使用行政单位房产、设备带来的资产管理风险奠定基础；公示处级以上领导使用干部办公用房、公有住房、公务用车情况，接受群众监督，推进清廉海关建设，落实中央八项规定及其实施细则精神；高质量完成 2021 年度中央行政事业单位国有资产决算报告、2021 年度行政事业单位国有资产报告、2021 年度中央行政事业单位资产管理绩效评价工作，推动资产管理制度落实到位，提升资产管理水平和效能。

【装备管理】2022 年，西宁海关认真落实艰苦地区边关支持保障 22 条措施，做好综合生活保障；开展海关通用业务单证征订，强化海关通用业务单证管理；建立艰苦地区边关应急装备设备配备台账管理制度，提升应急装备设备配备的精准性和科学性。

撰稿人

田秀伟

科技发展

【概况】2022年，西宁海关以"党建+科技"为主线，紧紧围绕疫情防控、网络安全、信息化运维保障、科研管理和实验室管理、海关特殊监管区信息化建设等方面开展科技工作。

【信息化建设】2022年，西宁海关贯彻落实疫情防控工作要求，严格落实疫情防控期间技术保障值班机制，配合业务部门快速响应海关总署指挥中心应急值守演练，全力保障关区通信网络畅通。年内，为关区各类培训、会议、e课堂等视频会议保障200余场零故障，值守监控指挥中心220余天零故障，完成海关总署指挥中心开展的3次应急演练；海关总署联网的5个监管作业区域247个关键点位摄像头的月度统计平均在线率超过95%，在海关总署音视频监控检查设备月度考核中均予以加分。

【信息系统安全管理】2022年，西宁海关加强机房安全管理，坚持人防和技防相结合，做好机房物理环境和基础设施巡检，及时处理机房各类问题和隐患10余次，有力保障机房安全。加强网络安全风险隐患排查，漏扫设备845台，病毒查杀终端341台，优化、清除各类冗余策略、临时策略、测试策略45条，及时整改并消除安全隐患，切实筑牢安全防线。提升网络安全防护能力，完成对外接入局域网12台网络安全设备替换入网，极大提升了关区网络安全防护与预警监测能力。加强网络设备和专线链路巡检，及时分析处理设备告警信息，定期开展主备链路倒换测试，确保主干网络利用率100%；加强设备巡检，对6台网络安全设备进行升级加固，对29台交换机进行软件版本和补丁升级，对3台硬件故障设备采取返厂维修处理，保障信息化设备安全稳定运行。逐步构建"零信任"网络安全技术体系，初步完成"零信任"身份认证管理系统、终端数据防泄漏系统等5个国产安全可控网络安全防护系统安装部署与试运行测试工作。持续推进应用账号授权清理，清理、停用无效账号116个，共覆盖署级系统97个，清理后授权总用户数量2020个，清理比例为5.74%。做好敏感时期网络安全保障，完成2022年北京冬奥会、冬残奥会，全国"两会"，网络攻防演习等敏感时期网络安全保障任务。

【信息化系统运维保障】2022年，西宁海关持续推动科技跟班作业常态化建设，巩固拓展"我为群众办实事"常态化、长效化机制，全面推广科技人员跟班作业应用系统，以"科技活动周""网络安全宣传周"为契机，瞄准科技应用的"堵点、痛点、空白点"问题，采用实地跟班作业、召开"线上+线下"座谈会等多种形式在全关区范围内多次开展技术人员跟班作业活动，通过跟班作业系统受理、处理科研、信息系统应用、实验室检测与安全、科技装备等方面的48项问题。持续推进国产化替代应用和软硬件适配改造，优化调整虚拟化平台集群的网络结构为桌面云等应用提供更加稳定高效的网络环境，利用云盘完成旧设备与新设备的资料迁移，在海关总署要求的时间节点内100%完成关本级国产化终端的替换工作。组织开展防范化解信息系统运行"三失"风险工作，全面开展风险隐患排查与整改落实，建立问题台账6条，制定解决措施11条。做好特殊监管区信息化建设指导工作，跟进双寨铁路监管场所信息化建设情况，与双寨铁路监管场所对接6次；及时跟进西宁跨境电商平台信息化建设情况，针对西宁跨境电商平台信息化设计方案与西宁综合保税区对接、反馈意见和建议20余次，完成跨境电商网络接入及系统对接调试工作，督促西宁综合保税区跨境电商项目完成网络安全等级保护定级备案，配合业务部门完成了西宁跨境电商项目的验收工作。完成机房制冷改造，更新机房4台老旧空调，改造机房冷风通道，改造后机房区域间温差从6摄氏度以下降至3摄氏度以内，为机房信息系统安全稳定运行提供了良好的物理环境。做好日常运维，完成各类信息系统升级变更51次，账号授权46人次，终端运维500余次；完成H4A管理系统授权统计子系统、新版抽取分发等4个系统的部署调试工作；升级5台视频会议终端系统版本，对十楼会议室音视频系统进行升级改造，改善了视频会议的整体展示效果。

【科技宣传】2022年，西宁海关围绕"走进科技 你我同行"的主题开展2022年科技活动周，重点宣贯《中华人民共和国科学技术进步法》《中华人民共和国科学技术普及法》等科技政策法规知识；完善海关总署科普基地申报材料，并配合完成科普基地远程考核工作；推荐1人参加2022年全国海关科普讲解比赛，营造全员科普的氛围。以"网络安全为人民，网络安全靠人民"的主题开展2022年网络安全宣传活动，深入学习习近平总书记关于网络强国的重要论述，宣传《中华人民共和国网络安全法》《中华人民共和国数据安全法》《中华人民共和国个人信息保护法》等重要法律法规和网络安全知识，营造网络安全人人参与、人人有责、人人共享的浓厚氛围。

【实验室管理】2022年，西宁海关认真贯彻落实习近平总书记关于"管行业必须管安全、管业务必须管安全、管生产必须管安全"等一系列重要指示精神，全面加强实验室安全工作检查力度，严防安全生产事故发生，提高实验室安全应急能力建设，组织开展实验室专项安全检查3次，严格落实巡检制度，配合海关总署开展4次实验室安全远程视频检查，全年实验室安全零事故。不断提高实验室数据安全管理能力，严格执行涉密工作管理规定，不定期查阅实验室管理系统，加强实验室管理系统用户管理工作，巡查检测流程，并依据送检单位制定项目及标准方法开展检测，及时登记有关信息，确保实验室数据安全。为切实增强安全意识，加强安全教育培训，提升检测技术，加强实验室管理工作，先后组织技术中心、保健中心开展实验室检测技术、实验室安全管理等培训4次，开展关企实室合作调研工作1次。组织申报2022年海关仪器设备购置专项设备配置计划,获批仪器设备8台(套)、97.5万元;组织报送2022年疫情防控常态化实验室仪器设备11台(套)、198.2万元。组织完成2021年实验室仪器设备绩效考核工作,并开展海关实验室仪器设备绩效考核调研,形成调查问卷3份、调研报告1份。

【健全完善科技管理制度】2022年,西宁海关制发《西宁海关实验室仪器设备绩效考核管理实施细则(试行)》,加强实验室仪器设备的管理工作,构建起科学的实验室仪器设备绩效考核机制,充分发挥实验室仪器设备对海关执法的技术支撑和引领作用。制发《西宁海关信息系统异常业务数据处理细则》,确保异常业务数据得到及时修改;制发《西宁海关缉私业务信息化应用项目联系配合办法(试行)》,进一步增强西宁海关科技部门和缉私部门的联系配合机制。

【科研管理】发挥科技引领支撑作用,以管用好用实用为目标,开展具有前瞻性、基础性和实用性的技术研究,向海关总署报送科研项目申请3项;推动承担的海关总署科研项目开展研究工作,主持开展署级科研项目1项,参与实施署级科研项目10项,申请海关总署科研经费5万元,确保主持开展的科研项目如期完成;聚焦主要问题和技术短板,组织开展关级科研项目立项工作,经专家推荐拟立项1项;完成"如何更好发挥海关科技的引领支撑作用"课题研究工作。做好科研项目的信息化管理工作,组织完成2019年至2021年已立项的海关总署科研项目数据录入工作。按照《海关行业标准管理办法(试行)》规定,对实施周期已超5年的海关行业标准中的29项化验类标准进行复审。落实2022年海关科技工作部署,畅通基层创新建议沟通渠道,营造良好科技创新环境,加强信息共享,避免重复建设,激发基层创新活力,大力推进"微创新"管理机制试运行工作,推荐关区"微创新"项目1项,并顺利完成海关总署组织的项目评审工作。

撰稿人

朱真真　唐磊

督察内审

【概况】2022年，西宁海关聚焦充分发挥督察内审"免疫系统"作用，突出督察重点，强化审计监督，着力完善内控机制建设，科学构建执法评估体系，不断增强队伍能力素质，依法依规全面履行督审监督职责，以精准有力的监督成效为全方位推动海关高质量发展贡献力量。

【督察监督】2022年，西宁海关牢牢把握督察工作定位，坚持"规定动作"与"自选动作"相结合的原则，将推动海关总署党委和关党委工作部署落实情况作为督察工作的重中之重，扩展督察广度和深度。明确督察重点，统筹运用督察手段，推动各项政策措施落地生根。年内，完成"科学精准做好口岸疫情防控落实情况""'国门绿盾2022'行动落实情况""规范口岸查验作业及检疫作业情况""支持外贸促稳提质措施落实情况"4个项目督察任务；结合关区实际对"打击走私'国门利剑2022'联合专项行动""推进行政执法'三项制度'的落实，健全关区'三项制度'工作机制"2个项目开展督察。通过督察，发现问题12个，提出意见建议12条；针对督察发现问题，及时组织召开问题整改推进会，研究整改措施，制订整改方案，建立整改清单和督办清单，明确整改主体和时限，切实做到补短板、强弱项。

【内部审计】2022年，西宁海关充分发挥内审"免疫系统"的作用，践行审计工作新理念，依法依规全面履行审计监督职责，以精准有力的监督成效，全方位助力关区各项工作高质量发展。坚持任中审计与离任审计相结合，年内开展3项经济责任审计、2项审计整改情况"回头看"，对监督检查情况进行通报，进一步落实审计查出问题整改长效机制，推动将审计整改成果转化为海关治理效能，推进党风廉政建设和反腐败工作，促进海关治理体系和治理能力现代化。结合近年来审计、督察等发现的问题及涉及的事项，对"2022年度海关内部审计核查重点事项"提出25项内部审计核查重点事项，形成相关意见建议，同时对《海关内部审计核查重点操作指南（2021年版）》提出相关修订意见建议。坚持任中审计与离任审计相结合，开展关区领导干部经济责任审计3项。分别对所属格尔木海关、西宁海关后勤管理中心、中国电子口岸数据中心西宁分中心主要负责同志进行经济责任审计并正式印发审计决定。

【专项审计】2022年，西宁海关开展大金额差错报关单专项审计调研，发现大金额差错报关单6份，全部为进口报关单，占调研范围时段内接受申报的报关单总份数的2.2%，涉及8条报关记录，对差错原因进行分析，并提出对策建议，形成调研报告。开展以"在提高一体推进'三不腐'能力和水平工作中如何发挥好督察审计职能作用"为主题的专题调研，有针对性地研究提出在一体推进"三不腐"能力和水平中，切实发挥好督审职能作用的工作思路和行之有效的具体措施，对存在的主要问题进行原因分析，并提出有关建议反馈至海关总署督察内审司。通过开展贸易管制措施落实情况"禁止'洋垃圾'进境措施落实情况""对美加征关税措施落实情况""进口冷链食品、高风险非冷链食品集装箱货物监管措施落实情况""贸易管制相关风险防控机制运行情况"4个专题的专项审计调研，探索研究型审计方式方法，切实履行内部审计监督职责，选取重点领域和关键环节，梳理和检查海关贯彻落实习近平总书记重要指示批示精神，党中央、国务院重大决策部署，以及海关总署党委工作部署等各项措施的落地见效情况，重点关注政令贯彻不到位、制度机制不健全、岗位操作不规范、信息系统不完善等突出问题，排查风险隐患，深刻剖析根源，研究提出对策；同时梳理和反映因局部合理政策、制度和措施叠加造成负面效应等风险，客观反映需要海关总署层面研究解决的事项，并研究提出解决意见或建议，促进完善海关治理体系，切实提升防范化解风险能力，有效防止"黑天鹅""灰犀牛"事件发生。

【参与署级工作】2022年，西宁海关选派人员参加海关总署对天津特派办、长沙海关原主要领导干部开展经济责任审计。长沙海关审计项目获得广东分署致函感谢。对"2022年度海关内部审计核查重点事项"提出25项内部审计核查重点事项，对《海关内部审计核查重点操作指南（2021年版）》提出相关修订意见建议。

【配合国家审计】2022年，西宁海关组织开展配合审计署对海关总署2021年以来履行监管职责和税收征管情况、对海关总署整改2021年度审计查出问题情况以及对海关总署2022年预算执行、其他财政收支和决算草案的3项审计工作。成立"西宁海关配合国家审计工作领导小组"，建立审计工作配合机制和审计资料、取证单反馈机制，对加强内外部沟通及联系配合、遵守相关保密规定、以审促改等方面提出工作要求，形成《西宁海关配合国家审计工作情况专报》。

【内控建设】2022年，西宁海关发挥主体责任作用，进一步加强在创建过程中的指导，向关区推动兄弟海关先进经验做法15期，利用"我为群众办实事"送教上门活动、"科长大讲堂"手把手指导"HLS2017内控平台"使用。成立日常评定小组，对"内控示范单位"创建情况开展日常评价推动工作。成立处级考评小组，严格考评要求，好中选优，选出具有示范效应、做法可在关区普遍推广的工作经验，推动完善关区内控机制建设。加强工作宣传，切实推动以评促建。加强工作提炼总结，加强宣传力度。2022年，向海关总署督察内审司上报关于内控工作信息38条，被采纳13条。被海关总署办公厅相关载体采纳1条。各部门、单位在西宁海关每日动态报送信息52条。通过问卷调查、面对面座谈等方式，充分了解关区内控工作现状及存在的问题。面对关区内控意识薄弱、内控基础参差不齐等现状，为切实推动关区内控工作水平进步，在全关区范围内开展"内控示范单位"创建工作。明确隶属海关以科室为单元、职能部门、职业单位以单位为单元进行创建，根据业务特点，形成4张清单，制定43条考评标准。明确创建标准、创建步骤，稳步促进关区内控示范单位创建工作。并落实"一二三四"工作法，推动内控工作从"有没有""做没做"向"好不好""优不优"转变。修改完善《西宁海关内部控制评价实施细则（试行）》，结合关区内控机制建设特点，从隶属海关、事业单位和职能部门三个层面对考核指标进一步修订完善，使评价指标更具科学性和严谨性，为关区内控评价工作提供量化标准，通过"以评促建"，推动关区内控工作的科学性、精准性和有效性提升。

【内控节点应用成效转化】2022年，西宁海关对照海关总署在抽查各个直属海关内控节点落实成效发现的9个方面的问题，对西宁关区136条内控节点成果转化录入情况进行检查，发现问题43条，认真组织整改，确保内控节点成效转化效果。由督审处牵头、动植食处配合与兄弟海关共同完成全国海关食品业务条线的内控节点梳理工作，梳理食品业务条线规章制度27项，增加食品业务条线风险20条，梳理署级内控节点20条，为进一步促进内控工作落地见效打牢基础。

【内控风险日常提示机制】2022年，西宁海关以问题为导向，盯紧权力运行关键点，业务改革的风险点、制度漏洞、执行不到位等，定期从内外部审计、督察、巡视、巡察、各监控分析系统、信息平台等多渠道、多层次、多角度梳理汇总关区在日常执法、管理过程中内控机制建设方面可能碰到的问题或风险。采取制发提示单、监控分析报告、情况通报等多种形式，及时提示相关职能部门或隶属海关，探索建立西宁海关内控风险日常提示机制。加强事中提示提醒，推动问题从早从小解决。

【内控前置审核】2022年，西宁海关对全关内控前置审核业务专家进行了重新筛选、考量，增加了内控前置专业性较强的审核人员。内控前置审核专家由原来的3人增加至11人。对制度的制定增加了必须将内控节点纳入等强制性事项，加强源头控制。截至2022年年底，参加海关总署内控前置审核项5项，审核关内制度29项。

【HLS2017内控平台应用】2022年，西宁海关进一步提升应用绩效，对HLS2017内控平台授权人员进行了账号清理，并对现有授权人员平台使用情况进行通报2次。同时，针对部分关员不会用、不善用系统的情况，加强"一对一"指导，系统应用成效明显提升。有针对性地开展了内控质效提升月专项行动，2022年，关区HLS2017内控平台授权人数39人；警示风险移出率、审核率、复核率均为100%；制发执法处置类联系单45份、同比增长264%；处置异常数据159条、同比增长191%，其中有效数据147条、同比增长219%。处置异常数据有效率为92.453%。节点应用成效有效数315条、同比增长4.6倍，完善业务27项，修订制度69项。

【内控培训指导】2022年，西宁海关探索"新模式"，强化内控工作目标导向，创新更加"接地气"的工作举措，有力推动关区内控工作走深走实、见行见效。通过举办"内控于心、合规于行——内控工作我来讲"关区精品主题党日活动、"送教上门"、内控工作解读等多渠道交流方式，聚焦"内控是什么、怎么干内控、有什么效果"，邀请关区内控工作突出的科室结合业务工作和内控措施讲方法、传经验，实现同频共振，进行成果推广。年内，通过送教上门、"科长业务大讲堂"等方式开展内控工作培训，答疑解惑9次、316人次，手把手指导HLS2017内控平台使用95人次。在执法领域着重监控自由裁量权和业务结合点的内控盲区，在非执法领域着重解决"抓什么、谁来抓、怎么抓"的问题，进一步强化风险防范、优化资源配置、约束工作行为。

【执法评估】2022年，西宁海关认真做好署级执法评估相关工作。选派业务行家组建关区执法评估小组，配合天津特派办、天津海关做好进出口危险化学品监管专题评估工作。召开推进会2次，认真学习领会习近平总书记关于安全生产的重要指示批示精神，党中央、国务院关于安全生产监管"全覆盖、零容忍、严监管、重实效"系列要求。广泛收集专题内容涉及危险化学品监管的内、外部文件材料；全方位、多角度分析评估全国海关贯彻落实加强进出口危险化学品监管组织部署情况，及时撰写相关报告并反馈牵头海关部门。扎实开展关级执法评估工作。组成执法评估小组，借鉴兄弟海关经验做法，结合关区实际，联合业务部门扎实开展关区出口危险化学品监管工作。采取"调研+数据+指标+分析"的评估方法，围绕进出口危险化学品总体情况、监管现状、关键环节形成评估重点，对关区危险化学品监管状况进行评估。同时综合运用数据分析、跟班作业、现场调研、问卷调查、运用执法评估"云擎"站点开展数据建模等研究方法，建立评估指标1个。从制度健全性、制度执行度、通关监管水平、商品及包装检验水平、专业人员配置等情况，发现工作中存在的业务风险和管理隐患，分析评估关区危险化学品监管现状，立足严密监管提出合理化建议。

【"云擎"平台应用】2022年，西宁海关规范和加强大数据通用分析平台（"云擎"平台）的应用，对关区2020年以来出口的出口危险化学品监管情况开展专题评估。通过"云擎"建立指标模型，对出口危险化学品安全监督和规范管理情况，查找在政策制定、现场执行、系统智能化等方面存在的问题和风险，强化执法评估的决策参考和内部监督作用；采用线上学习的方式，组织执法评估数据分析人员为督审部门工作人员进行培训，提升督审人员"云擎"使用能力。

撰稿人

苟廷涛

第七篇

隶属海关

西宁曹家堡机场海关

【概况】2018年12月，海关总署批准设立西宁曹家堡机场海关，2019年1月23日，西宁曹家堡机场海关正式开关运行，11月21日获批成立西宁曹家堡机场海关党委，受西宁海关直接领导，属正处级隶属海关，承担口岸型海关职责。履行全面从严治党责任，负责本关区基层党组织建设、队伍建设和日常管理工作。承担西宁曹家堡机场口岸进出境人员和货物检查、检验、检疫等海关相关业务工作。承担青海曹家堡保税物流中心（B型）通关监管等职责。执行反馈"两中心"及二级风险管理中心下达的指令。2021年9月，为切实服务海东市外向型经济发展，便利海东市进出口企业就近办理海关业务，西宁曹家堡机场海关由口岸型隶属海关转为综合偏口岸型隶属海关，在承担西宁机场口岸和青海曹家堡保税物流中心（B型）相关业务工作的基础上全面承担海东市行政区划内通关处置、现场验估、税收征管、业务统计、检验检疫、认证签证、企业管理、稽（核）查、进出境物品核准、加工贸易审核等海关业务。西宁曹家堡机场海关内设科室3个，分别是综合科、监管科、旅检科。按照海关总署"支部建在科上、强在科上"的要求，西宁曹家堡机场海关3个科室分别成立了党支部，同时打造了"高原国门卫士""高原国门之盾""高原国门先锋"支部党建品牌。2022年旅检科党支部的党建工作专题报告得到海关总署副署长孙玉宁的重要批示，旅检科党支部入选全国海关党建（示范）培育品牌。

【党的建设】2022年，西宁曹家堡机场海关以习近平新时代中国特色社会主义思想为指导，深入学习宣传贯彻党的二十大精神，按照西宁海关2022年工作会议、全面从严治党工作会议精神，抓好口岸海关中心工作，坚持疫情防控工作不放松，不断提高政治站位，多措并举，坚持"第一议题"制度，组织党委理论学习中心组（扩大）学习14次。各党支部通过"三会一课"等多种形式全面深化学习，全体干部职工参加党的十九届六中全会精神全员培训，努力推动广大党员干部学思用贯通、知信行合一。持续抓实基层党建工作基础，各党支部累计开展学习40余次，党委书记讲党课2次、支部书记讲党课14次，党员集中学习5次。努力做好青年干部职工入党积极分子的发展和培养，2022年有3名入党积极分子通过审核发展为预备党员。全面落实意识形态责任制，通过学唱红歌、宣讲红色经典、制作学习党的二十大精神心得墙等形式，在潜移默化中对干部职工进行熏陶和引导,抓好爱党爱国教育,牢牢守住意识形态阵地。加强精神文明建设,通过职工活动室和图书室建设、悬挂宣传标语、制作展板等形式,广泛动员干部职工主动参与精神文明创建活动;成立青年理论学习小组,引导团员青年深入领悟党的二十大精神,参与海东市精神文明建设,组建由17名干部职工组成的青年志愿者队伍,与海东市小峡街道三十里铺村新时代文明实践站结对共建;扎实开展民族团结进步月系列活动,向海东市政府报送简报3篇;开展基层党建"双提升"工作,组织"政治机关建设我来讲""高举旗帜重走长征路、奋发有为建功新征程"等主题党日活动。发挥党建引领,以高质量党建促进业务高质量发展。各党支部充分发挥创建主体作用,集思广益,多措并举细化活动内容,及时总结工作经验,认真梳理研究并严格按照相关工作要求完成好组织实施、自评申报、考评验收等各个阶段工作安排,切实做到建设有方向、创建有目标,"四强"党支部建设工作取得初步成效。年内,1名执法一线科长被海关总署选派赴石家庄海关开展"百名科长百日督查"专项工作、1名业务骨干被西宁海关选派赴格尔木海关开展"口岸危险品综合治理"百日专项行动工作、2名业务骨干被西宁海关选派赴兰州海关开展派驻实地督查工作,党建引领成效显著,高原国门一线战斗堡垒作用得到充分发挥。2022年,西宁曹家堡机场海关党委把学深悟透党的二十大精神摆在最突出位置,抓好常态学习和集中轮训。组织全体干部职工观看党的二十大直播实况,研究制订《西宁曹家堡机场海关学习宣传贯彻党的二十大精神实施方案》,党委成员带头先学一步,以上率下,引导各支部、各科室学深一层;运用思维导图、学习手账等创新学习形式,以青年理论学习小组为抓手,坚持"集体学+自学"模式,紧密联系海关工作实际,开展学习研讨;制作学习宣传贯彻党的二十大精神微信文稿1期、撰写综合信息1篇、全员手写二十大心得体会22篇,组织开展专题研讨3次,随时上报党的二十大精神学习贯彻落实动态。

【促外贸保稳提质】2022年,成立西宁曹家堡机场海关促外贸保稳提质工作专班,研读海关总署十条及西宁海关十一条措施,专题研究机场海关细化落实分工方案,结合实际明确各科室职责分工。深入企业解读政策,走访调研20余次,发现并解决企业实际困难8项。抢抓RCEP生效机遇,利用腾讯会议对16家企业开展RCEP线上专题培训,发挥企业协调员作用,开展AEO认证企业培塑工作。理清理顺食品出口制度规范、查检流程等工作要素,疫情防控期间,高效办理首票出口食品查检业务。全年,累计签发原产地证书41份,签证金额375.9万美元,实现征税129.58万元人民币,审核进出口货物报关单56票。全年,海东市外贸进出口值为3.3亿元。

【青海保税物流中心(B型)建设】2022年,西宁曹家堡机场海关大力支持并推动保税物流中心(B型)发展跨境电商等新业态业务,研究拟定《西宁曹家堡机场海关网购保税进口模式("1210"模式)监管工作方案》,邀请成都海关专家对跨境电商监管相关政策、查验技巧等内容开展培训和指导,线上对青海保税物流园区管委会、跨境电商相关企业开展业务培训。联系职能部

▲2022年8月28日，西宁海关所属西宁曹家堡机场海关关员在抽检出口白酒

门对跨境电商统一版系统进行授权，顺利完成对出区货物的全流程实单布控测试。从黄埔海关协调调拨1台CT机用于跨境电商监管，指定专人解决申请单申报、报关单征税过程中遇到的各类问题，实现跨境电商货物（"1210"）出区常态化，持续为青海发展跨境电商新业态业务起步发展助力。对跨境电商企业实施保税核查1家次，查发货物实际与账册不符问题1项，已通报稽查部门。2022年全年，共放行跨境电商（"1210"）模式申报单249单，为8家跨境电商企业，1家跨境电商平台企业办理备案登记手续，全年，海东市跨境电商外贸进出口总值1.09亿元，占海东市外贸进出口总值的33%。年内，为加快推进青海保税物流中心（B型）建设和发展，在前期跨境电商业务正式开通的基础上，重点研究物流中心跨境电商业务拓展问题和推进物流中心信息化建设，提出在西宁关区开展跨境电商网购保税创新监管试点思路的方案设想，向海东市政府报送《西宁曹家堡机场海关关于支持跨境电商业务多维度发展 提升青海曹家堡保税物流中心（B型）对外开放水平的专报》《机场海关关于支持青海曹家堡保税物流中心（B型）进境肉类指定监管场地建设的思考》2篇专报。

【卫生监督】2022年，西宁曹家堡机场海关全面做实"国门利剑2022""国门绿盾2022"专项行动工作任务，坚持每月一报告一总结，持续防范外来有害生物入侵，加强动植物疫病疫情监测，落实打击走私象牙等濒危物种及制品、"洋垃圾"等相关工作要求，开展口岸监管环节涉恐突发事件、核辐射突发事件应急处置演练，协助动植食处布控外来有害生物监测点近300个，监管中欧班列进境的1560吨俄罗斯燕麦和390吨哈萨克斯坦亚麻籽，有效协助地方优质种子资源引进。受理办结卫生许可5家次，开展卫生监督147家次，空气质量监测10家次，食品安全采样送检126批次，快速检测188批次，饮用水抽检9批次，检出餐饮具、饮用水不合格6批次，制发整改通知书6份。开展病媒生物监测28次，捕获成蚊15只。

【口岸业务能力建设】2022年，西宁曹家堡机场海关持续从严从紧做好口岸疫情防控工作。有序推进口岸疫情防控工作，制订更新《西宁曹家堡机场海关口岸应对新型冠状病毒应急处置预案》《西宁曹家堡机场海关新型冠状病毒口岸防控卫生检疫工作方案》，结合"百名科长百日督查""派驻实地督查"工作，切实堵塞工作漏洞，逐项抓好整改落实，完善防疫物资储备库管理、应急演练预案等工作。扎实做好国际航班复航准备，与相关部门就国际航班复航前的相关工作召开协调会议，启动西宁机场口岸核心能力自查工作，开展口岸公共卫生风险日常评估工作，建成出境负压隔离室，建立疑似病例转运通道和旅检现场卫检智慧通道，组织学习《新型冠状病毒防控方案（第九版）》，不断优化完善岗位和人员设置、流程设计，开展技能比武、职业暴露、内部阳性个案感染等演练8次。不断加强一线人员安全防护能力建设。持续完善"培训考核、监督管理、自查督查"三位一体安全防护体系，组建安全防护专家组、"挑毛病"专家组，精准指导一线严格安全防护操作，建立机场海关三级防护监督队伍，抓紧抓实"岗前检查、工作巡查、全程督查"和"双人作业、互相监督"安全防护监督制度；制定口岸疫情防控工作人员个人防护工作手册，组织全员学习观看安全防护教学视频，对安全防护易疏漏、易出错环节进行重点讲解，持续提升一线人员安全防护意识和规范化操作水平。以练代战，强化一线人员业务能力建设。组织全体干部通过"钉钉"平台学习疫情防控线上专题课程3类疫情防控相关知识，开展3期个人防护实操培训考核、联合边检等多个部门开展西宁曹家堡机场口岸2022年度新冠疫情防控应急处置联合演练1次，开展口岸监管环节涉恐突发事件应急处置演练1次。

【强化内控工作】2022年，西宁曹家堡机场海关以"内控示范单位"创建为契机，聚焦机场海关成立时间短、综合业务底子薄、内控经验缺乏等问题，以防范风险为抓手，修订党委议事规则和议事清单，整理和明确机场海关议事机构32个；新增《曹家堡机场海关外勤执法疫情防控防护规范》《西宁曹家堡机场海关工作人员感染新冠内部应急处置工作预案》等制度规范和指导意见，修订和新增财务制度4项，及时调整出纳岗人员，规避财务管理风险。印发《西宁曹家堡机场海关岗位职责设置意见》，组织人员考取岗位资质，坚决杜绝无资质执法，严格落实双人作业要求，做到查审分离。15名关员取得动物和植物现场查验岗资质，5名关员取得卫生监督员资质，2名关员取得危险货物及其包装查验资质，2名关员取得企业认证人员初级资质。

【疫情防控】2022年，西宁曹家堡机场海关持续落实疫情防控部署安排。设立统筹口岸疫情防控和促进外贸稳增长工作指挥部。关党委书记任指挥部总指挥，其他党委委员任副总指挥，各科室主要负责人为成员。指挥部下设两个工作组，分别为西宁曹家堡机场海关新型冠状病毒疫情防控工作组和西宁曹家堡机场海关促进外贸稳增长工作组，指挥部每月召开会议，听取全关疫情防控工作汇报，研究部署相关工作。毫不放松抓好口岸疫情防控。根据海关总署最新工作要求不断完善口岸疫情防控技术方案体系，针对重点工作、重要环节新增《曹家堡机场海关外勤执法疫情防控防护规范》等制度规范和指导意见，及时传达贯彻海关总署最新疫情防控要求。持续推进疫苗接种和加强免疫接种工作，口岸一线人员做到"应接尽接"，始终保持动态全员全程接种，确保接种疫苗后防护标准不降低。持续提升口岸疫情防控能力。强化疫情风险研判，在关区推动旅通系统卫生处置应用上线运行，配置2台移动方舱，开展职业暴露、工作人员感染新冠内部应急处置、西宁曹家堡国际机场口岸年度疫情防控应急处置等演练，以练代战、以练促战，充分锻炼了一线队伍应急处置能力。持续抓好疫情防控制度更新完善，制定并更新《西宁曹家堡机场海关口岸应对新型冠状病毒应急处置预案》《西宁曹家堡机场海关监管作业现场新型冠状病毒环境监测工作方案》等。持续推动西宁曹家堡机场T1航站楼改造，设置符合标准的移动式个人防护脱卸区域，建设疑似病例转运通道和旅检现场卫检智慧通道，确保旅检现场区域设置等符合口岸疫情防控要求，做好国际航班复航准备。

【信息宣传】2022年，西宁曹家堡机场海关充分利用各类信息渠道和新闻媒体，认真做好信息宣传工作。累计撰写海关工作动态信息128条；撰写综合信息7篇，情况交流2篇，综合信息获西宁海关主要负责同志批示1次；编辑刊发微信稿7篇；提交西宁海关报送海关总署工作信息2篇。

【"海关重点项目和财物管理以权谋私"专项整治】2022年，西宁曹家堡机场海关深刻认识开展非执法领域专项整治是深入推进全面从严治党向纵深发展的重要抓手，是一体推进"三不腐"、建设清廉海关的必然要求。制订《西宁曹家堡机场海关关于开展"海关重点项目和财物管理以权谋私"专项整治工作实施方案》，召开专项整治专题会议8次，完成2项重点项目清单填报，提交12份个人剖析材料，推送每日"警示教育小课堂"112期，"清风送廉"学习课堂12期，并将专项整治检查组反馈的3方面4类问题全部完成整改。支持和配合党委第二派驻纪检组工作，按季度召开党风廉政建设和反腐败工作分析例会，发挥兼职纪检监察员作用，在推进基建项目等工作时主动接受监督。常态化开展准军事化队伍管理，严格落实《海关内务规范》，开展内务督察。扎实开展警示教育月活动，锲而不舍纠"四风"树新风。

【准军事化纪律部队建设】2022年，西宁曹家堡机场海关全面加强干部作风建设，持续强化使命担当和责任意识教育，一体推进"三不腐"。按照"政治坚定、业务精通、令行禁止、担当奉献"的要求，常态化开展准军事化队伍管理，严格落实海关内务规范，实行科室轮流内务督查制度，共开展内务督查44次，共开展准军事化集训5天，全年人均累计参加队列训练时间20小时。认真组织全体干部职工开展"治慵治懒治散"教育整顿和"警示教育月"活动，通过"四个结合"和"三查"对照，增强全体干部职工政治意识和纪律意识。以党的二十大精神为指引，努力在推进全面从严治党上取得更大成效，持续纠"四风"，在重要节点对党员干部开展常态化提醒监督，密切关注酒驾醉驾问题；推进廉政风险源头防控，通过党员学习会及微信群分享等形式不断丰富廉政宣传载体，加强党员干部思想道德和党纪国法学习教育，筑牢拒腐防变的思想防线。

【落实全面从严治党主体责任】2022年，西宁曹家堡机场海关党委书记切实履行全面从严治党工作第一责任人职责，推动党委压紧压实党建工作主体责任，落实"一岗双责"，全力推动全面从严治党、党风廉政建设和反腐败等各项工作落到实处，切实做到全面部署，分责落实；在日常工作中，及时利用典型案例开展警示教育，注重用好监督执纪"四种形态"特别是"第一种形态",抓早抓小、防微杜渐,通过谈话活动,对关员进行及时有效的提醒、教育批评和帮助,做到警钟长鸣,防患于未然。不断严格执法一线科长的教育管理监督,防控廉政风险。全年关党委委员与党员领导干部及普通干部职工开展谈心谈话20余人次,各党支部开展谈心谈话共计30余人次;牢牢掌控意识形态主导权,做到"一把手"亲自抓意识形态工作,发挥党组织团结力和向心力,突出思想政治工作的宣传优势和组织优势。年内,在召开2次思想政治和意识形态工作专题会议的基础上,每月按时召开形势分析例会,结合工作中遇到的问题,有针对性地进行研判和解决。

撰稿人

崔　颖

西海海关

【概况】西海海关于2019年1月建关,是西宁海关领导的正处级隶属海关。主要负责西宁市以及其他市州(除海东市、海西州外)的进出境监督管理工作。西海海关设党委,下设3个科室,分别是综合科、业务一科、业务二科。行政事业编制28人,实有人员23人,其中1人在海北藏族自治州乌兰县茶卡村开展乡村振兴工作;有党员19名。建关4年以来,西海海关先后获评"全国海关先进集体"、省直机关先进基层党组织、"高原青年文明号"荣誉称号,连续3年获评"西宁海关先进集体"。2022年,西海海关以习近平新时代中国特色社会主义思想为指导,深入学习宣传贯彻党的二十大精神,持续践行习近平总书记重要指示批示精神,按照"疫情要防住、经济要稳住、发展要安全"重大要求,强化监管优化服务,为营造平稳健康的经济环境、国泰民安的社会环境、风清气正的政治环境做出基层海关应有贡献。

【党的建设】2022年,西海海关深刻学习领会"两个确立"的决定性意义,始终将"两个维护"作为最高政治原则和根本政治规矩,以习近平新时代中国特色社会主义思想统揽关区工作,从制度层面坚持"第一议题",2022年召开党委会、党委理论学习中心组、统筹疫情防控和外贸稳增长指挥部会议43次,开展"第一议题"学习49次。用好"三会一课"、主题党日、西海学堂等载体,严明党的政治纪律和政治规矩,教育引导全体干部职工不断提高政治判断力、政治领悟力、政治执行力,以党性立身做事,切实把讲政治从外部要求转化为内在主动,实现政治效果和业务效果相统一。全面落实意识形态责任制要求和防范化解意识形态风险工作措施,召开2次党委会专题研究,分析研判工作形势,推进意识形态工作责任制的落实。加强正面宣传引导,在全面完成西宁海关信息宣传指标任务的同时,在海关系统、地方媒体上多点发力,坚决守住管好意识形态主阵地。持续夯实基层党建基础,围绕西海海关党委及各支部工作特点,探索形成"星耀西海"大品牌+"综管明灯、通关经纬、查检前哨"支部品牌的"1+3"党建工作框架。持续提升"四强"党支部创建工作水平,力争在参与全国海关示范品牌和培育品牌评选中有新突破。推动基层党组织书记在推进党建和业务深度融合上出实招,实施"挖潜拓点增量"等3个书记项目,切实增强基层党组织政治功能和组织功能,以强支部推动强业务,做到"两手抓、两不误、两促进",激发基层党组织生机活力。强化政治机关建设专项教育和"学查改"专项工作，开展谈话23人，对134个项目进行系统梳理研判，组织4期"政治机关建设我来讲"系列活动，建立党史学习教育常态化长效化机制，切实深刻领悟"两个确立"的决定性意义，增强"四个意识"、坚定"四个自信"、做到"两个维护"。西海海关党委坚持原原本本学、联系实际学、抓好结合学，真正把党的二十大精神学懂吃透、入脑入心。制订党的二十大精神学习宣传贯彻方案，形成5方面14项具体工作，确保将党的二十大精神学习到位、领会到位、落实到位。党委班子确定调研选题深入开展调查研究；组织处级领导干部参加党的二十大精神专题培训和集中轮训；持续开展"关味宣讲·关促发展"关级实施项目；建立重点工作"一单一表一机制"长效机制，对疫情防控、促外贸保稳提质、安全生产等重点工作实施表单化管理，建立西海海关督办工作机制，完善任务分工、督促检查工作链条，确保落实闭环，切实把党的二十大提出的各项战略部署和任务举措转化为具体的工作思路和行动抓手，推动党的二十大精神走深走实。

【巡视巡察】2022年，西海海关落实"四个融入"要求，针对巡视反馈的5项问题，逐条逐项认真分析，制定整改措施，建立问题清单、责任清单、落实清单，通过"清单化"方式聚焦巡视整改，制定和完善一批管长远、治根本的有效制度，以反复抓、抓反复的韧劲，构建堵塞漏洞、解决问题的5项长效机制，做到既有"当下改"的举措，坚决立行立改，又有"举一反三"，形成"长久立"的机制，全面整改、标本兼治，确保巡视整改落实到位、成果转化到位。做好巡察整改"后半篇"文章。坚持问题导向，针对巡察发现的4方面12项问题，研究制订巡察工作整改方案，设立整改台账，制定4方面34项整改措施，明确整改时限和进度安排，全力落实各项整改任务，加大对巡察整改工作的检查力度，确保做到"逐项整改、对账销号"，通过认真履行整改工作职责，深挖思想根源，填补制度漏洞，固化巡察成果。

【海关"三进"活动】2022年，西海海关以开展海关"三进"活动为契机，全力以赴促进外贸保稳提质，全年辖区外贸同比增长35.5%，对"一带一路"共建国家和地区进出口增长18.7%。制订《西海海关贯彻落实〈西宁海关促进外贸保稳提质的十一条措施〉分工方案》，成立工作专班，发挥"海关服务+开放平台+外贸主体"的联动效能，积极响应企业诉求，特别是突发疫情期间对重点企业实施"一企一策"帮扶，有效解决企业成本上升、订单下降、物流不畅等问题15个。助力市场开拓，多渠道与重点企业沟通，及时推送监管政策和技贸措施40余次，引导企业做好质量管控、合规应对，开拓东盟、欧盟等多国市场。全年受理进出口报关单150票，同比增长15.4%。强化对西宁市外贸分析研判，召开西海海关外贸形势分析会议2次，撰写统计分析8期，开展"清洁能源""甜蜜产业""RCEP"等专题调研，与宁波海关共同撰写能源产品进口监测分析文章，被海关总署相关刊物采用。研究课题"加强风险识别 堵塞非法检出口危险货物包装使用鉴定监管漏洞"被纳入海关总署综合业务司"健全三应运行机制，深化海关业务改革融合""3+N"研究工作范围。

【"关味宣讲·关促发展"系列活动】2022年，西海海关以党的二十大精神为引领，与比亚迪股份有限公司、青海弗迪电池有限公司、西宁阿特斯光伏科技有限公司等辖区重点企业开展线上学习宣讲，聚焦"促学习、促发展、促实效"，面对面"谈心得"共同交流党的二十大精神学习体会，"一对一"教方法详细解读海关监管新规，实打实"解难题"解决企业实际问题，进一步加强沟通合作，打造千亿级产业集群，共同助力青海高水平开放。

【税收征管】2022年，西海海关加强减免税审核确认工作，全年审核确认《征免税确认通知书》164份、同比增长87.6%，减免货值2755万美元，减免税款1785万元、同比增长1.1倍。持续推进属地纳税人管理工作，全年实际入库税收4912.9万元，同比增长近20%，占西宁海关税收入库的95%。首次办理4票进口碳酸锂中国—智利自由贸易协定享惠。持续释放RCEP政策红利，稳妥做好中韩自贸协定原产地证书改版工作，全年签发出口原产地证书432份，签证金额5352.63万美元、同比增长9.2%，其中RCEP原产地证书143份，签证金额182.85万美元；签发首份《海峡两岸经济合作框架协议》（ECFA）原产地证书。落实"放管服"改革，82家企业以"多证合一"方式办理报关单位备案，快速办理备案注销34家；出具2份《企业信用状况证明》。

【强监管优服务实现"外贸回青"】2022年，西海海关持续巩固压缩整体通关时间成效，紧盯每一票报关单，引导企业使用"两步申报""提前申报"等便利化通关模式，建立"一对一"服务机制，对锂电储能、光伏制造等重点项目建设采取"提前预约+快检快放"模式，有效解决突发疫情期间出具原产地证书、电子底账、检验检疫证书等问题，保障通关"零延误"。2022年10月15日，青海弗迪电池有限公司输往台湾地区的1440个锂离子电池顺利结关，实现青海锂电池出口"零的突破"。比亚迪股份有限公司旗下的其他子公司向西海海关申报进出口货值2.5亿元，征收税款2700万元，实现了青海外贸数据回流、业务回归。

【西宁综合保税区监管】2022年，西海海关大力支持西宁综合保税区业务发展，全面提升西宁综合保税区开放载体功能。梳理政策清单，宣传落实海关总署促进外贸保稳提质十条措施和西宁海关十一条措施，组织开展"线上+线下"政策宣讲，探索因地制宜、因业施策，优化监管服务，解决企业实际困难。落实进出区智能化卡口验放、"提前申报+运抵放行"以及简化非报关货物进出区手续等便利化举措，对企业货运、报关、查验、放行等全流程进行优化设计。2022年，西宁综合保税区实现进出口值2.2亿元，全部为进口，在全省贸易额中占比5.1%、全市贸易额中占比6.8%，本地一线进区报关单17票，入库税收434.2万元。

【跨境电商业务】2022年，西海海关成立专班从政策研究、业务流程、海关备案、账册审核、监管进出区等各环节给予全程指导。着力推进跨境电商海外仓、保税商品展示中心、"前店后舱+极速配送"、"跨境电商+中欧班列"等新项目的跟踪协调。2022年综合保税区跨境电商"1210"网购保税进口业务实现"零的突破",跨境电商网购保税进口26单。

【检验检疫及风险管理】2022年,西海海关严格落实"四个最严"要求,完成出口食品生产企业备案10家,开展出口食品农产品安全风险监测。建立安全风险隐患"吹哨人"预警机制,扎实开展"口岸危险品综合治理"百日专项行动,及时妥善处置西宁综合保税区存放不合规的5千克溴甲烷,规范综合保税区非报关货物监管。年内,查检货物551批、4501.4万美元,检出不合格23批,同比增长1.56倍;其中,危险化学品监管不合格15批,同比增长14倍,检出的青海弗迪"出口危险货物包装容器标记及批号印刷不清晰"不合格情事纳入海关总署商品检验司进出口危险品及其包装不合格典型案例。优化整合风险、监管、查检、稽核查廉政等业务条线的制度规范,建立《外勤执法标准化作业表》,覆盖稽核查作业、企业备案、属地查检85个作业项目,贯穿外勤作业事前、事中、事后各环节,切实规范外勤执法、有效防范廉政风险,做到业务操作"零差错"、通关保障"零延误"、违规违纪"零举报"。推动完善或制定《进出口商品复验操作规程》等作业指引10余项,有效规范执法领域自由裁量权。以查发问题为导向深化稽查改革,稽查查发率100%。开展核查作业57家,查发30家,查发率52.63%,其中在西宁关区首次运用"互联网+海关"模式开展核查工作。完成60个集装箱、1560吨燕麦的后续监管,确保40万粒虹鳟鱼发眼卵第一时间投放到进境鱼卵指定隔离检疫场进行孵化。持续开展"国门利剑2022"联合专项行动,推动地方政府建立西宁市打击走私综合治理联席会议制度,打私办设在西海海关,推进地方各部门协同反走私综合治理。

【强化内控工作】2022年,西海海关落实内控主体责任,建立内控工作领导小组并召开2次会议研究推动关区内控机制建设,制定印发《西海海关关于加强内控机制建设工作的措施》,强化内控工作统筹部署。综合考虑内控节点要求和实际工作量,科学规范设置27个具体岗位、103项职责,实施A/B角制度和岗位A角负责制。动态调整内控节点岗位落实清单,关注应用署级、关级内控节点150个、建立科室内控节点15个。开展"内控示范单位"创建工作,组织开展内控工作专题培训4次、邀请西宁海关督察内审处领导和专家"送教上门"2次,培训人员共144人次,营造学在日常、做在平常、融入经常的"人人学内控,处处有内控"良好氛围。

【疫情防控】2022年,西海海关强化思想认识,牢记"坚持就是胜利",不断抓实抓细疫情防控各项工作,紧盯海关总署和西宁海关的疫情防控政策,结合属地要求,持续加强学习研究,保证落实不偏差、不走样。压紧压实责任,持续释放"失责必问、问责必严"的强烈信号,教育引导全体干部职工严守工作纪律,认真履行个人责任。做好海关总署"百名科长百日督查""派驻实地督查"反馈问题立行立改、长效整改工作,结合关区实际,认真落实"日报告、零报告"、出差出行审批等各项制度。建立西海海关疫情防控整改长效机制,建立常态化"自查自纠"机制,经常性对疫情防控工作开展检查,发现问题立即整改到位;建立"三个融合"机制，把疫情防控工作融入日常工作、融入安全风险防范工作、融入纪律作风建设，做到同步整改，整体提升，从严从紧从实抓好内部疫情防控工作。严格管理防疫物资，对防疫物资储备库安装视频监控系统，定期开展盘库、巡查，确保物资数量配备合理，出入库管理严格。参加"三级梯队"技能培训考核，提升实操能力，组织全关防护装备穿脱培训演练8次，履行安全防护监督员职责。妥善应对2022年属地4次疫情应急状态，确保工作有序。

▲2022年11月24日，西海海关关员赴辖区出口企业调研智慧渔业部署情况

【全面从严治党主体责任】2022年，西海海关聚焦夯实"一把手"责任，坚决贯彻落实新时代党的建设总要求，召开全面从严治党工作会议，明确4方面55项目标任务，制定主体责任清单，强化履职刚性。细化加强"一把手"和领导班子监督的14项任务清单，常态化开展"政治体检"。聚焦强化履行监督责任，党委书记坚决落实"第一责任人"责任，做到"四个亲自"，党委委员落实"一岗双责"，推动分管领域责任落地，党委会定期听取全面从严治党工作情况汇报，分析研判形势，提出加强和改进措施。健全党委派驻纪检组会商通报机制，推动"两个责任"同频共振、同向发力。做细日常监督，综合运用会议提醒、现场检查等方式，加强对基层一线权力运行的监督制约。聚焦层层压实工作责任，抓实科长队伍建设，党委书记、委员定期与科长谈心谈话，每季度召开党风廉政建设形势分析会，查找风险隐患，从严整改落实。

【一体推进"三不腐"】2022年，西海海关持续强化"不敢腐"惩戒震慑，深化"海关重点项目和财物管理以权谋私"专项整治，印发《"一把手"和领导班子监督办法》《加强新时代海关廉洁文化建设任务分工方案》《西海海关防范化解腐败风险重点任务责任清单》等制度规定，着力深化"三不腐"一体推进。建立4个巡视巡察整改长效机制，制度建设与监督、整改、防范工作协同推进、一体落实。持续扎紧"不能腐"制度笼子，组织对各项制度进行再梳理、再完善，新增和修订制度13项，切实做到用制度管人、管事、管权。持续筑牢"不想腐"的思想防线，扎实开展警示教育活动，开展经常性纪法教育，用身边事教育身边人，扣好年轻干部廉洁从政"第一粒扣子"。加强新时代海关廉洁文化建设，设立"小迷糊"廉政IP，自觉践行"求实、扎实、朴实"的海关文化。

【"海关重点项目和财物管理以权谋私"专项整治】2022年,西海海关印发《西海海关关于开展"海关重点项目和财物管理以权谋私"专项整治工作方案》,利用党委会、形势分析会、党支部"三会一课"和"西海学堂"等方式,选取政治教育、纪法教育、警示教育相关篇目进行集中学习,做到抓经常、抓日常。聚集"关键项目",梳理西海海关重点项目内容,查阅17份文书档案,上报相关自查情况。聚焦"关键岗位",确定专项整治自查人员名单,及时填报个人违规事项申报表并按要求撰写个人剖析材料。聚焦"关键企业",利用电话通信方式通报整治重点内容和举报途径,调研西海海关廉政风险问题,组织22家企业完成西宁海关综合组专项整治工作企业调查问卷。通过做实学习教育、全面自查、问题整改各环节工作,实现治理成效、制度建设、队伍管理、廉政文化建设等方面的质效提升。

【纪律作风建设】2022年,西海海关坚持不懈强化日常作风养成,严格落实中央八项规定精神及实施细则和海关细化措施,紧盯节假日关键时间节点,常态化开展节前廉政提醒,严格"八小时内外"监督,制定《西海海关干部职工"八小时外"行为规范"十不准"》,探索建立"西海海关外出饮酒报备"制度,从源头防范酒驾醉驾情事发生,反复抓、抓反复,坚决防止"四风"反弹回潮。坚持不懈纠治形式主义、官僚主义,持续在精简文件、会议等事项上下功夫,2022年公文数量持续压缩。坚持不懈深化内涵学军,严格准军事化纪律部队建设各项要求,扎实开展"内务规范强化月"活动,全员参加列队训练,持续开展内务督察12次,发现问题及时通报、立行立改,雷厉风行、令行禁止的作风进一步强化。

撰稿人

郭 莹

格尔木海关

【概况】格尔木海关于2019年3月正式开关，内设综合科、业务科。行政编制15人，其中关领导3人，综合科6人（科长1名，副科长1名），业务科6人（含驻村1人），平均年龄34岁；党委第一派驻纪检组单独派驻。设业务科综合科联合党支部1个，党员8人。全年无违纪违法情况发生。

2022年，格尔木海关以习近平新时代中国特色社会主义思想为指导，紧紧围绕学习宣传贯彻党的二十大精神这一主线，深入贯彻落实习近平总书记对海关工作的重要指示批示精神，在西宁海关党委坚强领导下，在地方党委政府关心支持下，建强组织、履职尽责、服务大局、团结奋斗、从严治党"五线并进"，在政治建设、内部防控、守牢国门、强化监管、服务发展、暖心工程、精神风貌等方面取得新突破。先后获评青海省"青年文明号"，2022年度青海知识产权保护工作"成绩突出集体"，海西州"文明单位"等称号，连续3年获评格尔木市民族团结进步创建工作考核优秀单位；1名同志家庭获评"全国最美家庭"荣誉称号。

【党的建设】2022年，格尔木海关提前谋划推动，出台《中共格尔木海关委员会宣传贯彻党的二十大精神的意见》；制订实施方案，举办党委理论学习中心组（扩大）学习会暨全体干部学习宣传贯彻党的二十大精神培训班，"一把手"宣讲党的二十大精神；开展党团共建专题研讨会3期，形成学习心得33篇，学习贯彻100%覆盖全体干部职工（含聘用制人员）。党支部、团支部组织开展党的二十大专题主题党日、团日活动。坚持"第一议题"制度，将习近平总书记重要指示批示精神第一时间传达、落实。推动党史学习教育常态化制度化。严格落实意识形态工作责任制，"一把手"与班子成员及全体职工谈心谈话31次。扎实开展"三个专项"（专项教育、专项工作、专项整治），建立工作台账。推进"四强"党支部建设，出台《中共格尔木海关委员会关于加强自身建设的意见》，吸纳积极分子1人，确定发展对象1人，1人主动递交入党申请书，4人参加省直机关工委党员发展对象培训合格。严格落实"三会一课"制度，全年开展主题党日活动及党员大会12次，支部学习12次，主题党课6次。格尔木海关把迎接党的二十大和学习宣传贯彻党的二十大精神作为贯穿全年的工作主线。研究制订《格尔木海关学习宣传贯彻党的二十大精神工作方案》，明确5个方面工作任务，分层级、明责任、定时限，将关区学习宣传及贯彻落实各项任务落实落细。组织党员干部、青年关员围绕学习党的二十大精神，认真撰写心得体会，通过党委理论中心组（扩大）专题学习会、支部"三会一课"、青年理论学习小组等形式，分层次、分领域开展学习贯彻党的二十大精神讨论学习。格尔木海关党委班子成员充分发挥领学促学的示范带动作用，以身作则、率先垂范、先学一步、深学一层，第一时间召开党委会、理论学习中心组（扩大）学习会议，开展3次集中学习，原原本本、逐字逐句学习党的二十大报告和新修订的党章，深刻领会其核心要义、丰富内涵、实践要求。

【业务建设】2022年，海西州外贸进出口总值6.1亿元，同比增长89.1%，占青海省进出口总值的18.8%。其中出口5.93亿元，同比增长92.7%；进口1700.77万元，同比增长14.7%。产品出口至东盟、日本、欧盟等15个国家和地区。青海五彩碱业有限公司、金昆仑锂业有限公司、青海察汗诺洲华国际贸易有限公司3家企业产品年进出口额均达亿元以上。其中碳酸钠（纯碱）出口2.2亿元，同比增长23.4倍；金属锂出口首次"破亿"，出口1.7亿元，同比增长100%；焦炭及半焦炭出口1.15亿元，同比下降58%。海西州有机枸杞出口额1568万元，占青海省有机枸杞出口额的95%以上，出口量连续5年保持在200吨以上。大柴旦和信科技有限公司、青海国源化工科技有限公司、青海聚之源新材料有限公司、格尔木藏华大颗粒钾肥有限公司4家盐湖化工企业实现首次出口，成为新的外贸增长点。结合习近平总书记参加十三届人大四次会议青海代表团审议时强调结合青海优势和资源，贯彻创新驱动发展战略，以产业"四地"建设为抓手，强化监管优化服务，重点在建设世界级盐湖产业基地以及建设绿色有机农畜产品输出地方面精准发力，对辖区金属锂等化矿产品以及枸杞等特色农畜产品出口制定有针对性的扶持措施。助推海西州枸杞评议基地建设，通过强化技术性贸易措施评议，增加枸杞出口标准话语权为打造"绿色有机农畜产品输出地"贡献海关力量。全面落实习近平总书记关于安全生产重要指示批示精神，切实提高防范化解重大风险能力，严密防范系统性安全风险，落实海关监管责任，对重点领域、重点行业、重点商品实行重点监管，强化源头管控。认真开展"口岸危险品综合治理"百日专项行动工作，排查问题5个，已全部完成整改。2022年，共接收稽核查指令10起，办结稽核查作业10起，100%实现核查双随机作业。开展稽查作业1起，查发问题1起，查发率100%；开展核查作业9起，查发问题5起，查发率55.56%。按要求完成2022年度目录外进出口商品、食品、农产品风险监测工作，对9家"有机枸杞"出口生产企业采样27份，对1家出口工业产品生产企业采样1份。落实全国通关一体化、"提前申报"、"两步申报"海关通关便利化改革措施，大力压缩通关时间，持续优化营商环境。2022年，共受理进出口报关单16票，进出口整体通关时间优于全国平均水平。针对海西州幅员辽阔、查检耗时长的特点，创新监管模式，推行节假日提前预约通关、预约查验工作模式，利用"视频预检"、任务清单等方式做到敏捷查检、提高检查精准度，实现顺势监管、高效监管、精准监管、有效监管，减少对企业

▲2022年5月1日,西宁海关所属格尔木海关关员对一批出口危险化学品进行检验

充分利用海西州资源禀赋优势,立足外贸实际,推进落实政策"靠前发力、适时加力"要求,出台《格尔木海关关于贯彻落实〈西宁海关促进外贸保稳提质的十一条措施〉的实施意见》,制定4方面14条具体措施,密切联系地方商务部门、外贸企业,融入海西州经济发展格局,用好"问题清零"机制,建立"格尔木海关问题清零台账",记录走访调研、监督查检中发现的难点、堵点问题,在"四地"建设中精准发力。2022年,走访20家政府部门及当地企业,梳理问题6条,制定清零措施8条,通过走访、调研、摸排,深入了解党委政府想什么、外贸企业要什么,在严格监管的同时,找准定位、做好衔接,明确海关能做什么,指明格尔木海关今后工作的发力方向。加强培训宣讲,让政策及时送达企业,对辖区内3家企业进行知识产权海关保护备案提供政策扶持和"一对一"指导,格尔木亿林枸杞开发有限公司成为关区首家知识产权海关保护备案企业,实现知识产权海关保护"零的突破"。联合地方商务部门,培育新的外贸增长点,"一企一策"帮扶5家盐湖化工企业实现首次出口。强化统计监测分析和数据服务,为地方决策提供数据支持。与格尔木市商务局和工业商务科技和信息化局签署合作备忘录,就双方重点工作进行进一步明确,共同为地方外向型经济发展出力;打造"数说格关"业务品牌,推出"海西特色产品外贸形势简报"统计产品,利用公开数据梳理海西州特色产品的外贸信息,为政府提供决策依据、为企业指明外贸"新蓝海"。

【综合保障】2022年,格尔木海关建立防疫物资库和医务室,主动破解民生难题,加强财务统筹,开源节流,落实"过紧日子"要求。

【队伍建设】2022年,格尔木海关开展"关长走进口岸封管区",关注一线人员工作情况。主动融入格尔木政治经济文化生活,申请加入地方目标责任制和精神文明建设成员单位。参与格尔木创建全国文明城市活动,开展联点包干街巷卫生整治及宣传教育志愿活动8次。在学习徐震同志"全国最美家庭"事迹上增强自信。成立羽毛球队、自行车骑行队,每季度组织读书分享会,凝聚团队精神。发挥工会妇联职能,做好节日慰问、困难帮扶等工作。

【疫情防控】2022年,格尔木海关贯彻落实"疫情要防住、经济要稳住、发展要安全"重大要求,强化应急处置保障,与格尔木市疾控中心建立应急联络机制,邀请专家加入格尔木海关疫情防控"挑毛病"工作组,检查内部疫情防控漏洞,制订应急预案,组织开展疫情应急处置演练3次。8月15日,格尔木发生本土新冠疫情,格尔木海关严格执行属地疫情防控措施,科学统筹内部防控工作,协调做好后勤保障,组织开展人员轨迹排查150余人次,监督参加属地全员核酸检测480余人次,物资保障充足,各项工作衔接顺畅。督促干部职工完成新冠病毒疫苗及流感疫苗接种。静态管理期间"外防输入",确保内部人员安全。后勤保障有力,有计划地储备、发放生活及防疫物资。强化应急值守,每日向总关办公室报告属地疫情情况。工作衔接有序,与有关部门沟通协调,为有需求的企业"特事特办",保障顺利通关。

【优化口岸营商环境】2022年,格尔木海关深入推进海关通关一体化改革,优化口岸营商环境,全力稳住外贸外资基本盘,以务实举措坚决捍卫"两个确立",坚决做到"两个维护"。通过现场指导、政策宣介持续推广"单一窗口"标准版,提升"单一窗口"功能使用率,海西州"单一窗口"标准版已实现全覆盖,海关业务办理应用率达100%。深化"一次申报、分步处置"通关改革,优化业务现场设置,在业务现场设置"格尔木海关办事指南"海报及"绿色窗口",方便企业办理海关通关业务。持续推进"自报自缴""税费电子支付"等税收征管改革措施,2022年入库税收50.2万元;推进原产地"智能审单""零见面"签证服务,为企业提供原产地证书自助打印、寄递服务,实现关区内企业原产地证书智能审核、证书自助打印全覆盖,依企业诉求提供证书寄递服务23次。2022年签发原产地证书44份,签证金额907.91万美元。

【教育培训】2022年,格尔木海关以加强科室能力建设为目的,对业务制度查缺补漏,新增修订各项业务制度,组织全体人员参加海关总署及总关组织的各类教育培训,不断提升政治能力、夯实业务基础;加强人才培养和技能提升,突出抓好新入职关员传帮带,进一步健全各岗位资质,促进科室管理水平不断提高,激发队伍活力;参加各类资质考试和业务练兵,不断提升关员业务水平,2022年获危险货物包装检验资质3人,获海关信用管理资质2人次。组织人员参加全国海关稽查大练兵比武,提升业务人员稽查业务水准。组织开展"我来当主讲"业务讲堂,倒逼关员深入学习业务知识。编制格尔木海关业务操作规范大纲,由点及面汇总相关条例、规定、公告、标准等规范性文件共计150余项,形成业务知识图谱。

【格尔木陆港建设】2022年,格尔木海关全力支持格尔木陆港型国家物流枢纽建设工作,立足海关职能,建言献策,在促进政策沟通、设施联通、贸易畅通中做出更大贡献。主动对接、支持格尔木陆港建设,对《格尔木陆港园区建设方案》提出"建设陆港海关监管中心""建设指定监管场地"等7条建议。向地方报送格尔木海关关于支持格尔木国际陆港建设及相关建议工作专报1份,获海西州主要领导批示。畅通沟通交流平台,与格尔木陆港型国家物流枢纽办公室开展座谈4次,提供海关政策支持服务。

【全面从严治党】2022年,格尔木海关扎实推进清廉海关建设。一体推进"三不腐"同时、同向、综合发力，推动格尔木海关事业健康向前发展，围绕"铸魂、聚力、有为"，出台加强党委自身建设的意见，构建党委领导、书记主抓，支部主责的党建网格管理机制，青年关员100%主动向党组织靠拢。结合"学查改"专项工作和专项整治，针对主角、主责、主业意识不强等问题，从严落实全面从严治党、从严治关责任；配合派驻监督工作，严格落实定期议党、专题议党等制度。以"昆仑清风"涵养政治生态清风，开展廉政专题党课和"基层书记谈责任"专题访谈、参加海关文化建设西北协作区联学联建活动，自觉形成"高质量政治建设引领高质量党建，高质量党建推动高质量发展"的集体共识。印发《格尔木海关内控管理办法》，提高运用内控手段防范执法、管理和廉政风险能力水平，业务科获评关级"内控示范单位"。走访州、市纪委监委，沟通协调工作，在参与地方目标责任制考核、精神文明建设中接受监督，在主动向政协、人大反馈工作中主动接受监督。结合审计整改，举一反三，完成各级审计整改问题9个。根据巡视整改自查和集中清查的要求，全面梳理巡视整改台账，做到问题清零。

撰稿人

马太山

【准军事化纪律部队建设】2022年，格尔木海关对干部队伍注重细节培养，加强日常养成。深入落实《海关内务规范》要求，开展内务督察等活动，促进关容风纪持续提升。加强政风行风建设，抓好窗口作风提升，充分利用12360海关热线，强化执法行为监督，树立起良好的海关执法队伍形象。组织干部赴驻格部队开展"内涵学军"活动，持续整肃关容风纪，锻造边关队伍准军形象，促进准军作风养成。

第八篇

直属事业单位

西宁海关后勤管理中心

【概况】西宁海关后勤管理中心（以下简称"后勤管理中心"）设3个内设科室，2022年有事业编制人员8人，聘用人员41人。后勤管理中心为独立核算单位。2022年，后勤管理中心深入学习宣传贯彻习近平新时代中国特色社会主义思想，不断增强"四个意识"、坚定"四个自信"，坚决做到"两个维护"，在西宁海关党委的坚强领导下，紧紧围绕服务与保障两大主线，不断总结经验，创新工作方法，圆满完成全年各项工作。

【党的建设】2022年，后勤管理中心以习近平新时代中国特色社会主义思想为指导，深入贯彻落实党的二十大精神，不断深化政治机关意识教育，坚决做到"两个维护"。全面贯彻落实全国海关和西宁海关工作会议、全面从严治党工作会议精神，坚定不移发挥党建引领作用。全年召开主题党日12次，讲授党课7次，开展党员大会4次，集中学习8次，发展党员1名；按照专项教育工作中开展"五个一"活动要求，开展纪法教育、警示教育，召开专项教育专题党课1次，集中学习1次；落实组织生活会、民主评议党员等制度，用制度管人、管事，召开组织生活会暨民主评议党员1次，切实把查摆问题摆在前面，强化问题整改落实；落实谈心谈话制度，共计谈心谈话12次。落实全面从严治党主体责任制，成立以党支部书记为组长，副书记、兼职纪检监察员为组员的党风廉政建设领导小组，健全"党支部统一领导，兼职纪检监察员协调督查，各部门各负其责"的工作机制，全年召开党风廉政季度分析会4次，党风廉政月度例会8次，组织观看《国门卫士岂容违纪破法》警示教育片2次。

【疫情防控】2022年，后勤管理中心从严从紧抓好疫情防控工作，落实"日报告、零报告"制度，加强门卫出入人员管理，落实扫"双码"、测温登记及公共区域和食堂的日常消毒保洁工作，在人员管控、日常消毒作业、食堂供餐、生活服务、公务车辆等方面落实疫情防控要求，制订《西宁海关新型冠状病毒疫情防控公共场所消毒方案》，全年开展各类消杀工作2000余次；在疫情防控值守期间，拓宽物资采购来源，打通采购渠道，丰富供应品类，为应对疫情提供强有力的保障。

【安全生产工作】2022年，后勤管理中心深入贯彻习近平总书记关于安全生产重要讲话精神，切实加强关区安全生产工作，定期对各个办公区的燃气设施、水电、消防及锅炉设施等进行重点检查，以月度检查和日常检查相结合方式，完成月度安全检查6次，节前安全检查8次，日常安全检查每日1查；开展安全生产、防汛等方面风险隐患排查工作，全年共排查风险隐患20项，制定整改措施20条；组织干部职工开展消防安全培训及逃生、灭火演练，夯实关区预防、控制火灾的基础，无火灾及安全生产方面的事故发生；定期组织消防、电梯、高低压设备等维保单位进行检修维保。

▲2022年5月17日，后勤管理中心做好疫情期间后勤保障

【车辆管理】2022年，后勤管理中心持续推进西宁海关安全生产专项整治三年行动，开展"严查隐患抓整改，预防事故保安全"百日安全行车无事故活动，并要求车队做好车辆日常保养、维护和年审工作，定期对驾驶员进行安全行车和职业道德教育，强化交通安全意识，按照《西宁海关公务用车使用管理规定》进行公车管理，每月通过海关政务办公系统向全关公示定向化保障车辆使用情况和各部门用车情况；对车辆进行安全专项检查，倡导安全文明驾驶，保证车辆出行安全无事故。

【审计整改】2022年，后勤管理中心根据《西宁海关党委第二巡察组巡察反馈意见》相关要求，成立巡察领导小组，对巡察反馈意见指出的5个方面14类36项主要问题，研究制定具体整改措施39条；对照《海关总署经济责任审计问题库》，逐项进行自查自纠及整改，对自查发现的4个方面9项整改问题，按照方案要求，聚焦问题整改，加强督促检查，深入剖析原因，形成自查自纠整改报告。

【专项整治】2022年，后勤管理中心贯彻落实西宁海关"海关重点项目和财物管理以权谋私"专项整治工作要求，对招标代理机构青海正基工程咨询有限公司进行调研走访，告知整治重点和举报途径；围绕专项整治工作，开展全面深入的自查工作，12名干部职工进行个人违规事项申报和个人剖析材料撰写。

【植树造林活动】2022年，后勤管理中心对林区消防设施进行检修、检验，建立2个消防站，筑牢林区防火工作基础；为确保春季造林的正常运行，中心检修、更换部分损坏浇水管道、阀门等设施，做好雨季防汛安全检查和预防工作，与相关部门联系做好林区、林木病虫害防治工作，向护林员发放防疫物资，做好林区防疫工作。

【文明餐桌】2022年，后勤管理中心加强食堂卫生管理，营造文明、健康、环保、节约的就餐氛围，摆放宣传牌，张贴宣传海报，倡导干部职工人人争做"勤俭节约，文明用餐"的宣传者、实践者、监督者；要求干部职工遵守公共道德规范，不在食堂肆意喧哗，不在禁烟场所吸烟，制定《西宁海关无烟管理规定》，强化监督，落实制度，坚持做好禁止吸烟的宣传工作；为缓解群众农产品销售难题、增加群众收入，后勤管理中心参与消费扶贫活动，在扶贫网采购滞销农产品，营造"人人参与消费扶贫、人人宣传消费帮扶"的良好社会氛围，帮扶金额共计135000元，为巩固脱贫攻坚成果、促进乡村振兴贡献力量。

【涉案财物仓储管理】2022年，后勤管理中心落实涉案财物仓储管理制度，与财务处、缉私局、西宁曹家堡机场海关建立涉案财物仓库联系配合机制，优化出入库流程，同时加强涉案财物仓储保管方式，在双人操作的基础上，辅以加贴封条等方式进行储存，保障涉案仓储安全，提升执法效能。全年共入库境外邮寄种子2批、涉嫌侵权物资10000余件、象牙等濒危物种制品1批、邮票制品1批、雪茄等烟草制品1批，出库并配合处置象牙等濒危物种制品1批，配合鉴定境外邮寄种子2批、犀牛角及玳瑁制品等10余件。

【后勤保障】2022年，后勤管理中心保障西宁海关3个办公区会议62场次，提供维修服务673次，售出外卖数量3235人次，保障3个办公区就餐10.7万人次，服务宿舍28套。

撰稿人

肖　莉

西宁海关技术中心

【概况】西宁海关技术中心（以下简称"技术中心"）隶属于西宁海关，主要承担进出口食品检验、商品鉴定与检验、进出境动植物检疫等科研与检疫检测工作。下设综合业务部、动植物检疫与食品检测实验室、商品检测与鉴定实验室3个科室。拥有海关总署署级国家沙棘重点实验室1个，青海省食品安全研究重点实验室1个。

2022年，技术中心以习近平新时代中国特色社会主义思想为指导，坚定拥护"两个确立"、坚决做到"两个维护"，以迎接学习宣传贯彻党的二十大精神为主题主线，按照"疫情要防住、经济要稳住、发展要安全"的重大要求，结合西宁海关党委工作部署，有序推进技术中心各项工作落实。2022年以政治建设为引领，坚持"第一议题"制度，深入学习宣传贯彻党的二十大精神，制订学习宣传贯彻实施方案和项目实施分布图夯实技术能力；持续提升法检保障能力；落实疫情防控和安全生产工作要求；不断提升科技能力；扎实推进"海关重点项目和财物管理以权谋私"专项整治工作。完成检测样品6848批次，36235项检测任务；首次承接企业标准制修订服务2项，首次承接对外动植物检疫服务项目1项。获批成为青海省科技厅科技创新券服务机构。完成海关总署科研项目验收1项，申请海关总署科研项目2项、技术规范1项；完成《青海出口枸杞质量安全体系及品牌建设项目》子项目验收；主持并参与完成3项青海省食品安全地方标准；发表SCI论文1篇，申请发明专利1项；撰写海关学会征文1篇，撰写行业标准解读1篇。2022年开展各类培训共计34次，覆盖447人次。

【党的建设】2022年，技术中心深入学习贯彻习近平新时代中国特色社会主义思想及党的二十大精神，坚决捍卫"两个确立"，坚决做到"两个维护"，全面履职尽责。坚持"第一议题"制度，第一时间学习习近平总书记重要指示批示精神。在疫情防控上，扛起主体责任，落实西宁海关和属地各项防疫要求。在促进经济稳定上，持续推进青海产业"四地"建设，完成3项地方标准和2项企业标准制定。在安全生产上，开展安全培训和消防演练、及时整改外部检查和自查的安全风险隐患9项，制修订制度2项。落实《支部全年党建工作计划》。召开支委会12次、支部大会4次，开展党课6次，其中邀请西宁海关副关长徐岊讲党课1次，召开专题组织生活会1次。加强支部党员管理工作，增设党小组1个，7名入党积极分子被列入发展对象,接收2名入党积极分子。6月,技术中心保健中心联合党支部赴西宁海关结对帮扶村开展结对帮扶活动1次,送政策、与党员和村委干部进行交流,并给茶卡村及巴音村各捐赠4袋面粉、4袋大米,给结对帮扶户送去1袋面粉、1袋大米、1桶油,200元慰问金。9月,组织开展了全关区精品主题党日活动"共担食品安全责任、共享美好生活"。年内,召开意识形态分析会议2次。开展谈心谈话累积64人次,及时发现并引导解决思想问题苗头,尤其在疫情防控工作期间,做到不信谣不传谣;了解员工的思想动态和困难,开展座谈交流缓解心理压力,并协调解决困难员工生活物资,为4名出行人员解决防寒物资,为集中办公人员购买必需品和药品,为2名隔离人员送达生活物资,以实际行动传递关心关爱。开展捍卫"两个确立"、做到"两个维护"、强化政治机关建设专项教育活动和"学查改"专项工作,制订《技术中心开展捍卫"两个确立"、做到"两个维护"、强化政治机关建设专项教育活动实施计划》,开展"关员人人讲政治 业务处处看政治"主题党日活动,形成政治要求清单。对照"四个是否",技术中心查摆问题11个,制定整改措施13个;领导班子个人查摆问题25个,及时制定整改台账,并进行扎实整改。根据《西宁海关学习宣传贯彻党的二十大精神实施方案》要求,研究制订《技术中心关于学习宣传贯彻党的二十大精神的实施方案》,并按照实施方案制作《西宁海关技术中心学习宣传贯彻党的二十大精神项目分布图》,依据细化的7个方面24项内容进行实施。及时学习并传达西宁海关党委书记、关长尹卫锋在西宁海关党委理论学习中心组(扩大)学习暨各单位部门主要负责同志学习贯彻党的二十大精神专题培训班上的讲话要求,邀请西宁海关党委委员、副关长徐昌就党的二十大精神的重大意义、新修订的《中国共产党章程》、党的二十大报告内容等方面进行了全面系统的宣讲1次,就如何全面学习、全面把握、全面落实党的二十大精神进行辅导。开展多形式、分层次、全覆盖的学习宣传工作,组织全体党员干部收听收看党的二十大直播盛况,观看实况后第一时间组织全体党员干部谈体会、讲感受、说心得,全面掀起学习宣传贯彻热潮,确保全面学习、全面把握、全面落实党的二十大精神。开展"党课我来讲",支部书记、党小组组长讲党课8次;将党的二十大精神学习心得刊发在支部学习专刊上,共计刊发6期,展示学习心得16篇,评选出优秀学习心得5篇在支部宣传栏中向全体员工进行展示。组织中心班子成员"先行学、带头学",班子成员集中学,组织技术中心班子成员在周例会上学习党的二十大精神并做交流发言6次;支部委员、党小组组长跟进学,各科室负责人结合工作做学习交流5人次;推进普通党员及时学并做学习交流4人次;组织青年同志开展学习交流分享活动——技术中心"党的二十大精神青年说"。推动中心党员、领导干部深入开展调研,围绕中心重点工作,找问题、理思路、明举措、重落实,将党的二十大精神学习体现在具体的工作中,并将促进发展作为落实党的二十大精神的落脚点。

【全面从严治党】2022年,技术中心制订《支部党风廉政工作计划》,召开党风廉政形势分析会4次。结合支部集中学习、党风廉政形势分析会议、"海关重点项目与财物管理以权谋私"专项整治工作开展政治教育、纪法教育、警示教育。开展警示教育月活动，观看《国门卫士岂容违纪破法之二》，支部书记以"廉政课堂之一体推进'不敢腐、不能腐、不想腐'"为题讲党课。组织全体员工学习《党的十九大以来海关系统违纪违法典型案例警示录》，撰写心得体会41篇。运用"第一种形态"，批评教育帮助5人次。内控节点中增加有关党风廉政建设的3个节点。节假日前学习警示案例，并就落实中央八项规定精神、杜绝酒驾醉驾违法行为等进行节前廉政提醒5次。主动接受监督并加强沟通，日常与西宁海关监察室、派驻第二纪检组加强沟通，重大事项主动邀请第二派驻纪检组监督或指导。以高度的政治责任感，组织海关总署巡视问题回头看自查工作、西宁海关巡察情况自评工作，完成海关总署审计问题整改1项。

【业务工作】2022年，技术中心顺利完成各项既定业务工作。制修订内部管理制度10项。调整科室负责人2名，遴选一名技术骨干担任科室临时负责人，完成2名科级管理人员试用期满考核工作。强化2022年预算执行工作，新增设备23台套，预算执行率为100%。召开内控工作会议5次，修订内控管理办法1项，梳理内控节点26个。发挥把守国门安全技术支撑作用，完成法检64批次452项检疫工作，其中动植物检疫39批次281项，进出口食品及商品检验检测25批次171项；承担西宁海关监督抽检316批次1763项；首次承担西宁海关口岸外来入境物种普查项目。开展对外科技检测服务，与各地市场监督管理局、青海省林业和草原局、青海省农牧局等政府部门签订检测合同18份，完成检测样品6848批次，项目36235项；首次承接企业标准制修订服务2项，动植物检疫方面首次承接对外服务项目1项。向青海省科技厅申请并成为科技创新券服务机构。2022年为青海省公安系统提供20批次保健食品非法添加检测服务。组织学习《习近平法治思想》，结合技术中心实验室安全、食品检测、生物安全等工作实际宣讲《中华人民共和国安全生产法》《中华人民共和国食品安全法》《中华人民共和国生物安全法》等法律法规。落实安全生产责任，邀请消防宣传单位进行安全消防知识培训1次，组织内部相关安全知识培训4次和开展安全生产应急演练1次；落实实验室安全员日检查，各科室周检查，技术中心在节假日前开展大检查，节假日期间安排专人进行安全巡察。

【体系管理】2022年，技术中心按照CNAS-CL01：2018《检测和校准实验室能力认可准则》、RB/T 214-2017《检验检测机构资质认定能力评价检验检测机构通用要求》、CNAS-CL01-A002：2020《检测和校准实验室能力认可准则在化学检测领域的应用说明》、CNAS-CL01-A001：2018《检测和校准实验室能力认可准则在微生物检测领域的应用说明》等相关标准文件进行实验室管理体系运行。按照《能力验证计划》《期间核查计划》《质量监督计划》等各项工作计划，推进各项质量工作。2022年，在食品、化妆品、水、土壤、矿产品等领域进行内部质量控制23次；用质控样、人员比对、能力验证、添加回收、考试、抽查等方式在食品、化妆品、水、矿产品检测以及合同评审、抽样、样品管理等方面进行人员监督21人次；参加中国海关科学技术研究中心、宁波海关技术中心、南京海关动植物与食品检测中心、中国检科院测试评价中心、北京中实国金国际能力验证研究有限公司等组织单位在食品、化妆品、水、土壤、化肥、矿产品、化工产品的能力验证18次，结果满意率为100%，参加A类能力验证2项，结果均为满意；对实验室天平、ICP、ICP-MS、原子吸收仪、离子色谱仪、液相色谱仪、气质联用仪以及常用标准物质进行期间核查35次；采取线上与线下、应急值守与居家办公相结合的方式开展了包括实验室仪器实际操作及应用、标准解读、计量确认、综合部安全、抽样知识培训、新版兽残标准解读、国抽细则及食品抽检判定标准、实验室安全、检测技术及质量管理体系、消防安全等开展培训共计34次，447人次。3月，对GB 5009.17-2021《食品安全国家标准 食品中总汞及有机汞的测定》以自我承诺的方式在网上提交变更，及时得到批复。12月，进行实验室内审，发现不符合项5个，均已整改完成，并开展了实验室管理评审。为提升技术中心服务能力，梳理优化调整实验室资质范围931项。

【科技工作】2022年，技术中心通过《非靶向技术在出口枸杞有机污染物筛查和产地溯源中的应用研究》和《青海出口枸杞质量安全体系及品牌建设》2项科研项目验收，其中前一个项目被海关总署科技评审组评审为良好。2月，完成2021年度青海省科技统计调查填报工作。3月，向青海省科技厅提交2021年度青海省食品安全研究重点实验室基本信息采集表。4月，向青海省科技厅申请入驻科技创新券服务机构的工作，并被纳入服务机构名单。5月，申请海关总署科研项目2项，分别为《青海出口钾肥有害元素的快速检测方法建立及调查》和《高灵敏度数字PCR与定量PCR对龙羊峡虹鳟鱼和大西洋鲑鱼源性成分方法的建立与对比》。申请海关总署技术规范1项，为《出口三文鱼中脱氢胆酸的检测》。主持并参与完成3项青海省食品安全地方标准《枸杞籽油（超临界二氧化碳萃取法）》（DBS63/0003-2022）、《沙棘籽油（超临界二氧化碳萃取法）》（DBS63/0004-2022）和《青稞面粉》（DBS63/0005-2022），并于2022年7月27日起正式实施。发表科学技术论文2篇，其中，*Using untargeted metabolomics to profile the differences of the fruits of Lycium barbarum in different geographical origins* 文章发表在 *Analytical Sciences* 杂志，SCI收载；《沙棘籽油脂肪酸指纹图谱构建及掺假识别》发表在《中国口岸科学技术》杂志上。承接青海省轻工业研究所有限责任公司两项企业标准《黑椒牦牛排》和《黑椒牦牛仔骨》制定工作。7月，完成技术中心在培研究生1名人员的开题和2名人员的中期考核工作。9月，撰写海关学会征文《新形势下海关实验室在维护国门安全方面的思考》1篇，撰写行业标准《动物源食品中9种双稠吡咯啶类生物碱的测定》（SN/T 5450-2022）标准解读1篇。11月，受青海省市场监督管理局委托，开展食品安全标准应用、食品中快速检测培训工作。受青海省卫生健康委员会委托，为8家企业20项企业标准提供技术咨询。此外，完成重点实验室2010年以来承担项目自查工作；完成2019—2021年实验室全面评估和2021年单项评估工作；完成2021年青海省科研机构创新绩效评价工作。

【疫情防控】2022年，技术中心落实属地和西宁海关疫情防控要求，完成全年疫情防控（零报告、日报告）数据统计工作，完成技术中心核酸检测周报上报工作，完成技术中心人员轨迹、居家监测信息统计工作，完成中心人员出差出行统计，按照疫情防控落实返岗前要求，执行《技术中心新冠疫情突发事件应急处理预案》。6月，设立疫情防疫物资储备库；海关总署"百名科长百日督查"督查组对西宁海关技术中心进行疫情防控督促检查，督查过程中对督查组提出的2项问题立行立改；为落实西宁海关疫情防控第三梯队建设，技术中心派出疫情防控第三梯队人员2人，参加个人安全防护培训并通过考核。7月，完成疫情防疫物资储备库防疫物资的补充，通过西宁海关疫情防控指挥部的复查；完成技术中心所有人员家庭地址详细信息及共同居住人信息统计；为降低疫情工作给技术中心业务工作带来重大影响，开展一次应急值守演练，25名人员参与演练，同时针对演练中发现的物资保障不到位等问题进行整改。8月，为保障顺利完成检测业务工作，组织16人次参加应急值守，完成800批次检测任务。10月，为迎接党的二十大胜利召开，技术中心落实属地和西宁海关疫情防控要求，并就海关总署"派驻实地督查"督查组提出的3项问题进行及时整改，修订3项制度文件，补充完善疫情防控制度2项；组织13人次参加应急值守，完成160批次的检测任务。12月，疫情政策调整后，为保障剩余1800批次委托任务的顺利完成，采取分楼层封闭管理的模式，于月底全部完成承接的委托检测任务。

【法检保障能力提升】2022年，技术中心采购法检用专业检验检疫23台套，调配设备1台。首次对关区出口商品硫酸钾、尿素、硼酸和氯酸钠进行检验，共计27批。通过培训和承担检疫业务，法检保障能力得到了进一步提升。开展动植物检疫内部集中培训2次，两名动植物专业技术人员在"钉钉"学习平台完成50门动植物检疫技术培训课程；受青海省农业农村厅委托，给全省农业外来入侵物种普查工作技术人员提供外来入侵物种普查技术培训1次。根据海关总署外来有害生物普查工作的要求，于2022年3月至2023年6月在西宁海关关区主要入境口岸组织开展外来入侵物种普查工作。根据西宁海关关区的主要生境类型、入侵物种发生地的地形、地貌进行选择，梳理制定《西宁海关口岸普查入侵物种普查清单》，确定34种外来有害生物普查对象，其中植物11种、昆虫10种、线虫1种、植物病原菌12种；确定外来有害生物普查的踏查路线，采用平行线法等进行人工踏查。分别于2022年7月及10月进行了两次踏查，共采集到物种112种，其中杂草24科81种植物样本，昆虫28种样本，植物病原体3种。经相关权威机构鉴定，最终确定共普查到9种外来物种。根据普查结果进行有害生物生物学特性分析和外来生物入侵发生原因分析，并针对青海省外来入侵物种防治提出对策建议，为切实筑牢国门生物安全屏障，保护青藏高原生态安全提供了强有力的技术支撑。8月，技术中心动植物检疫实验室首次承担青海省果洛藏族自治州农业外来入侵物种普查对外服务工作。11月，向海关总署提交动植物检疫专业科技论文1篇。12月，依据科技司、财务司关于荧光定量PCR仪设备的调配通知，荧光定量PCR仪已从青岛海关保健中心调配至技术中心，并完成安装调试及人员培训工作，仪器运行良好。

【"海关重点项目和财物管理以权谋私"专项整治】2022年3月，技术中心组织召开专项整治工作动员部署大会，成立专项整治工作实施小组。朱洪组长赴技术中心进行实地调研，并就"海关重点项目和财物管理以权谋私"专项整治工作提出要求。制订《西宁海关技术中心落实"海关重点项目和财物管理以权谋私"专项整治工作实施计划》，并报领导小组综合组和第二派驻纪检组审查。畅通信访举报渠道，在对外委托服务窗口和技术中心各楼层电梯口张贴海报，公示专项整治工作举报渠道，主动接受系统内外群众监督。开展全面自查，调阅2012年以来的财务凭证及档案，按照方案项目分类和金额标准进行统计；经过60天整理，开展商讨修正9次，梳理出34项重点项目清单，包括1项实验室基础和专业设施建设，30项设备采购，3项试剂耗材采购；组织涉及实验室建设重点项目和财物管理相关岗位全体人员填报了18人次《个人违规事项申报表》，报送西宁海关监察室。4月，开展财务管理和廉正风险排查。技术中心传达了专项整治工作领导小组工作提示（15）的要求，组织财务人员全面排查其他财物管理方面的风险和问题，共排查出17项财务管理可能有风险的项目，涉及资金管理和对外经营收入2个排查重点，分别为6项检测委托业务分包费，6项设备采购费，5项对外经营收入。组织涉及实验室建设重点项目和财物管理相关岗位人员撰写《专项整治个人剖析材料》18人次。3月至9月持续推进学习教育，制订学习教育计划并按计划推进学习教育工作，共组织政治教育、纪法教育、警示教育266人次，组织全体人员参加专项整治学习教育测试和答题测试600余人次。向银行、采购代理机构及参与海关重点项目招投标的企业等18家等企业开展专项整治工作的企业宣传，并进行问卷调查。5月至9月，协助财务处填报单价50万元以上实验室重点设备的使用情况（检测批次）、仪器设备运行保养维修及计量校准费用等280项内容，协助财务处查找实验室基础和专业设施建设中两项实验室建设项目的招投标资料。配合实地检查，对检查组提出的23个问题反馈，实事求是，及时解释说明，并对检查组提出的6项整改问题清单进行整改，分析出现问题的原因，共制修订7项规章制度，完善1项工作流程。

撰稿人

张 荣

青海国际旅行卫生保健中心（西宁海关口岸门诊部）

【概况】青海国际旅行卫生保健中心（西宁海关口岸门诊部）（以下简称"保健中心"）是防止传染病传入传出的重要国境卫生检疫机构，更是国境卫生检疫行政执法技术支撑保障的关键部门，承担着出入境人员的传染病监测体检、预防接种和国际旅行健康咨询、口岸从业人员健康检查、口岸传染病监测等工作，负责签发《国际旅行健康检查证明书》《疫苗接种或预防措施国际证书》《境外人员体格检查记录验证证明》《预防接种禁忌证明》《艾滋病检验报告单》5种证书。保健中心依法取得《医疗机构执业许可证》和《预防接种门诊执业许可证》等资质证明。保健中心是省市医保定点医疗机构，面向社会承担地方健康体检服务。保健中心现有职工39人，在编人员8人，管理岗5人（副处级岗2人，正科级岗2人、副科级岗1人），专业技术岗3人（高级职称2人，中级职称1人），聘用人员31人。本科及以上学历13人，中级专业技术职称的专业人员4人，初级及以下医务工作人员29人。

【党的建设】2022年，保健中心深入学习贯彻习近平新时代中国特色社会主义思想，全面学习、全面把握、全面落实党的二十大精神，及时跟进学习习近平总书记最新重要讲话精神，深刻领悟思想内涵、准确把握精神实质，真正做到学深悟透、融会贯通、真信笃行，做到忠诚拥护"两个确立"，增强"四个意识"，坚定"四个自信"，做到"两个维护"。坚持强化理论武装，加强日常理论学习，打牢思想根基。利用线上线下同步学的模式，通过"学习强国"App、微信"医德正风小课堂"，以理论联学、技能共享、共同提升为目标，组织干部职工开展政策解读、业务培训、经验交流等能力提升培训。共开展理论学习30余次。2022年，保健中心把正确的政治方向贯彻到推进重点工作的实践中去，始终把坚决做到"两个维护"作为最高政治原则，在思想上高度认同、政治上坚决维护、组织上自觉服从、行动上紧紧跟随。落实班子成员"一岗双责"制度，落实全面从严治党主体责任，主动履行从严治党、推进党风廉政建设的职责。深化廉政教育，筑牢拒腐防线。梳理并填写《西宁海关廉政风险防控清单》，结合"海关重点项目与财物管理以权谋私"专项整治工作，与中心职工签订廉政风险协议，定期开展廉政风险教育，为推动保健中心高质量发展提供保障。常态化召开党风廉政分析会，重点学习《中国共产党党内监督条例》《关于新形势下党内政治生活的若干准则》《中国共产党廉洁自律准则》等内容，不定期传达学习违反中央八项规定精神典型案例通报，观看警示教育片，教育引导职工时刻保持清醒头脑，时刻把纪律和规矩挺在前面。加强节假日前的警示教育，持续营造风清气正的节日氛围。

【法治建设】2022年，保健中心将法治宣传教育列入常态化建设，组织干部职工学习法律课程并完成年度学法考试，提高干部职工法治能力和水平。落实普法责任，充分利用国家安全教育日等重要时间节点，组织开展《中华人民共和国宪法》《中华人民共和国民法典》《中华人民共和国保守国家秘密法》《中华人民共和国安全生产法》《中华人民共和国档案法》《中华人民共和国疫苗管理法》等法律法规学习及民法典、宪法宣传周等系列普法活动，提高队伍法治思维和依法办事能力。

【人才队伍建设】2022年，保健中心结合人才梯队建设要求，明确人才培养的发展重点和发展方向，有针对性地开展培训学习，充分调动人才积极性、创造性。建立完善人才梯队培养工作机制，制订关键岗位后备人才甄选计划。树立"学习工作化、工作学习化"的理念，在"培养、引进、使用"人才上下功夫，调动各类技术人员的学习积极性，提高整体技术水平。不断加强人才队伍建设，针对不同专业技术人员的培训的需求采取"线上+线下""集中+自学"等多种学习模式开展对人员的理论知识培训，多次邀请系统内外专家进行专业知识讲座，在疫情封控期间，多次举办线上研讨会，提升疫情防控能力。同时开展新技术、新业务全员培训，2022年中心全体人员参加各种技术培训学习237人次。注重理论与实践结合，开展多次专业能力实操考核，高标准、严要求，每季度开展疫情防控三级梯队人员和实验室全体人员的穿脱防护实操培训，考核结果均为合格。制定突发状况应急预案，对全体人员开展宣贯培训，并定期组织人员进行应急演练，对在工作中可能发生的包括医疗废弃物泄露、疑似新冠感染病人的处置、突发火灾、预防接种异常反应应急处置、防护服破损、实验室内操作人员突然晕倒、手套的破损、防护口罩松脱或防护面屏松脱等一系列突发状况均进行相关演练，对全体人员进行心肺复苏、基础抢救知识的培训和实操。高度重视人才能力提升，鼓励参加各种继续教育、专业技能考核、专业技术资格与职称考试。2022年，保健中心共有1人通过成人高考，1人取得继续教育本科学历证书，1人取得执业护师资格证书，3人取得初级职称证书，2人取得了中级职称证书。

【健康体检业务】2022年，保健中心以体检者为中心，以质量为核心，坚持全心全意为人民健康服务的理念，为每一位受检者提供优质全面的健康检查。通过了解、管理受检者的健康状况，制定有针对性的健康管理建议和干预措施。在醒目位置张贴体检流程和注意事项，安排专业工作人员及时解答受检者的各项疑问。加强服务质量教育培训，开展"服务质量及体检质量提升"业务培训，2022年开展11期"质量提升"培训，健康体检1515人次，检出肝功异常265人次、彩超结果异常891人次、血压异常432人次、血脂异常502人次、尿酸异常499人次、HPV异常14人次、肺部X线异常9人次，检后健康咨询服务1513人次，检后健康随访服务866人次，对体检结果异常情况，做到100%告知，及时告知体检者复查或就医，同时进行健康宣教，受到体检者的一致好评。

【口岸卫生检疫业务】2022年，保健中心聚焦全球传染病的流行特点与流行趋势，发挥好口岸卫生屏障的作用。共计开展出境人员体检420人次、入境人员体检130人次，共计550人次；预防接种194人次，其中接种黄热病疫苗88人次、霍乱疫苗135人次、流脑疫苗58人次、水痘疫苗3人次；出具国际旅行健康证385份、预防接种证书248份、艾滋病证明32份；检出传染病共计18例，其中乙肝11例、丙肝5例、梅毒1例、艾滋病1例。

【国际旅行健康卫生宣教】2022年，保健中心根据不同季节全球传染病流行特点，针对留学、劳务、外籍人员等不同群体，通过对国际旅行人员公众心理变化及时调整宣传教育策略，收集青海地区经常去往的目的地的人文、地理、社会情况，利用世界结核病日、全国疟疾日、世界艾滋病日等进行健康宣教。2022年通过发放宣传折页、体检大厅播放健康知识视频、张贴宣传海报、现场健康咨询、免费艾滋病筛查等形式，对出入境人员开展鼠疫、疟疾、艾滋病、新型冠状病毒感染等常见传染病的传染源、传播途径、易感人群及预防方式进行健康知识宣讲，为口岸卫生控制提供健康屏障。

【质量控制体系建设】2022年，保健中心坚持以质量为核心的服务宗旨，不断完善修订《保健中心作业指导书》《保健中心感染管理制度与措施》《健康体检报告的管理》《健康体检报告的质量控制标准》，建立《保健中心危急值管理制度》《保健中心危急值报告制度》，定期召开质量控制会议及质量控制检查，及时发现和纠正存在的问题，完善中心医疗质量管理工作规范化、科学化和系统化。

【基础设施建设】2022年，保健中心完善信息化建设，打造"智慧+、互联网+"体检新模式，更新体检系统，增加物资管理系统，优化体检人员的登记、体检、报告领取流程，优化中心防疫物资、医用耗材、试剂疫苗、办公耗材的出入库管理；接入"青海省免疫规划信息管理系统"，对疫苗的采购、库存、使用做到全流程信息化管理。利用互联网的优势做健康知识科普，制定个性化的健康干预措施，全面评估体检者存在的危害健康的行为、潜在问题、重点问题，与体检者讨论制定，有针对性地指导体检者进行自我保健与自我管理，消除或减少危害健康的行为，并进行后续跟踪随访，做好体检者健康管理。

【安全生产】2022年，保健中心坚持"安全第一、预防为主"的原则，按照有关要求，加强风险意识，落实各项安全制度，牢固树立安全发展理念，不断提高工作人员的安全意识，以"时时放心不下"的责任感，瞪大眼睛，主动防范化解各类风险隐患，将安全发展贯穿到保健中心工作的全过程，抓好中心的安全工作。常态化对各诊室及实验室区域的环境、水电、设备、物料储备、防疫装备穿脱区域进行自查。2022年常规开展体检区安全检查8次，实验室安全检查10次。开展内部生物安全培训2次，并进行书面考核，全员通过。与西宁城投环境资源开发公司签订医疗废弃物收集处置合同，按照相关法律法规进行分类管理，医疗废弃物全部放入医疗垃圾袋并交于专业医疗废弃物处理机构进行处理，交接流程规范，记录完整。

【实验室能力体系建设】2022年，保健中心实验室可为青海地区出入境人员提供共百余项实验室检测项目。保健中心实验室按照ISO 17025标准认可准则进行管理，制定有《实验室质量手册》《实验室程序文件》《实验室作业指导书》，从实验室组织结构、制度建设、实验结果质量控制等实验室操作全流程进行有效管理及控制。实验室为提高检测质量参加了国家卫健委临检中心和青海省临检中心组织的实验室间质量评价活动，共参加7大项158小项的实验室间质量评价，成绩全部为合格。同时，实验室坚持做好每日检测工作中进行室内质控，控制每一批次的实验结果的准确性。实验室质控小组每月对实验室检测项目的室内质控进行总结分析，每季度实验室质量监督小组对实验室的检测检测前、检测中、检测后全流程进行监督检查，对存在的问题提出整改意见，并追踪整改完成情况，不断提高实验室检测质量，为患者提供及时、准确的实验室检测结果。

【疫情防控】2022年，保健中心作为口岸疫情和地方核酸检测定点监测单位，承担着青海口岸和地方群众的核酸采样和检测任务。保健中心根据国家卫健委和海关总署推出的新版《新型冠状病毒口岸防控技术指南》《口岸新型冠状病毒卫生检疫操作指南》《西宁海关新型冠状病毒口岸防控应急处置方案》等相关要求，及时更新完善《保健中心新冠疫情防控应急预案》《保健中心新冠疫情防控安全监督员管理制度》等制度、工作规范及操作流程，落实疫情防控安全防护及实验室生物安全措施，保健中心各防控关键环节，合理布局测温、预检分诊、流调、采样、实验室检测、消毒及信息上报等工作流程，科学管理人员防控措施，加强人员安全防护监督，开展工作场所消毒管理。同时，重点针对医学排查、样本采集、运送及实验室检测、消毒处理等重点环节、岗位和人员强化培训与监督。高度重视生物安全培训工作，多次举办线上、线下培训学习活动，并在第一时间对更新内容进行宣贯和培训，每月对疫情防控三级梯队人员进行考试、考核，强化人员的生物安全意识。2022年共完成疫情防控应急演练6次，提高了在突发状况下防疫人员的应急处理能力。2022年4月14日至22日，支援西宁市全员核酸检测工作，共计完成13.4万余人次检测任务。5月9日至17日完成西宁市全员核酸检测任务共计22.8万人次。2022年10月在属地聚集性病例增加之际，选派3名经验丰富的实验室检测人员前往气膜方舱实验室支援核酸检测工作，经过47天的艰苦工作，圆满完成检测任务。

撰稿人

隋秀丽　朱　燕　周　洁

中国电子口岸数据中心西宁分中心

【概况】中国电子口岸数据中心西宁分中心（以下简称"数据分中心"）是中国电子口岸数据中心设在青海的分支机构，同时作为西宁海关所属事业单位，实行西宁海关和中国电子口岸数据中心双重领导，以西宁海关领导为主。核定编制5名，2022年在编在岗干部1名，聘用制人员7名。2022年，西宁数据分中心深入学习贯彻习近平新时代中国特色社会主义思想，不断增强"四个意识"、坚定"四个自信"、做到"两个维护"，在西宁海关党委的坚强领导下，强化自身建设，履行职责使命，紧紧围绕关区重点任务，圆满完成各项工作任务。

【党的建设】2022年，数据分中心坚持以习近平新时代中国特色社会主义思想为指导，深入贯彻落实党的二十大精神，不断深化政治机关教育意识，坚定捍卫"两个确立"，坚决做到"两个维护"。坚持"第一议题"制度，时刻以习近平新时代中国特色社会主义思想武装头脑，持续深入学习贯彻习近平总书记系列重要讲话和重要指示批示精神，切实把习近平总书记重要指示批示精神落到实处。充分发挥后勤管理中心数据分中心联合党支部党建引领作用，牢记"国之大者"，聚焦政治建设，加强教育引导，着力思想引领，把握政治方向，提升"政治三力"。2022年，支部书记共上党课7次，开展主题党日活动12次，开展党员大会4次，召开2022年度基层党组织生活会暨民主评议党员1次，集中学习8次。认真落实谈心谈话制度，共计谈心谈话12次。充分发挥联合党支部党建引领作用，加强"心馨服务驿站"党建品牌建设，创建"党建+"工作模式，压实党建主体责任，切实提高支部组织生活质量。坚持党对意识形态工作的全面领导，进一步落实意识形态工作责任制，加强意识形态阵地建设和管理，强化舆情研判，及时了解和掌握党员干部思想动态，2022年共召开2次意识形态专题会议。深入开展精神文明创建，扛起结对帮扶政治责任，用心用情用力做好结对帮扶工作。严格落实全面从严治党主体责任制，成立以后勤管理中心数据分中心联合党支部书记为组长，副书记、兼职纪检监察员为组员的党风廉政建设领导小组，压实主体责任，明确责任分工，健全督查工作机制，2022年召开党风廉政月度例会10次，季度分析会3次。加强纪律作风建设，严明政治纪律和政治规矩，持续推动中央八项规定精神贯彻落实；深入推进党风廉政建设和反腐斗争，切实纠治"四风"；加强法纪学习教育，引导全体干部知敬畏、存戒惧、守底线。严格公车管理，严禁公车私用、私车公养、违规收受礼品礼金、违规接受吃请等问题。配合支持派驻纪检组工作，扎实开展"内务规范强化月"活动和警示教育月活动，增强纪律观念、纪法意识和规矩意识，筑牢廉政拒腐防线。定期研判中心党风廉政建设和反腐败工作面临的形势，坚持抓早抓小，防微杜渐，一以贯之、一体推进"不敢腐、不能腐、不想腐"，营造风清气正的政治生态。

【党史学习教育】2022年，数据分中心认真落实"三会一课"、组织生活会，民主评议党员等制度，进一步丰富形式、提升质量，切实发挥其在规范支部组织生活、加强党性教育方面的作用。2022年中心集体学习《中国共产党简史》《论中国共产党历史》等一系列党史著作2次，先后开展党史学习教育、学习党的二十大精神专题研讨1次。围绕党史学习教育开展知识竞赛、红色诗词欣赏、红色书信诵读、红色影片观看、红色教育基地参观学习、重温入党诗词等活动，激励中心干部职工继承弘扬伟大建党精神，牢记初心使命，坚定理想信念，筑牢政治忠诚。

【网络系统安全】2022年，数据分中心以高度的政治责任感，牢固树立总体国家安全观，始终把网络与信息系统安全稳定运行作为工作的"生命线"常抓不懈。严格落实网络安全工作责任制，持续健全网络安全管理制度，完善网络安全防护体系，全力保障好全国"两会"、党的二十大等重大敏感时期电子口岸专网分中心节点网络和信息系统安全保障工作。严格落实各项安全防范措施，建立业务数据安全长效机制，不断提升网络安全保障能力。做好监测预警与应急处置，开展封网运行、零报告、应急值守等工作，落实专人"7×24小时"对信息网络系统安全运行监控及巡查，及时排除安全隐患，确保突发事件得到及时、稳妥处置，坚决防止各类网络安全事件发生。2022年数据分中心未发生网络安全事件，电子口岸专网可用率达99.99%以上。

【网络安全攻防演习活动】2022年，按照海关总署、西宁海关统一部署，数据分中心组织参加网络安全攻防演习活动，扎实落实电子口岸专网分中心节点信息系统安全防护有关要求和措施，切实做好电子口岸专网分中心节点信息系统的安全防护工作。加强网络安全持续监控与分析，做好网络精细化管控，细化网络安全域间及边界的安全隔离策略，严密防守网络通道，全力防止系统被攻陷情况的发生。共对涉及的12台服务器、3台客户端进行了全面的风险评估和整改，梳理出网络端口48个。修补电子口岸专网服务器高、中危漏洞分别为9个和23个，逐台安装重要安全补丁及修复操作共37余次。

【科技服务保障】2022年，数据分中心加强对海关信息系统的巡查和运行保障，切实做好12360海关热线平台、办公系统、业务应用等运行维护工作。精心组织，抽调技术骨干249人次采用"线上+现场"组合方式开展运维保障，确保第一时间解决正常作业遇到的技术问题。2022年，提供598余次技术服务，顺利完成网络视频会议技术保障66余次。认真做好西宁海关二级指挥中心和缉私监控指挥中心信息系统技术保障工作，完成258个视频监控联网点位的运维保障。

【疫情防控】2022年，数据分中心深入学习贯彻习近平总书记关于疫情防控系列重要讲话和重要指示批示精神，压紧压实"四方责任"，切实落实疫情内部防控单位主体责任，统筹抓好疫情防控，认真落实各项疫情防控措施。加强日常风险监测，严格落实"日报告、零报告"制度，持续做好应检尽检和常态化核酸检测，推进新冠病毒疫苗接种工作，并为全体员工配备必要的防疫物资，督促员工按照属地要求，切实做好个人防护。

【跨境电商】2022年，数据分中心精准对接地方政府和企业需求，助力新业态、新模式、新产业发展，加强与地方政府和开放服务平台承建单位的协调配合，切实做好跨境电商综合试验区、特殊监管区域及海关监管场所的信息化建设及技术支持工作。组织专班对接服务电商企业，就"单一窗口"、跨境电商技术服务等方面开展工作调研，有针对性制定措施，精准服务青海省进出口企业。配合完成公共服务平台与电子口岸专网二级节点平台对接工作，完成业务报文监控系统的研发及上线运行。主动参与"两段准入""两区优化"等海关业务改革，为地方开放型平台建设和海关业务改革提供坚实科技保障。

【"关银一KEY通"业务】2022年，数据分中心贯彻落实西宁海关"稳外贸"工作部署，切实落实"放管服"要求，大力推进电子口岸数据中心"关银一KEY通"服务创新项目试点工作，联合建设银行开展"关银一KEY通"业务，采用"一KEY双证"技术，推广使用"关银一KEY通"共享盾，方便企业就近办理电子口岸新企业入网及共享盾领取、证书更新、数据变更、解锁等业务，减少企业在办理业务过程中的人力成本、时间成本、交通成本。截至2022年年底，已会同建设银行开通"关银一KEY通"业务网点1个，办理"关银一KEY通"电子口岸入网业务54笔。

【国际贸易"单一窗口"业务应用及推广】2022年，数据分中心不断提高电子口岸贸易便利化水平，优化口岸营商环境；推进国际贸易"单一窗口"推广应用，切实做好国际贸易"单一窗口"标准版的相关拓展功能应用推广和宣传培训工作，主动服务共建"一带一路"及青海省口岸管理部门需求，配合省口岸办推进跨部门联网项目和跨境联网项目建设，主动服务青海省开放型经济发展，认真落实减轻企业负担政策。做好国际贸易"单一窗口"标准版平台企业端业务指导及技术服务工作。全力保障"提前申报""两步申报"业务改革，保障出口退税业务，全年通过远程访问和电话服务方式为企业用户解决电子口岸相关业务及系统问题56个，得到进出口企业广泛好评。

【12360海关热线】2022年，数据分中心稳步提升热线服务效能，切实做好12360海关热线客服工作，周到细致为进出口企业提供涉及企业管理、关税征管、电子口岸、"单一窗口"、行邮监管、货物监管通关、跨境电商、知识产权保护、海关统计、商品检验、进出口食品安全等电子口岸业务方面的咨询。2022年共受理热线电话828个，热线通话接通率为97.3%，其中电子口岸业务咨询电话117个、海关业务服务电话231个、其他类480个，问题解决率为100%。

撰稿人

马　伟

附录

2022 年西宁海关获评省部级及以上荣誉

一、获奖单位

西宁海关综合业务一处获评"2020—2021年度青海省知识产权保护工作成绩突出集体"荣誉称号

西宁海关卫生检疫处获评"2021年度工作表现突出集体"荣誉称号

西宁海关所属青海国际旅行卫生保健中心获评青海省2022年抗击疫情突出表现单位

二、获奖个人

西宁海关所属青海国际旅行卫生保健中心副主任徐震家庭获评"全国最美家庭"荣誉称号

西宁海关办公室副主任陈晓鸣家庭获评"青海省绿色家庭"荣誉称号

西宁海关办公室信息宣传科科长赵子婧家庭获评"青海省最美家庭"荣誉称号

西宁海关机关党委（政工办）政工科科长邹晨辰获评"全省优秀共青团干部"荣誉称号

西宁海关所属西宁曹家堡机场海关监管科科长仁青措获评"全省维稳先进个人"荣誉称号

西宁海关所属青海国际旅行卫生保健中心副主任技师朱燕获评"青海省三八红旗手"荣誉称号

西宁海关所属青海国际旅行卫生保健中心副主任技师朱燕获评"2021年度工作表现突出的个人"荣誉称号

2022年西宁海关科研工作情况

西宁海关所属青海国际旅行卫生保健中心科研团队在《中国国境卫生检疫杂志》上发表论文《青海高原地区病毒性脑炎病原学监测结果分析》

西宁海关所属青海国际旅行卫生保健中心科研团队申报海关总署《深度测序检测技术在高海拔地区口岸蚊虫和蚊传虫媒病毒鉴定过程中的研究与应用》课题

"中国海关史料丛书"编委会

主 任 委 员　胡　伟　许大纯

副主任委员　黄冠胜　赵增连　杨振庆

编委会委员　翟小元　张　红　吴瑞祥　刘书臣　龙夫春　李海勇
　　　　　　田　壮　詹庆华　陈福升　孙霞云

执 行 主 编　谢　放　詹庆华　郭志华

编　　　辑　房　季　王　虎　解　飞　范嘉蕾　李　多　刘金玲
　　　　　　贺　红　邓玉栋